全球化译丛·全球化与自主性

Empires and Autonomy
Moments in the History of Globalization

〔加拿大〕斯蒂芬·斯特里特　〔加拿大〕约翰·韦弗　〔加拿大〕威廉·科尔曼/主编
陈家刚 等/译

Stephen M. Streeter, John C. Weaver, William D. Coleman

帝国与自主性
全球化进程中的重大时刻

社会科学文献出版社
SOCIAL SCIENCES ACADEMIC PRESS (CHINA)

Empires and Autonomy: Moments in the History of Globalization
Edited by Stephen M. Streeter, John C. Weaver, and William D. Coleman
© UBC Press 2009

本书根据 UBC 出版社 2009 年版译出

《全球化译丛》总序

1998年我主编了国内第一套《全球化论丛》，距今已经十年整。这十年是中国与世界天翻地覆的十年，而造成这种巨大变迁的根本动因之一，便是全球化。从世界历史的角度看，全球化实际上是人类发展的一个新阶段，是我们这一时代的最重要特征。它理所当然地引起了世界各国学者的普遍关注，全球化研究也顺理成章地成为人文社会科学的热点领域。在推动国内学术界的全球化研究方面，社会科学文献出版社功勋卓著。在过去的十年中，社会科学文献出版社既译介了大量国外学者的全球化研究文献，又出版了众多中国学者的全球化专著论文。经过不懈的努力，社会科学文献出版社的"全球化"系列，不仅成为该社的一个品牌产品，也成为中国学界全球化研究水准的一杆标尺。

出版社决定进一步整合旗下的各种全球化翻译作品，推出新的《全球化译丛》，谢寿光社长嘱我再为译丛作一个总的序言。作为国内全球化研究的首倡者之一，我责无旁贷。其实，我已经为各种全球化译丛或论丛写过好几篇序言。适应当时国内全球化研究现状的需要，在那些序言中我反复表达的意思是：人类正在进入一个全球化时代，全球化是一个人类历史的转变过程，其基本特征是，在经济一体化的基础上，世界范围内产生一种内在的、不可分离的和日益加强的相互联系。全球化既不是"西方化"，更不是"美国化"和"资本主义化"，它是一种客观的世界历史进程。不管人们承认与否，喜欢与否，害怕与否，它必将深刻地影响中国与世界的命运。唯有深入研究全球化的规律，积极应对全球化的挑战，我们才能在理论与实践上掌握全球化的主动权。现在，上述这些观点几成共识，无须再强调。尤其在实践层面上，中国不仅深度介入全球化进程，而且是国际社会公认的全球化赢家之一。

那么，在这里再说点什么呢？我想说的是，全球化首先表现为经济的一体化，但经济生活的全球化不仅极大地改变了人类的生产方式、消费方式和交换方式，也极大地改变了人类的思维方式和行为方式，从而对民族文化造成深刻的冲击。换言之，全球化不仅是一种经济和政治现象，也是一种文化和学术现象，正在重塑我们的民族文化和学术研究，改变我们的思维所赖以参照的坐标系，要求我们同时具有民族性和全球性的双向思维。唯有如此，才能真正发展起具有"中国特色"和"中国气派"的中国学术，并使之走向世界，展现中国文化和中国学术的魅力和实力。

长期以来，建立在领土疆界之上的民族国家一直是我们进行想象和分析的基本依托和主要坐标，全球化的进程正在无情地撼动民族国家的传统疆域。毫无疑问，在可见的将来，民族国家仍将是政治生活的核心，国家认同和民族认同仍将是基本的政治身份标志。但是，必须清楚地看到，传统的民族国家已经受到全球化的严重挑战。全球化是一种穿越国界的过程，全球性是人类对民族性的一种超越。它既要求我们进行民族的思考，也要求我们学会全球的分析。民族国家仍然是我们进行比较分析的主要坐标，但全球社会也同样应当是比较研究的基本参照。

因此，在文化建设和学术研究方面，我们必须处理好本土化与国际化的关系，既使文化建设和学术研究扎根于我国特殊的土壤中，同时又不背离人类社会的共同价值和普遍原理。立足于中国的现实，根据我国具体的政治、经济、文化和历史环境，研究我国的理论和实际问题，使人文社会科学研究带有中国特色，这是中国学术发展的前提条件。但是，人文社会科学必然具有超越国家的普遍性原理，离开这些原理，就无所谓科学。我们的学术研究应当在立足中国的基础上走向国际化，应当使中国的人文社会科学成为国际人文社会科学不可或缺的组成部分，使全世界的学者都认识到，中国的学术智慧是全人类学术智慧的重要内容。

全球化要求我们特别重视前瞻性思维和理论创新。习惯于逆性思维，是我们中华民族传统思维方式的一个显著特点。言必称三王，行必提尧舜，理想的时代必定在古代。即使欲对传统有所突破，也要"托古改制"。带着沉重的怀古情结来观察和评判现实，一看到或听到新的观点和理论，往往不是冷静地分析，而是根据既定的标准进行指摘和抵触，这是我们的传统思维定式。全球化是现代化的延伸，是对传统的超越，无情地摧毁了过去的各种理想模式。在全球化时代，过去的和现存的每一种社会生活模式都暴露出其固有的缺点。它迫使人们进行前瞻性的思考，把理想模式建立在未来，而不再是过去。在这样一种背景下，对于学术研究而言，理论的创新显得前所未有的重要。创新不仅是社会进步的动力，也是文化进步的动力。

全球化要求我们在进行纵向思维的同时，特别重视横向的比较思维。纵向思维使我们能够学习历史的经验，但片面的纵向思维容易把自己局限于狭隘的历史经验中，总是拿自己过去的经验与现实进行比较，觉得自己现在是如何之好或如何之坏，很容易走向两个极端：对现实的虚假满足或极度憎恶，不是夜郎自大，就是自暴自弃。前者使人看不到自己与别人事实上存在的差距，后者则使人看不到自己身上具有的优势和长处。全球化的重要特征是社会的政治经济发展和人类生活的跨国性，它迫使人们更多地进行横向思维，即跳出自己狭隘的历史经验，将自己的经验与别人的经验加以比较，虚心向其他先进者学习，扬己之长，避己之短，既不夜郎自大，沾沾于自己取得的成就；又不妄自菲薄，看到与先进者的差距就垂头丧气。

全球化要求我们打破非此即彼的简单两分法，进行综合的思考。简单的两分法思维方式长期影响着我们的政治和经济生活，其特征是把两种事物截然对立起来，似乎有他无我，有我无他。首先不问观点是否正确，事物本身是否对人民有益，而是一上来就问姓

"资"还是姓"社",姓"中"还是姓"西",是"马"还是"非马"。全球化既不是单纯的同质化,也不是简单的碎裂化,它是一个合理的悖论:它既是国际化,又是本土化;既是普遍化,又是特殊化;既是民族化,又是世界化;既是分散,又是整合。全球化是一种真正的"对立统一",两种完全相反的趋势奇妙地结合在一起,相辅相成,你中有我,我中有你。取其任何一方而忽视另一方,既不符合全球化的客观进程,更会给现实带来灾难性的后果。

全球化正在摧毁目的论和宿命论的现实基础,要求我们具有过程性的思维。一切宗教和神学的哲学基础都是目的论和宿命论,它有意识地或潜意识地假定一切事物、一切行动都有其终极目的,人们无法超越预先设定的最终目的。一切封建迷信和个人崇拜归根结底也是由这种宿命论和目的论派生出来的,它的现实基础就是社会政治经济制度和文化观念在封闭的环境中长时期地静止不变。全球化使得任何一个民族国家,不能再闭关自守,而必须对外部世界开放,否则就是自取灭亡。全球化不是一种目标,甚至也不是一种稳定的状态,而是一个过程。它迫使民族国家不断对自己的制度和价值进行创新,使改革和创新也变成一个持续的过程。

总之,全球化正在深刻改变人类的思维方式和文化生活,正在改变着中国文化和中国学术。全球化将现代文明提升为全球性的抽象,而不管这种文明源于东方还是西方,所以,学习现代的西方文明并不等于"西方化",正如学习现代的东方文明不等于"东方化"一样。我们正在全力振兴中华文化,这是全球化背景下的中国文化复兴。我们必须更加主动地迎接全球化对中国文化的挑战,更加积极地进行文化创新,更加充分地吸取人类文明一切合理的成果。这是推动中国文化和中国学术创造性地向前发展,保持和发扬自己的本土优势和民族特色,实现中华民族伟大复兴的唯一正确选择。

俞可平
2008 年劳动节于京郊方圆阁

中文版序

《全球化与自主性》丛书中文版将要和中国学者、学生和公众见面了，对此，我和我的研究团队深感荣幸。全套丛书都围绕着以下这样一个核心假设以及由此而来的一系列问题而展开：全球化的复杂进程与同样复杂的"自主性"所蕴涵的能力和价值之间存在着重要联系。我们的研究团队对"全球化"采取了一种宽泛的理解，摒弃了那种仅仅关注经济进程的狭隘视角。如果全球化意味着跨越全球的联系和关系的增长（有些以超领土的形式出现），那么，显而易见的是，这些联系可能是政治的、社会的、文化的、环境的以及军事的。同过去相比，某些超领土的关系和联系，更少受制于个体生活于其内的社区和民族国家的物质性的领土疆界。从这样的角度来理解全球化，研究的范围就扩大到以下这些领域：以联合国为代表的国际组织；某些音乐形式在全球范围的风靡（比如中国的钢琴王子郎朗）；中国人在向其他国家移民的同时，保持其与母国家庭和朋友的联系；经济动荡从纽约交易所蔓延到每个国家的城市和农村；温室气体从世界的一个角落"流向"另一个角落，改变着世界的气候状况；以及举办全球性的文化盛会（比如中国在2008年举办了奥运会）。

全球化及其带来的全球联系的增长，对世界上大多数国家以及越来越多生活在这些国家中的人群产生了影响。在研究中，我们提出的问题是，某些最重要的影响是否与我们所说的"自主性"相关。"自主性"这个词在世界不同的地方和不同的社会文化准则中拥有不同的含义。它既可以指"能力",即个体和社会能够做的事情;也可以指"价值",即在个体和社会生活中,哪些是更为重要的,哪些是不太重要的。

当我们视"自主"为"能力"时,我们认为它或许指的是单个个体或者是个体的集合。如是则"集体自主"意味着国家(比如中国)拥有管理自己的能力,或者用联合国的用语,国家拥有"自决权"。一国管理自身的能力越强,则它享有的集体自主性便越高。当我们论及集体自主时,我们所指的不仅仅是政治,还包括一国的经济,或者国家的文化活动,或者国家对文化生产的控制等。我们也清楚,集体自主的不同维度通过多种方式彼此联系在一起。以与美国共处北美大陆的加拿大为例,它同时面临着文化自主和经济自主弱化的问题。但这种情况在像土耳其这样的国家就未必会发生。在土耳其,政治家们愿意为了成为欧盟的成员而放弃一些经济上的自主性,但是他们相信土耳其的文化不会因此受到威胁。与此相似,在向"全球化与自主性"研究团队所作的报告中,俞可平教授——中央编译局比较政治与经济研究中心主任——强调指出,参与全球经济而必须放弃一些集体的经济自主性,这是否会对政治自主性产生影响,中国学者就这一问题也正在进行激烈的争论。

"全球化与自主性"研究团队并没有将对"集体自主"的讨论仅仅局限于民族国家。相反,他们也关注一些地区层面的社区,以及存在于文化和政治领域的全球性组织。当代的通信和信息技术使得自治性的全球数字社区(digital communities)的出现和成功运转成为可能,而这在过去是无法想象的。除此之外,民族国家中一些文化意义上的少数民族或许会要求更高水平的自治,典型的例子包括加拿大的魁北克、西班牙的加泰罗尼亚、英国的苏格兰、印度的克什米尔、印尼的东帝汶以及生活在土耳其和伊拉克的库尔德人等。当今的全球化促使少数民族提出更多的"集体自治"要求,我们的研究团队试图发现这种要求与全球化之间的联系。

在研究中,我们用"个体自主"(individual autonomy)来指单个个体的能力。个体获得基于其"自然"品性的完全自由,这种观念源于对欧洲中世纪压制性体制的唾弃。后来,它发展为要求个体(最初是拥有财产的男性)有选择自己生活方式的权利,有权决定自己的信仰,以及有权改变自己的生活。在研究中,我们也考虑到以下事实,即"自主"的观念源于欧美文化和价值,并且它经常反映的只是父权结构的社会状况。女权主义者认为,以往讨论的"个体自主"反映了独断专行的男性占主导地位的社会结构。他们同时指出,这种"个体自主"观念同新自由主义之间存在着强有力的联系。一些人倡导关系型自主(relational autonomy)概念,即基于个体社会关系之上的自主。

对上述这些概念的讨论表明,"自主"不仅意味着能力,而且还意味着价值。"集体自主"概念的核心是自决或自治。在20世纪下半叶,随着先前诸世纪中存在的帝国的瓦解以及越来越多的领土逐渐为民族国家所控制,这种价值也被全球化了。然而,全球化进程导致的各种问题的出现(比如金融市场的无序、危险疾病的迅速蔓延以及全球气候变暖),使得这种价值(即集体自主)日益为人所质疑。这些问题的解决需要国家在某些情况下将其自主权转交给国际组织。

同样,个人主义——它是个体自主理念的核心——也为世界上不同地方的人们所诟病。一些人认为,个人主义和社群(community)的理念应当并重,人们应该学会如何一起生活和工作。还有一些人强调团结。他们认为,在面对全球化进程带来的经济、政治和文化挑战时,社会成员需要相互帮助,唯有如此,才有可能成功应对这些挑战。一些学者认为,个体改变自己生活的能力的提高,可能会削弱社群的根基以及人们之间的团结。

因此,这项致力于全球化与自主性之间复杂关系的研究是综合性的。迄今为止,它已进行了将近七年的时间。最后,我们决定按照主题来阐述我们的发现,这些主题包括:全球秩序、社群的重新界定、帝国与帝国主义、合法性危机、本地人的看法(the insights of indigenous peoples)、文化自主、产权以及环地中海地区(作为体现富国和穷国之间关系的一个案例)。在将本项研究的成果献给中国读者的同时,我们也希望能够借此在全球范围内开始对全球化与自主性问题进行更加广泛的讨论。因此,我们现在的研究成果仅仅是第一步。我们希望中国和世界上其他地方的学者能够以严肃认真的批判眼光来看待我们的研究成果。世界各国学者之间的对话应当会大大加深我们对全球化和自主性相互关系的理解,我们尤其期待着能与中国学者进行积极的对话。

正是由于俞可平教授的参与,才使得出版《全球化与自主性》丛书的中文版成为可能。俞教授在2004年参与了项目的第三次会议,并且为我们的研究团队带来了中国学者对全球化的理解。正是在那个时候,俞教授与我约定,一旦项目的研究成果通过了专家审议并且在英属哥伦比亚大学出版社出版,便启动丛书中文版的翻译工作。英属哥伦比亚大学出版社社长彼得·米罗伊(Peter Milroy)先生帮助我们进一步完善了丛书的翻译计划,对此,我深表感谢。我也要感谢俞可平教授对本研究项目的支持和帮助,正是因为有了他的不懈努力,丛书的中文版才能与中国读者见面。

威廉·D. 科尔曼
"全球化与自主性"研究项目负责人

目 录
CONTENTS

前言　当代世界中的辩证关系……………………………………… 1

第一章　导言………　威廉·科尔曼　斯蒂芬·斯特里特
　　　　　　　　　　　　　　　　　　　　约翰·韦弗 / 1

第二章　资本的国际化：从19世纪末到20世纪初
　　　　　　　　　　　　　　　　………… 萨米尔·索尔 / 28

第三章　全球工业飞地：公司城与出口加工区的世纪
　　　　比较（1900~2000）………………… 尼尔·怀特 / 60

第四章　无线电广播的自由，抑或电磁公有物？20世纪
　　　　20年代的全球性、公共利益和无线电多边谈判
　　　　………………………………………… 丹尼尔·格尔曼 / 89

第五章　范式转换与纽伦堡审判：作为国际法主体与
　　　　目标的个体 ………………… 阿德里安·琼斯 / 109

第六章　全球化时刻：联合国十年发展规划和北非国家
　　　　………………………………… 亚辛·埃斯德 / 133

第七章　彩虹蛇：土著居民的世界观与自主性的构建
　　　　………………………………… 莱韦·科斯塔 / 158

第八章　全球化与美国帝国：全球性转折的关键时刻
　　　　………………………… 乌尔夫·赫德托夫特 / 175

缩略词 ………………………………………………………… 211

参考文献 ……………………………………………………… 217

作者简介 ……………………………………………………… 250

前言　当代世界中的辩证关系

《全球化与自主性》丛书为跨学科研究项目"大型合作研究倡议"（MCRI）集大成之作。该项目的资助者为加拿大人文社会科学研究协会（SSHRC）。后者启动这一项目，其目的是为那些需要不同大学和不同学科的研究者们通力合作方能达成研究目标的大型工程提供通道。"大型合作研究倡议"对全球化（globalization）和自主性（autonomy）的研究始于2002年4月。参加研究团队的学者中有40位来自加拿大的12所大学，其余20人则来自加拿大之外，包括澳大利亚、巴西、中国、丹麦、法国、德国、斯洛文尼亚、中国台湾、英国和美国。

在获得"国际发展研究中心"（IDRC）的额外资助之后，"大型合作研究倡议"项目开始与另一个由28名学者组成的跨学科研究团队携手合作，这个研究团队即"地中海问题跨学科研究小组"（GERIM）。"地中海问题跨学科研究小组"的基地在突尼斯，其成员分别来自法国、西班牙、约旦和黎巴嫩。如此一来，"大型合作研究倡议"项目就囊括了如下学科的学者：人类学、比较文学、文化理论学、经济学、英语文学、地理学、历史学、音乐理论、哲学、政治学和社会学。

"大型合作研究倡议"项目从构思、设计到实施，一直遵循跨学科研究的原则。我们尽力把不同学科的理论和概念框架放到一起对话，以便激发出新的理论和对人类社会的新的理解。研究工作要这样进行，有四个条件是必须满足的。首先，我们必须在不同的人文和社会科学规范（disciplines）之间建构起一种相互影响的关系，而融合形成的观点又不能偏向任何一方。为达成这一融合，我们的团队经过吸收有关全球化和自主性的现有研究成果，最终在一系列核心研究目标上达成了共识。为了把这些目标论述清楚，成员们挖掘出了许多待议问题，并制订了一项足以用一种集中系统的方式把这些问题论述清楚的研究计划。其次，必须鼓励团队成员既要在本学科内部做到深入全面，又要在不同学科之间根据知识建构的需要做到海纳百川。再次，必须选择一批能够保证研究按照不同方法进行下去的团队成员。最后，面对有关全球化当中所涉及的复杂关系的研究任务，要走一条跨学科的道路，我们的工作就必须是多元理论视角（pluri-theoretical）的。我们秉持这样的观点，即一种理论要想最具有有效性，除了概念的应用要严谨之外，它的提倡者还必须既勇于承认任何特殊的理论观点都有其局限性，又敢于自觉地越出雷池并采用别人有时乍看之下不敢苟同的观点。

为了从一开始就保证学术上的一致性，成员们在第一次项目组全体会议上就在上述方法上达成了一致意见，并且一以贯之地追寻以下核心目标：考察全球化与确保、构筑自主性的过程之间的关系。为了达到这一目标，我们竭力从各种全新的角度来理解这两个概念，理解它们各自内在的历史演变过程，尽管它们两个在内容、含义和外在表征方面各不相同。

鉴于全球化这一术语近来被用于描述当前时期，我们试图：

（1）辨明全球化可能带来的机遇，以及全球化可能给那些力图确保、构筑自主性的个人和团体带来的局限；

（2）弄清楚个人和团体能够在何种程度上利用这些机遇并克服这些局限；

（3）弄清楚全球化能够为力图确保、构筑自主性的个人和团体带来多少赋权的机会；

（4）指明个人和团体获得的自主性是如何让他们能够对抗、

重塑或参与全球化。

为了把项目的核心目标说清楚,我们沿着三个相互交织的方向展开我们的研究。首先,我们承认全球化和自主性均有着深厚的历史基础。今天世界上所发生的一切,在许多方面都是往日的延续。因此,当前对全球化和自主性的考察所面临的困境,就是弄清楚何者为新,何者已发生了变故。其次,全球化和自主性的关系的变化,是与权力和权威的场所的一系列变化密不可分的。最后,全球化和自主性的关系的变化,是在建构和重构作为团体之本质和价值的认同的过程中,在自主性通过文化和各种零散的制度而逐步形成的过程中拉开帷幕的。在这三个研究方向,我们均形成了一支团队,并且各团队都认可并同意回答那些核心的问题,以便为研究确定清晰的方向。有关那些核心问题的完整表述,请登录 http：//globalization. mcmaster. ca/ga/ga81. htm。

经过项目小组连续几次年度会议讨论,我们的研究逐渐集中到下面这些主题:制度与全球秩序,民主与合法性,全球化和自主性在历史中的连续性和断裂,历史、知识产权与资本主义,共同体,文化以及土著居民的现状和斗争,作为南北关系缩影的地中海地区。参加这些主题研究的学者们均来自不同学科,从而使得每一个主题的研究队伍均可以开展内部的学科间对话。主题因此而转变成单个的研究问题,并通过一系列著作来对问题进行分析。尽管这些著作采取了纸质出版的形式,但项目小组也开发了一种网络出版物,即"全球化和自主性在线纲要"（Globalization and Autonomy Online Compendium）,从而使普通民众也能经由研究综述,关键概念、组织、民族、事件和场所的术语表,以及一份全面综合的参考书目,了解到我们的研究成果。发表所有这些出版物的最终目的,是打造一部统一的研究文集,全面深入地梳理全球化和自主性之间的变动不居的关系。

第一章 导言

威廉·科尔曼　斯蒂芬·斯特里特
约翰·韦弗

在1848年发表的《共产党宣言》一书中,卡尔·马克思和弗里德里希·恩格斯以一种似乎预示着现代全球化概念的方式描述了19世纪中叶的欧洲:

> 古老的民族工业被消灭了,并且每天都还在被消灭。它们被新的工业排挤掉了,新的工业的建立已经成为一切文明民族的生命攸关的问题;这些工业所加工的,已经不是本地的原料,而是来自极其遥远的地区的原料;它们的产品不仅供本国消费,而且同时供世界消费。旧的、靠本国产品来满足的需要,被新的、要靠极其遥远的国家和地带的产品来满足的需要所代替了。过去那种地方的和民族的自给自足和闭关自守状态,被各民族的各方面的互相往来和各方面的互相依赖所代替了。物质的生产是如此,精神的生产也是如此。各民族的精神产品成了公共的财产。民族的片面性和局限性日益成为不可能,于是由许多民族的和地方的文学形成了一种世界的文学。[①]

[①] Karl Marx and Friedrich Engels, "Manifesto of the Communist Party," in *The Marx-Engels Reader*, 2nd ed., ed. Robert Tucker (New York: W. W. Norton, 1978), 476–477.

大约150年后，基于其对当前经济情势的观察，以及关于1870～1914年那个时代的回顾和反思，已故的保罗·赫斯特与其合作者格雷厄姆·汤普森指出："不管人们希望怎样描述它，当代民族经济的融合、相互依存，以及开放的程度都不是史无前例的……这并不意味着我们要低估当今的融合程度，或者说忽视由它所引发的规制与管理问题，我们仅仅想表达一种怀疑，即人类的经济活动国际化是否已经跨入了一个全新的阶段。"[1]

在赫斯特和汤普森提出这个观点的两年后，社会学家安东尼·吉登斯在英国广播电台（BBC）的里斯讲座——通过广播电台在世界范围内播放——作了一次演讲。他将那些围绕全球化这一新事物展开争论的人分为两大阵营：怀疑论者，如赫斯特和汤普森；激进论者，这些人相信全球化不仅是一个新生的事物，而且是革命性的。虽然他支持激进的立场，但紧接着他又指出，这两大阵营"都几乎将全球化看成是经济现象。这是一种误解。全球化既是经济的，也是政治的，技术和文化的。影响全球化的最主要因素来自各种通信体制的发展，这一点可以回溯到20世纪60年代"[2]。总之，在150年后的全球化的怀疑论者看来，马克思和恩格斯1848年描述的革命性变革现在已经是司空见惯了；对于激进论者而言，这些司空见惯的现象，在一系列如同马克思和恩格斯在19世纪中叶所观察到的复杂变化中，被彻底地革命化了。

为了实现"全球化与自主性"这一跨学科研究项目的伟大抱负，来自不同学术背景的学者都需要认真考虑他们的研究怎样才能够回答源自上述争论的一个或者更多的历史性问题：

1. 全球化与自主性的历史根源是什么？过去与现代之间的连续性和差异在哪里？

---

[1] Paul Q. Hirst and Grahame Thompson, *Globalization in Question: The International Economy and the Possibilities of Governance* (Cambridge: Polity Press, 1996), 60.

[2] Anthony Giddens, *Runaway World: How Globalization Is Reshaping Our Lives*, 2nd ed. (New York: Routledge, 2003), 28.

2. 政治权威（地方的、国家的和全球的）获得的资本支持怎样为全球化的扩张和渗透创造了新的机会？资本对上述因素的支持在何种程度可以让我们谈论全球化时刻？①

3. 如果我们发现一个最近突发的、决定性的全球化时刻，那么，当前时刻的特别之处是什么？当前时刻的深厚基础是什么？全球性的基础又是什么？

4. 自主性的概念和实践怎样随着时间的推移而产生变化？这些变化与阶级、公民资格和认同有着怎样的联系？社会和历史记忆怎样影响阶级、认同，公民资格和自主性？

5. 在这样的历史时刻，全球化与全球性是怎样并以何种方式进行争论的？在这些特殊的历史时刻，自主性怎样促进或阻碍全球化与全球性之间的争论？在何种程度上，全球化与全球性之间的争论变成了支持或反对自主性的斗争？

6. 我们的研究是怎样将全球化与自主性同帝国主义和帝国联系在一起的？随着时间的推移，以及在全球化的不同时刻，这些联系和这些观念发生了怎样的变化？

连续性、非连续性与核心概念

我们相信，在思考怎样回答这些问题时，将"国际化"（internationalization）与"全球化"（globalization）加以区分是最为重要的。国际化是国家间的相互交往与相互依存的发展。② 这些国家的政府将这些交往和社会关系组织成一个单位（unit）。这些各不相同的"国家"共同体构成了被治理的对象。与此不同的是，全球化意味着"人民之间的联系在全球范围的扩展——在最近的

---

① William D. Coleman and John C. Weaver, eds., *Property Rights: Struggles over Autonomy in a Global Age* (Vancouver: UBC Press, forthcoming).
② Jan Aart Scholte, *Globalization: A Critical Introduction*, rev. ed. (New York: Palgrave Macmillan, 2005), 54.

很多时候，这些扩展还尤其是超地域的"①。就像简·A.肖特所强调的那样，"超地域"指的是某种地域"之上"的关系；也就是说，它们相对独立于自然的地理位置。例如，罗伯特·拉瑟姆和萨斯凯亚·萨森就详细解释了通信和信息新技术的发展如何提高了超地域联系的可能性。再如，在全球范围的网络中，地方性社群组织的各种活动能够与相似的组织进行横向的联系。当它们这样做的时候，这些组织就能够更为容易地越过民族国家的行政和制度结构。在这方面，一种逐渐扩大的社会关系范围已经开始"跨边界"了，也就是说，更少依赖基于地域的民族国家的调节。② 由于这些新技术的发展，某些特定的社会关系就获得并显示出同时全球性（transworld simultaneity）——它们同一时间跨越地球向任一地方延伸，和即时全球性（transworld instaneity）——它们同一时间在地球上向任一地方移动的特征。③ 就此而言，社会关系的超地域性改变了某些社会空间的性质，与过去截然不同的是，这些空间越来越少地由其自然地理位置来决定了。

全球性联系和超地域性的扩展的一个后果就是人们越来越清晰地将世界当做一个想象的共同体。在探讨全球化的概念支撑时，罗兰德·罗伯逊稍稍提到了"将世界作为一个整体的意识会随着时间推移而强化"④。当人们将自身置于世界背景之中时，他们会更可能想象自己是在世界中而不是在自己的国家或某个地区内从事活动。

按照这种方式来分析全球化，就会使我们不再坚持人们通常所习以为常的观点，即国际化与全球化之间总是保持着线性的相关

---

① Jan Aart Scholte, *Globalization: A Critical Introduction*, rev. ed. (New York: Palgrave Macmillan, 2005), 54.
② Robert Latham and Saskia Sassen, "Digital Formations: Constructing an Object of Study," in *Digital Formations: IT and New Architectures in the Global Realm*, eds. Latham and Sassen (Princeton, NJ: Princeton University Press, 2005), 2.
③ Scholte, *Globalization*, 61.
④ Roland Robertson, *Globalization: Social Theory and Global Culture* (London: Sage, 1992), 8.

性，全球化的扩展伴随着国际化的衰退。相反，我们的研究表明，这些过程一直以来总是同时相互促进的，在过去的两个世纪中，尤其如此。实际上，国际化与全球化之间的关系是相互补充的，或者是单独一个民族国家，或者是若干民族国家的联合，共同推动着全球化过程。在本书中，经济史学家萨米尔·索尔对过去135年全球金融的研究，就证明了这种实际存在的相互依存。社会学家乌尔里希·贝克关于跨边界或跨国问题上日益增长的合作需要的分析也表明，国际化并不必然削弱全球化。① 当然，过度的国际化会限制全球化是可能的，反之亦然。举例来说，过去10年间各国达成的边界管制的协定就明确地告诉我们国际化怎样阻碍了跨国的移民。相比较而言，正在兴起的数字技术如互联网——借助文本与语音、视频和音频等形式的结合而重构了交流——就已经对国家通过边界控制文化传播形成了严峻的挑战。

  在描述和分析这些现象时，本书的各位学者假设，当特定的跨国社会关系和空间具有超区域性特征时，历史断裂和非连续性则就更加可能了。迄今为止，国际化的历史强调的是民族国家渐次组织和控制世界领土——一个在19世纪得到巩固，并在20世纪中叶去殖民化运动中达到顶峰的过程——的意义。随着"国际的"逐渐变成了"世界范围的"或"全球的"等词的同义语，基本的社会空间也逐渐变成了"国家的"社会空间，而世界中各种关系的媒介则开始在国家的政治、经济、文化、技术或军事等制度中产生了。然而，当跨国社会空间变成超区域性的空间，特定的社会关系，不管是经济的、政治的，或者是文化的，也都被改变了。例如，与过去相比，照片、电影或地方的电视作品等可视媒介之间的交流都能以更为无法想象的方式在全球范围内即时传播。最恰当的例子就是2008年，加拿大皇家骑警在温哥华国际机场使用震撼枪

---

① Ulrich Beck, *Power in the Global Age: A New Global Political Economy* (Malden, MA: Polity, 2005).

致使一位迷失方向的波兰移民丧生。当一位旁观者用数码相机记录下此事并立即传播到全世界之后，这个地方性的事件就变成全球性的了。录像画面不仅完全颠覆了警方的报告，促使官方重新调查并向死者的母亲和波兰道歉，而且还在全球范围内引发了一场关于使用震撼枪逮捕犯罪嫌疑人的国际争论。正如本案所表明的，在某些情形下，国家越来越难以界定或容纳各种社会关系产生和生长的社会空间了。

本书主要探讨全球化中这些可能的历史连续性和非连续性是怎样妨碍或者促进自主性的。对于自主性在怎样的程度上可能影响社会参与和塑造全球化的能力，我们也非常感兴趣。我们既关心个体自主性，也关心集体自主性。列恩·多伊尔和伊恩·高夫等学者就已经认识到，"我们最基本的人类利益"需要满足两种基本的需求：健康或物质能力与精神能力或"自主性"。[1] 正如高夫所分析的那样，"这种最低程度上的自主性，意味着在应该做什么和怎样去做等方面能够作出正确的抉择"[2]。而且，实现个人的自主性，还必须满足三个条件。[3] 第一，个人必须具有实施行动的认知和情感能力。否则，我们就会看到一系列削弱自主性的消极表征，例如绝望、犹豫、无力感，以及无精打采等。第二，个人必须形成一种文化理解，能够允许他们认识其自身的社会情境，了解日常生活中人们对于他们的期待。这种理解，不管是在家庭中，还是借助于社区的实践和仪式，或者在学校中，都需要教学相长。第三，个人必须具有一种基本能力，从而使他们能够"比较各种不同的文化规则，反映其自身文化的规则，以及与他人合作改变这些规则，并且最终

---

[1] Len Doyal and Ian Gough, *A Theory of Human Need* (New York: Guilford Press, 1991), 55.

[2] Ian Gough, "Lists and Thresholds: Comparing the Doyal-Gough Theory of Human Need with Nussbaum's Capabilities Approach" (WeD Working Paper 01, ESRC Research Group on Wellbeing in Developing Countries, Bath, United Kingdom, 2003), 8.

[3] Doyal and Gough, *A Theory of Human Need*, 55–59.

走向另外一种文化"①。实践这种基本能力需要某些行动的自由和政治自由。② 总之,个体自主性意味着能够形成关于如何实现个人选择的目标和信念,能够发现参与追求这些选择的社会生活的各种方式,以及在追求这些目标时以经验证据为基础来评估人们成功与否。

个体自主性概念似乎是与集体自主性,尤其是国家的自主性相对立的。不过,集体与个体自主性是可以调和的。科内利乌斯·卡斯托里亚迪斯,一个出生在希腊的法籍哲学家,通过分析指出,集体自主性源自希腊语,是指"赋予自己以法律",充分解释了集体自主性这一概念。③ 要想获得集体的自主性,一个社会必须为政治和个体自主性的实践提供空间。必须要有公民能够自由表达的公共空间,人们能够自由地质疑,"我们生活于其下的规则和法律是正确的吗","它们是公正的吗","它们可以更好些吗"④。根据卡斯托里亚迪斯的观点,当一个社会更具灵活性,更具批判性的反思精神,其成员是自由的,能够参与公共生活,并拥有审视自身及其法律所需要的资源、能力和教育时,集体自主性才会存在。很显然,这个意义上的自主性意味着一种想象的行为,或者说卡斯托里亚迪斯所谓的"激进的想象"。⑤ 当个人和团体都能够想象不同的生活方式时,他们就会形成一种观念,即想象它如何付诸实践,并采取行动观察其是否正常运转。

在本书中,各位作者利用这些概念要探讨的是,随着时间的推移,这些服务于个人和不同共同体(包括民族国家)的自主性形

---

① Doyal and Gough, *A Theory of Human Need*, 187.
② David Held, *Democracy and the Global Order* (Stanford, CA: Stanford University Press, 1995), 159-188.
③ Cornelius Castoriadis, *Philosophy, Politics, Autonomy* (New York: Oxford University Press, 1991).
④ Cornelius Castoriadis, *Philosophy, Politics, Autonomy* (New York: Oxford University Press, 1991), 164.
⑤ Cornelius Castoriadis, *Philosophy, Politics, Autonomy* (New York: Oxford University Press, 1991), 165.

式是如何建构出来的。根据《牛津英语词典》的解释，17世纪英语中出现的"自主性"一词首先是在集体意义上使用的，而自主性的个人意义则是最近两个世纪刚出现的。随着19和20世纪国际化开始加速发展，这两种用法都开始普遍起来。相应地，本书的作者还认真讨论了随着时间推移而导致的自主性的变化在多大程度上与日益增强的全球化和国际化有关。

研究的路径

在实施研究并为全球化与自主性项目提出的问题提供某些基本的回答时，我们发现我们自己总是翻来覆去地关注几个问题。早期研究全球化的开创性著作将当前世界看成是终结于市场经济和民主的、一个长期的线性过程的顶点。据说，这种"历史的终结"标志着集体自主性制度化的最后形式——民族国家的逐渐衰落。这种观点提出了一个关于"时间"（time）的明确假设，而我们认为这种假设面临着一定的挑战。历史学家已经开始探讨当代的全球化与帝国之间的联系，全球联系的首倡者也强烈建议我们需要将帝国和帝国主义的主体纳入我们的研究之中。最后，全球化的研究文献充斥着众所周知的观念——资本主义、个人主义、民主、自由贸易、人权、自然、环境与市场等。随着诸如此类观念开始植入特定的空间和不同的制度之中，它们的传播和重构也变成了全球联系逐渐发展的一部分，而那些也正是我们需要深入探讨的。

1. 时间（time）

在许多关于全球化的讨论中，时间是一个关键的特征。交流和社会关系本身的迅速变化已经导致全球化的研究者开始讨论"同时"、"即时"，甚至"永恒的"时间等。① 在评估关于时间的某些

---

① 关于"即时"和"同时"的讨论，见 Scholte, *Globalization*, 59 – 61；关于"永恒的时间"，见 Manuel Castells, *Rise of the Network Society* (Cambridge, MA: Blackwell, 1996), 174 – 197。

第一章 导言

隐含假设时，我们发现了许多陷阱。首先，将人类事件看成是在某个平面上的演进并到达某个预期的终点——当代的全球化——是有害的。其次，以过去发生的事件来解释现在可能会导致历史性的错误。最后，把过去人为地划分为若干不同历史时代，会将一种难以想象的"一致"强加于特定的时期。

正如历史学家卜正明（Timothy Brook）所告诫的那样，某些知识传统（在西方，多数的但并非排他的）假设了线性的时间："过去的某一事件在其特定的时刻并不是孤立的；它被看成是线上的一个点，从过去延伸到现在，并超越现在而延伸至将来。这些事件被认为是循着线性的时间而发生，并按照一种前趋的叙述逻辑而展开。"① 当我们不加鉴别地应用类似"连续性"和"非连续性"等词语时，我们就可能错误地将全球化的历史看成是西方的兴起，现代性的扩展，或者资本主义的全球性渗透。为了避免这些陷阱，在依然需要说明"过去""影响未来可能性和终结"重要作用的同时，我们力图将其与"现在"区别开来。②

第二个危险，即历史性错误，源于我们企图用过去来解释当代的问题。这里的危险是，我们选择的分析范畴——形成于现在并用于解决当前问题——将回到过去并与另外时空的词汇混合在一起。正如一位研究殖民主义的历史学家所告诫的那样，我们应该意识到，"当人们无法获得这些思考方式时，就不应该认为人民的行为好像是在寻求认同或者建构一个国家"③。换句话说，如果当前的词语能够很好地用于表达和解释，那么，历史学家就不应该创造新的词语。④

---

① Timothy Brook, "Time and Global History"（paper presented at the fourth meeting of the Globalization and Autonomy Research Project, Munk Centre, University of Toronto, September 2005）, 6.
② Frederick Cooper, *Colonialism in Question: Theory, Knowledge, History*（Berkeley: University of California Press, 2005）, 13.
③ Frederick Cooper, *Colonialism in Question: Theory, Knowledge, History*（Berkeley: University of California Press, 2005）, 18.
④ Scholte, *Globalization*, 84.

在考察全球化和自主性的历史时，我们遇到的第三个危险是设计一种具有很强目的性的计划的诱惑。历史学家安东尼·霍普金斯将全球化的历史划分为若干连续性的历史时期：古代的全球化、原始的全球化、现代的全球化和后殖民时期的全球化。① 如果我们承认这种基本的全球化概念在很大程度上无法为上述所划分历史时期的人们所认识，那么，这种路径就是可接受的。但是，当欧亚和非洲，或者美洲和大洋洲之间不存在联系时，谈论历史上各个时期的全球联系，则完全是不顾逻辑的跳跃性思维。在18世纪，确实存在着像奥斯曼帝国和中国这样具有广阔领土的帝国，但是，即使对于它们来说，地球上的大部分地区依然是未知的世界。虽然本书中的某些章节确实谈到了霍普金斯的先验图式，但是，我们一直非常谨慎地避免将一成不变的周期性图式强加于我们的作者，进而扭曲他们的研究发现。

2. 帝国、自主性与全球化

在考虑那些催生本书的各种问题时，解释"帝国"（empires）和"摩擦"（friction）概念就变得尤为明显。在全球化研究中，人类学家安娜·罗文哈普特·郑已经将摩擦概念作为分析工具来描述："车轮的转动，是因为它与路面的接触；在空气中的旋转并不能做到这一点。摩擦两根木棒会产生热和光；而单独一根木棒就仅仅是木棒。作为一种比喻的想象，摩擦提醒我们，异质与不平等遭遇会导致出现新的文化和权力安排。"② 帝国的追求在特定生活领域——以及就大都市中心来说，还涉及地球上的某些地区——中形成全球性的联系方面发挥着重要作用。③ 即使曾经存在这种情

---

① A. G. Hopkins, "Globalization—An Agenda for Historians," in *Globalization in World History*, ed. A. G. Hopkins (New York: Norton, 2002), 1–10.

② Anna Lowenhaupt Tsing, *Friction: An Ethnography of Global Connection* (Princeton, NJ: Princeton University Press, 2005), 5.

③ John Darwin, *After Tamerlane: The Global History of Empire* (London: Penguin Books, 2007).

第一章 导言

况，这些联系也很少能够轻易地、系统地形成。因为这些原因，全球化进程就不应该被视为无情地或不可避免地将整个世界纳入其中。

在不同的程度上，摩擦总是与欧洲人早期入侵非洲、印度洋和美洲等活动相伴随的。征服者发现在本土政治权威秩序良好、合法和团结的地方，他们就面临着经常性的抵抗。而在那些小国家或者部落中，这些制度还不完善的地方，他们则很有可能建立起成功的殖民统治。长期以来，历史学家就已经承认，本土人民在殖民化——"地理大发现时代"逐渐显露——模式的形成过程中发挥着重要作用。因此，西班牙在15世纪殖民加纳利群岛时取得了巨大的成功，而葡萄牙随后也很快在非洲的东、西海岸建立了殖民地飞地。历史学家阿尔弗雷德·克罗斯比将征服加纳利群岛看成是后来者侵犯本土人民个人和集体自主性的原型，看成是航海者沿着非洲海岸南下并向西到达美洲的基石。[①] 一旦葡萄牙人绕过非洲进入印度洋，他们发现很容易在东非的斯瓦希里海岸和南亚建立贸易堡垒，因为太多的城市国家无法组织协调一致的抵抗。在他们征服新世界的过程中，西班牙人设法分化墨西哥的各个部落，而他们能够在菲律宾建立殖民地，大抵是由于同样的原因。

欧洲人能够在其所到之处充分利用地方的分歧和本土化的知识。趁着印度的莫卧儿王朝处于内乱之际，英国东印度公司将其统治延伸到了印度。而在团结的中国或日本，欧洲的贸易公司却无法效仿这种做法，不过，因为新世界充满着金银，而且贸易公司又提供了便利的运输服务，他们就可以借助商业入侵的方式进入这些地区。到1700年，欧洲人非常清楚如何组织私人的、大规模的、可持续的商业和制造业，即大的贸易公司和制糖企业。[②] 而管理这些

[①] Alfred W. Crosby, *Ecological Imperialism: The Biological Expansion of Europe, 900 – 1900*, Canto ed. (Cambridge: Cambridge University Press, 1993), 70 – 103.

[②] Richard Drayton, "The Collaboration of Labor: Slaves, Empires, and Globlalizations in the Atlantic World, ca. 1600 – 1850," in *Globalization in World History*, ed. A. G. Hopkins (New York: Norton, 2002), 99 – 115.

各式各样的商业和生产企业又形成了许多新技能。欧洲人已经发现如何将财富进行长期投资,而将管理工作交给职业管理者。这种路径是随着联合股票公司——现代企业的前身——的发展而逐渐产生的。它允许小投资者拥有——例如东印度公司或哈得逊湾公司——一部分债券并且不参与管理。这些帝国的商人不再必须作为特定贸易共同体的一部分参与主要的商业活动:在许多重要的城市中,个人可以投资于其他地方管理的商业,资本开始流动,并且不再固定在某一个地方。由于欧洲人联合股票公司的观念,以及总是伴随着殖民者的司法体制支持的契约观念的影响,各种网络开始发挥作用,它们在维护贸易契约的同时,将土地也转变成了财产。① 除了其早期建立的联合股票公司之外,荷兰还是开发股票交易,设立银行和批发企业,以及制定服务于商业的合法规则的先驱。一般来说,这些公司都在帝国内部运转,并且得到本国政府的合法支持;有些公司会得到政府的补贴,但它们也接受非国家的、外部的资本。

这些帝国都力图将以国内模式为基础的法律规则和法庭——适于将外部强加的法律制度化——恰当地置于其统治的疆域之内。地方专横的管理者和法官不得不自行其是和妥协以保证秩序,而这些实践明显涉及统治与自主性之间的平衡。在商业法律中,这些帝国表现得灵活而又有适应性,它们首先接受了将那些法律和规则应用于新拥有领土之上的实际理由,然后又借助这些法令而引进了变革:对自主性的非正式的限制因此变成正式的了。当然,帝国本身的附属物还在维护着它们自己的法律规则。在整个19世纪,大英帝国的金融家、制造商,以及外交人士极大地影响着中国、阿根廷和奥斯曼帝国,从而使这些地区的人民发现他们自己的集体自主性受到威胁,并且开始被融入非正式的帝国之中。例如,在19世纪

---

① John C. Weaver, *The Great Land Rush and the Making of the Modern World*, 1650 - 1900 (Montreal and Kingston: McGill-Queen's University Press, 2003).

晚期的尼日利亚，英国殖民当局就是依赖当地的领导人进行间接的统治。

地方领导人、商人，以及地主等在帝国内的参与行为并不意味着权力的分享。就全球整合的帝国形式而言，摩擦是内在的。这些帝国可能不会增强宗主国的权力，但是，它们的组织首先能够使欧洲人受益，而不是其本国人民。这些组织化的步骤不可避免地涉及限制集体和个体自主性。宗主国不合理的要求破坏了当地经济的结构，进一步加剧了地方的分裂。① 在19世纪的印度，莫卧儿王朝的衰落减少了奢侈品贸易。② 19世纪中期法国入侵北非，以及19世纪晚期俄罗斯占领中亚地区都实施了殖民活动，以及符合地方习俗的土地和水资源分配实践。③ 这些帝国被迫向特定的欧洲家庭和贸易机构屈服，利用当地的财政收入支付欧洲人工资，并且为征服者的军队征募本地士兵。

关于帝国问题的描述可能会让人们产生一种错误的印象，好像欧洲的各个帝国都是按照某种单一帝国模式来管理的。各个帝国权力之间文化、社会和法律上的差异形成了迥异的殖民地，后者在其自主性方面存在着相当大的不同，并且为我们理解当今的自主性的形式留下了重要的遗产。因此，不同的法律传统、劳动力的利用、商品生产的方式，以及地方的抵制还是创造了不同的法律规则及其实践，即使所有帝国的主要殖民法律和规则都支持劳动剥削。各类飞地、殖民地、并吞的领土，以及贸易的版图只能最低限度地解释摩擦和多样性的主题。每一个帝国的中心都有独到的设计、预期和能力。一旦西班牙皇室从征服者及其后继者手中夺取了新世界殖民

---

① Caroline Elkins, *Imperial Reckoning: The Untold Story of Britain's Gulag in Kenya* (New York: Henry Holt, 2005).
② Angus Maddison, *The World Economy: A Millennial Perspective* (Paris: Development Centre of the Organisation for Economic Co-operation and Development, 2001), 113–118.
③ Richard A. Pierce, *Russian Central Asia, 1867–1917: A Study in Colonial Rule* (Berkeley: University of California Press, 1960), 141–152.

地的控制权，那么，它就会任命一个高度集权的官僚制的管理机构，力图控制人们和货物的流动。不过，东印度群岛的皇室委员会已经证明无力阻止更广范围的走私活动。作为一个较弱的欧洲国家，葡萄牙对其海外领地几乎发挥不了什么影响力，而只有被迫求助于大英帝国才能够实施相应的控制。甚至大英帝国也经常没有能力在其殖民地实施土地分配和财产权管制等。人们都认为是全球化形成了文化的融合。事实上，殖民主义也导致了融合。

1500~1850年间，欧洲的海外帝国对文化和生态等方面是一个大破坏，而且还导致了集体自主性分布的内部转变。奴隶贸易加剧了西非和安哥拉各部族之间的冲突，并且极大地改变了美洲的文化版图。西方国家在非洲、拉丁美洲和亚洲的传教活动被证明尤其具有破坏性。根据历史学家查尔斯·博克斯的观点，耶稣会信徒创造了一种世界范围的贸易实体，其活动"在规模上远远超过了荷兰或者英国东印度公司，有时候它们被称为是第一波多国贸易"①。当然，地方当局并不总是欢迎传教活动，因为它们总是为着本地人民的利益而从事一些仲裁活动。但是，不管受到欢迎、阻挠、管制，还是监视，天主教堂不可避免地建立了起来，并将海内外的人们联结在一起。

通过将世界各地的人民、植物、动物和观念融合在一起，这些帝国看起来已经促进了全球化的发展。借助国家武装力量支持的权威，以及控制其国民的热忱，这些帝国逐渐增强了国际化的程度。那些较为积极的、侵略性的帝国一直在实施爱国的教化，但导致了各种不同冲突结果的产生，包括当地的民族主义。这些帝国当局力图在其管辖权内维持多少有点统一的法律规范，但是，这些经常要适应当地的环境和习俗。② 这些帝国延续宗主国法律的各种企图类

---

① C. R. Boxer, *Portuguese India in the Mid-Seventeenth Century* (Delhi: Oxford University Press, 1980), 50.
② Lauren A. Benton, *Law and Colonial Cultures: Legal Regimes in World History, 1400–1900* (Cambridge: Cambridge University Press, 2002).

似于最近几十年来跨国机构创建司法机构的努力；不同的是，跨国机构努力使各种法律在各国之间协调一致，而这些帝国则力图在其帝国边界内编纂并实施各种法律。在本书中，约翰·韦弗和阿德里安·琼斯着重探讨了帝国法律延伸的范围和最近国际刑法的发展。殖民主义的辩护士总是不停地强调法律的重要性，但他们同时又支持使用武力肆意践踏殖民地人民的权利。帝国内的这些冲突为那些围绕追求个人和集体自主性新形式的各种全球化路径的争论提供了机会。克里斯托弗·贝利（Christopher Bayly）已经指出，各种各样的变革动力——意识形态、经济和国家——在世界各地产生了毫无秩序的变革，"而这些变革不可能归结为其中的某一种'动因'或某一领域"①。

20世纪前期，借助美国的经济和军事优势，新的帝国主义模式形成了。根据美国的模式，正式的集体自主性可能与经济上的相互依赖共存共荣。例如，拉丁美洲和菲律宾等地属于第一类型殖民地，它们可以享有对地方的部分政治控制权，但交换条件是允许美国市场准入和从事贸易活动。20世纪后期，美国渴望成为世界政治、经济超级大国的野心，以及其盟国努力避免另一次世界大萧条的强烈愿望，极大地影响了诸如联合国、国际货币基金组织和世界银行等国际机构的形成。正如普鲁森和斯特里特所表明的那样，20世纪30年代世界各国力图逃避管理世界事务和承担国际责任的构想导致了战后以重塑农业和工业发展为目标的外国援助项目的诞生。

到20世纪60年代，美国的政府官员为第三世界开出的药方是统一的经济发展模式，并想当然地认为它能够摆脱历史境遇和某些局限。美国面对的是一种完全不同的体制，这种体制首先是由苏联，其后由中国主导，它们渴望使社会主义模式超越欧洲而

---

① Chistopher Bayly, quoted in C. A. Bayly et al., "On Transnational History," *American Historical Review* 111, 5 (2006): 1450.

移植到第三世界。虽然美国和苏联的目标都是希望在规模和范围上赢得对世界的控制，但是它们在战略和策略上是存在差异的。美国努力避免领土吞并和直接统治，而是选择一种非正式的帝国模式。① 美国超越所有欧洲帝国的地方在于，它毫不含糊地宣称，美国在履行一种神圣的、利他主义的使命，这种使命将会使整个人类受益。而且，虽然历史上的各个帝国都力图输出语言、宗教和文化，但美国创造出了新颖的大众传播技术，史无前例地促进了美国梦在全球范围内的传播。相反，苏联却受到欧洲左翼思想家的鼓舞。虽然苏联在科学技术方面无法与美国相媲美，但是，冷战期间，共产主义确实在第三世界的部分国家赢得了广泛的认同。②

3. 观念、知识共同体与全球化

如果缺乏与普遍诉求相关的某些观念，人类探讨特定历史时刻之间的全球联系就无法取得深入的进展。在这些观念中，有些与集体和个体自主性有着特殊的相关性：自由贸易、人权、财产权、环境保护与自决等（这里仅仅列举一部分）。通常情况下，这些观念是由知识共同体，即学者、专家和专业人士的网络提供的，他们已经识别出特定领域中的专门知识和能力，以及该领域对知识的权威性诉求。③ 这些共同体都具有某种规范的、为行动提供路径的信念，而且他们非常自信地将这些肤浅的信念与日常问题联系在一起。

在研究特定历史时刻的全球联系时，我们需要着力观察的是

---

① Robert J. McMahon, "The Republic as Empire: American Foreign Policy in the Twentieth Century," in *Perspectives on Modern America: Making Sense of the Twentieth Century*, ed. Harvard Sitkoff (New York: Oxford University Press, 2001), 80 - 100.

② Odd Arne Westad, *The Global Cold War: Third World Interventions and the Making of Our Times* (New York: Cambridge University Press, 2005).

③ Peter M. Haas, "Introduction: Epistemic Communities and International Policy Coordination," *International Organization* 46, 1 (1992): 3.

第一章 导言

这些普遍观念（universal ideas）是如何传播的，知识是怎样在地区和文化之间流动的，以及人们与这些观念的绝对形式之间的妥协是怎样达成的。在安娜·罗文哈普特·郑看来，普遍观念的使命就在于"形成传播的桥梁、路径和渠道。从特殊经历中获得的知识渗入这些渠道，拓展而不是遮断了这些渠道"①。在它们传播的时候，这些观念通过对话甚至斗争而逐渐融合和重塑。在这些意义上，观念就是摩擦的根源。虽然自由贸易政策允许跨国制药公司知识产权的延展，以及控制药品的销售与分配，但是，它还是受到了那些寻求自身农产品和货物进入富裕国家市场的发展中国家的责难。诉诸法律既可以用强力支持不合理的秩序，也能够支持人们对于正义和赔偿的诉求。② 经济发展计划能够而且已经在增强国家的力量，但是，有些国家也认为它们为其成千上万的民众提供了衣食住行。人权的发展可能是多方向的；政治权利则是一部螺旋式发展的斗争史。③ 启蒙思想中的各种观念可能已经在某些叙述中被异乎寻常地误解了，这样，它们与那些"依然存在争议的原则、知识倾向和制度"的相关性就被忽略了。基于普遍主义的立场，一些主要的启蒙思想家认为帝国主义完全是非正义的。④ 正如安娜·罗文哈普特·郑所看到的那样，"普遍观念吸引着精英分子以及那些同样被排斥的人"⑤。在探讨由摩擦隐喻所暗示的这些二元性时，我们就能够更好地理解全球化与自主性之间的关系。

---

① Tsing, *Friction*, 7.
② David M. Anderson and David Killingray ed., *Policing the Empire: Government, Authority, and Control, 1830–1940* (Manchester, UK: University of Manchester Press, 1991).
③ Julie Evans et al., *Equal Subjects, Unequal Rights: Indigenous Peoples in British Settler Colonies, 1830–1910* (Manchester, UK: University of Manchester Press, 2003).
④ Sankar Muthu, *Enlightenment against Empire* (Princeton, NJ: Princeton University Press, 2003), 263.
⑤ Tsing, *Friction*, 9.

帝国与自主性

历史时刻与摩擦：我们的路径

任何试图将帝国与全球化和自主性联系起来的研究都可能会招致这样的批评，即那些帝国很少会遵循某种宏大设计。正如许多研究已经表明的那样，帝国对于附属国的管理过于随意，二者之间缺乏文化上的凝聚力，而且帝国随时随地都会遭遇到抵制和反抗。①作为概念框架的全球化需要同样的限定条件。尤其是当学者们在探讨自主性时，他们怎样才能向人民表达全球化的无力，告诉人民国家遭遇全球化时的混乱感，以及与人民一起理解全球化的许多自相矛盾的结果？我们没有去建构一种宏大叙述，而是引导我们的作者在撰写其论文时，选择一个与其研究相关的，同时涵盖着历史事件、创新、运动和谈判等不同因素的历史时刻。我们希望这些历史时刻会充分展示那些在某些地方获得或拒绝自主性的全球境遇，而在这些地方，不可避免地存在着摩擦。我们相信，关注这些存在摩擦的历史时刻，会为我们探讨全球化与自主性之间的辩证关系提供有用的途径。正如安娜·罗文哈普特·郑所指出的那样："摩擦使全球联系更强、更有效。同时，甚至不用特别刻意，摩擦也会促进全球权力的顺利运转。差异会引起分裂，它既会导致日常事务的混乱，也可能导致无法预期的灾难。摩擦不相信这样的谎言：全球权力有如一台润滑充分、运转良好的机器。不过，差异有时会激起叛乱。摩擦有时也非常令人讨厌。"②

不管全球化悄无声息地还是出其不意地出现在全世界面前，也不管全球化以潜移默化的方式传播还是以同样的方式导致突然的破裂，我们都认识到了人类需要随着时间的推移来衡量全球联系的某些特质。这些特质包括：全球联系的实际地理空间，全球联系在空

---

① Jürgen Osterhammel, *Colonialism: A Theoretical Overview* (Princeton, NJ: Markus Wiener, 1997), 16–17.

② Tsing, *Friction*, 6.

间和社会中渗透的程度，人员、货物和信息流动的速度，以及这些联系的紧密程度。与其他研究全球化的学者一样，葡萄牙历史学家库谢·安图尼斯（Cátia Antunes）已经指出了若干关键变量，如广度、速度和深度。[1] 在这些变量之外，还应该再加上关于个人和集体自主性的动力和程度的全球意识。利用这些指标，本书的大多数作者可能都会同意，19 世纪晚期，我们已经发现了全球化的端倪，而到了二战后期，或者说冷战的关键时刻，起决定作用的全球化就已经变成了现实。不过，在长时间讨论周期化之后，我们认为，重要的是利用历史时刻和摩擦等概念来探讨全球化和自主性，而不是为全球化的起源确定一个准确的日期。

本书的贡献

利用历史时刻这种工具，本书为观察两类过程——全球化与自主性的得失——的动态关系提供了一系列不同时空的窗口。如果我们要更为深入地理解这些关系，这样的历史分析就是至关重要的。我们还认识到，个人和集体自主性形式自身是相互联系的。我们的研究得出了若干初步的结论。

首先，在过去的三个世纪中，全球化——被普遍认为是全球联系的扩展——为世界上更多地方和更多个人带来了比过去任何时候都高得多的相互依存。另外，这种相互依存的特征比以往任何时候都明显，且以各种方式表现在团体和个人日常生活中。最后，在过去的半个世纪中，这种相互依存程度的变化速度，以及借助的渠道比此前任何时候都快、都多。一般来说，与过去相比，它们更少受

---

[1] Cátia Antunes, *Globalisation in the Early Modern Period: The Economic Relationship between Amsterdam and Lisbon*, 1640 – 1705 (Amsterdam: Askant, 2004), 187 – 188. For an extensive use of these variables, see David Held et al., *Global Transformations: Politics, Economics and Culture* (Stanford, CA: Stanford University Press, 1999).

到政治上划定的疆界的限制，更多地向全世界开放。

其次，全球相互依存范围的扩展、它对人们日常生活的意义，以及社会变革的速度，更多地是由作为一个整体的富裕国家来作出判断的，而不是由富裕国家和不太富裕的国家共同决定的。萨米尔·索尔指出，随着时间推移而发生的变化不是体现在富裕国家和较贫穷国家之间相互依存的程度上，而是体现在某些国家脱离贫穷行列并加入富国俱乐部的能力上。而且，贫穷国家的某些特定部门可能被包容在这些相互依存的关系之中，并因此突出了这些部门与作为整体的社会二者之间的差异。在这些领域，全球化过程可能是超地域的，它创造了新的地理学，或者说是阿尔君·阿帕杜莱所谓的"过程地理学"，它削弱了区域或"特征地理学"，或者与之并存。① 而在其中的每一个方面，全球化过程都深化了那些参与全球化的国家和全球化过程之外的国家之间的裂痕。索尔对 20 世纪末金融全球化的分析再次证明了这一点。亚辛·埃斯德在文章中指出，从马格里布共同市场国家的视角来观察这些过程，就能够发现这种逐渐扩大的鸿沟所带来的绝望和困境，而当这些鸿沟与去殖民化和独立时代的希望相对立时，尤其如此。

在研究自主性怎样与全球化相联系时，我们的结论是，较为有价值的是思考自主性观念和形式的变化，而不是去试图衡量世界上自主性的得与失。约翰·韦弗的文章，探讨了 19 世纪初期南非女奴的生活，揭示了当欧洲的个体自主性观念遭遇奴隶制度时，它是怎样受到商业和宗族利益的反对的。而且，他还表明，奴隶应该享有某些个体自主性的观念开始植根于人们的精神之中，并一点一滴地为自己开辟道路，进而融入法律之中，最终推动了人类的解放。杰瑞米·斯特洛描述了新科技如远程技术启发的想象力是如何在个人意义上为社会中妇女的自主性创造新的空间的，即使那种自主性

---

① Arjun Appadurai, "Grassroots Globalization and the Research Imagination," *Public Culture* 12, 1 (2000): 7.

是一种自由主义的。具有讽刺意味的是,当某些妇女成为一种来自过去的精神词汇的中介时,自主性就得到了强化。

自主性观念还具有可持续性的力量。哲学家查尔斯·泰勒坚持认为,基于自然权利的现代道德秩序和平等假设已经"历经了两个方面的扩展:广度(越来越多的人依赖着它,它已经变成了主流)和深度(它所产生的需求比以前更强,而且更多样)"①。韦弗的发现认为,这种扩展的产生并不是非常顺利的,而是必然充满着摩擦。那些试图灌输个人权利启蒙思想的努力——19世纪初开始在南非传播,都陷入了两种类型帝国的转型困境之中。最终,这些解放的观念无法为脱离其共同体的女奴提供丝毫慰藉。两个世纪之后,同样是这些关于个体自主性的观念则构成了国际刑事法院的基石。在其关于纽伦堡审判——个体自主性被认为是一种全球性的观念——的分析中,阿德里安·琼斯(Adrian Jones)认为,随着国际刑事法院的创建及其在2002年早些时候的运作,审判中的思考范式最终在全球范围内制度化了。当得到更广泛的应用之后,审判中唤起的个人责任范式为个人追求社会公正权利开辟了道路,这种社会公正不会因为性别、财产关系,甚至特定国家公民资格的差异而有所不同。因此,一种特定的个体自主性观念,一种完全现代的观念,在其被人类构造出来数世纪之后,已经变成了一种全球制度的焦点。

总之,过去三个世纪的全球化历程已经见证了个体自主性观念的兴起——自立、自主的个人是权利的最佳载体。享有这种自主性形式的团体已经从作为财产的女性扩展到包括曾经的奴隶、农民、妇女和少数民族——总之,随着时间的推移,那些特定的团体逐渐地赢得了越来越多的权利。这种扩展是非线性的,而且在不同的地方形式也大不相同。本书的其他章节则突出了这些过程中不同形式

---

① Charles Taylor, *Modern Social Imaginaries* (Durham, NC: Duke University Press, 2004), 5.

的自主性。帝国主义与殖民化的遗产极大地影响着个体自主性在世界上不同地方得到理解和认可。

即使还不到千年的时间，但是，这种集体的自治意义上的自主性已经以各种形式存在了若干世纪了。这里，本书也明确指出，当我们将其与全球化结合起来讨论时，自主性的形式和观念在过去三个世纪中已经发生了很大的变化。尤其是像安东尼·吉登斯所指出的那样，这个时期已经见证了作为地域政治组织形式的民族国家的全球化过程。[①] 渐渐地，民族国家取代了早期的组织形式，如城市国家，以及最近的帝国的附属国。美国的社会学家萨斯基亚·萨森认为这种发展具有一种等级体制的特征，即从地方的、次国家的（省、州等），发展到国家的，以致最后形成国际体系这样的一个过程。[②] 在这样规模上的等级体制内，集体自主性就能够得到理解和界定。从本土居民、殖民地人民、以及被征服地区居民的感受来看，将集体自主性包含在国家内——它们自身也是由地域性的帝国组织模式塑造的，通常是一个冲突的过程。

本书的其他几章主要关注的是上述这些问题。科斯塔（De Costa）关于澳大利亚土著居民的评价，指出了建立在长期宇宙论基础之上的集体自主性实践是怎样被劣等和落后种族的话语削弱的。从土著居民的视角来看，在一些其他涉及文化或宗教少数族群的个案中，民族国家本身就是一种殖民的力量。阿克珊和布鲁克认为，在以陆地领土为基础的帝国中，自主性问题尤其敏感。为了控制领土，这些陆上帝国需要使用武力并以海洋帝国少有的方式来占有领土。因为民族主义的崛起和来自俄国、英国、法国等帝国日益强大的竞争力，奥斯曼帝国动员各种力量的能力逐渐衰退，整个帝国进入了长期的危机之中，并最终走向了灭亡。现代世俗国家土耳

---

① Anthony Giddens, *The Consequences of Modernity* (Stanford, CA: Stanford University Press, 1990), 52-53.
② Saskia Sassen, *Territory, Authority, Rights: From Medieval to Global Assemblages* (Princeton, NJ: Princeton University Press, 2006), 328-329.

其就是在其废墟上建立起来的。不同的是，以海洋为基础的大英帝国学会了允许在其控制下的某些自治，条件是商业活动得到保护、某些大英帝国的制度不被破坏。最后，怀特深入地探讨了共同体和个体自主性——尤其是工人阶级——是怎样随着全球化的发展而发生变化的问题。他将20世纪公司城中的工人状况与20世纪末一些出口加工区日益增加的工人进行了对比研究。最初影响这些城镇的社会福利政策与上述加工区的政策截然不同，后者通常没有任何社会安全网。怀特的发现反映了这样的过程，即在划定用来为全球市场生产商品的特定领土内，很多国家都严格限制着公民和移民的个体自主性。文化人类学家艾娃·昂（Aihwa Ong）对此也作过精彩的叙述。[1] 怀特的研究强调的是，这些对于自主性的限制通常还包括剥夺那些生长在同一国家但处于出口加工区之外的公民应该获得的社会权利。

  总之，走向民族国家全球化的集体自主性的深度和形式，决不会是以同样的方式从一个地区转移到另一个地区，从一个共同体走向另外一个共同体。历史学家阿里夫·德里克就将全球现代性解释为一个世界性的领域，其中，现代性的各种制度——民族国家、市场经济、工业主义和军国主义——在世界各地落地生根。[2] 不过，这些制度是怎样形成和生长的，则取决于特定地方的文化实践的历史、它们与帝国主义及其他支配形式的关系，以及它们参与全球资本主义的方式。与民族国家体制一起走向全球化的规模等级体制——地方的、次国家的、国家的和国际的——明显是一种政治的等级制，它并不必然与经济关系模式相一致。在过去的两个世纪中，很少有国家能够长期地维持其经济的自给自足。这种规模等级体制与文化关系，包括宗教模式，也极不相称。众所周知，许多民

---

[1] Aihwa Ong, *Neoliberalism as Exception: Mutations in Citizenship and Sovereignty* (Durham, NC: Duke University Press, 2006).

[2] Arif Dirlik, *Global Modernity: Modernity in the Age of Global Capitalism* (Boulder, CO: Paradigm, 2007), 6-9.

族国家的边界是由帝国权力划定的，为了使自己掠夺的经济利益最大化，它们通常会忽视文化或经济边界。

观察当代的研究者认为，与以前相比，人们现在更多地在强调政治、文化和经济地理上一致性的缺失。索尔关于金融国际化可能转向金融全球化的分析就很好地说明了这一点。他认为，在过去的上百年时间里，外国直接投资已经取代了证券投资而为国际化扫清了道路。外国直接投资、公司的跨国化和国际生产的相当重要的作用已经创造出了一种经济环境，其中，民族国家——尤其是全球的北方——的边界，已经被经济往来所超越，其明显体现就是"超区域关系"或"资本流动"等词语的使用。但是，他强调说，这种现象仅仅局限于北方。与19世纪模式不同的是，现在的资本大多数都流向了资本富裕的国家，北—南双方在这种资本流构成中的比例无法与过去相比。不可否认的是，有些新的国家进入资本富裕国家的行列，如日本、韩国、土耳其和捷克共和国，更不必说其他如中国、印度和巴西等新崛起的国家了。然而，发展中国家依然是处于边缘化的状况，虽然是以一种新的形式出现。现在大多数情况下，资本流动就是北方和北方，富国与富国之间的事情。与以前相比，这些发达国家或者作为另外一个国家的债权人，或者是作为借款方。不太富裕国家的这种经济边缘化状况与以前的国际经济关系，尤其是1870～1914年间的状况，大相径庭。

索尔的分析为本书其他章节更为明晰地从政治角度深入探讨美国在塑造全球化中的作用提供了一个基本的背景——第一次世界大战之后的自主性关系。这些章节分别以不同的方式提出了一种观点，即当代的全球化在其早期阶段是由美国主导的，美国为了维护自己的经济利益，需要一种更加制度化、更加稳定的全球经济。格尔曼关于无线电频谱管制的分析预示着英国和美国之间围绕二战后影响全球经济体系的制度化安排的一些关键斗争。他指出，1927年的国际无线电会议标志着"从国际共存到国际合作和相互依存的转变"，此时会议上的民族国家，几乎无一例外地都来自发达国家,开始共享集体自主性。只有这样做,它们才能够实现对于所谓"全球的"商品,即无线电频率的管制。美国强调赋予个人权利和私有无线电广播公司利益以优先权,而英国和其他欧洲强国则认为无线电频率是公共物品,公众权利应该居于优先地位。美国在无线电议题上赢得主动权就预示着1945年后经济全球化将会处于美国霸权的影响之下。

这里,罗纳德·普鲁森探讨了富兰克林·D. 罗斯福总统在20世纪40年代早期的思想,其时,他就预言战后的世界将在美国领导下走向繁荣。罗斯福认为,世界经济的发展需要门户开放政策,需要结束殖民主义,也需要自由民主的民族国家形式在全球的传播。不过,在检视罗斯福的思考时,普鲁森发现,在总统关于殖民地人民享有发展机会的权利,以及他们在多大程度上能够支配自主性的观念中,存在着一种强烈的温和的专制主义和神圣的责任意识。

全球化的过程受到新帝国权力的支持——如果不是强制的,因此在各个方面都带来了一些关于自主性的新观念和实践。首先,在那些由美国主导的全球化社会中,拒绝、消除,或者压制集体自主性则能够将促进集体自主性的价值、益处和需要灌输进被征服团体的社会意识之中。随着全球化本身逐渐变得更广泛、更深入和更迅速,遵循这种社会意识的活动随着时间的推移将表现得更为多样。正如斯蒂芬·斯特里特所说,倾向自由的发展主义,或者其他国家能够而且应该复制美国发展经验的观念,在整个20世纪60年代通过美国主导的全球化项目而强行在第三世界传播。例如,美国在危地马拉和越南从事的战争,就可以看做企图操纵前殖民地人民,使其远离其他形式的全球化。他注意到,在冷战期间,美国政府官员和学术界经常将第三世界的人民描述成"未开化的"或者"幼稚的",他们需要用"发达的"西方文化加以滋养。这些观念是对普鲁森描述的富兰克林·罗斯福的温和专制主义思想的回应。即使不是一种模式,但是,在整个第三世界,越南革命赢得的荣誉在于它告诉人们怎样实现自主性,在那些反对美国霸权的解放斗争中,这种实践尤其明显。

亚辛·埃斯德也考察了美国经济理论的影响，但其视角来自北非的马格里布诸国。他指出，约翰·F. 肯尼迪总统1961年在联合国大会演讲中关于促进第三世界发展的承诺从未兑现。在这方面，美国主导的全球化揭示出了那些与以前的帝国经验相比令人不安的相似性，而这些经验已经严重破坏了那些可能保留集体自主性的可替代的全球化形式。总之，从许多所谓的发展中国家的视角来看，全球化和帝国主义似乎都是漫长噩梦的重要内容。集体自主性的政治外壳，依然存在于这些国家之中，现在则被专制和腐败的领导人所支配，他们有时甚至用暴力压制其国家的公民，而这些公民一直都在努力使其经济适应不断变化的发展模式。

幸运的是，有些全球化过程，在得到数字技术和大众媒体的支持后，就能够激发——如果不是强迫的话——人们的想象力，并由此促进创造性的自主性观念的形成。[①] 世界上越来越多的人都能够挑战官方思维的假设，而不管它们是不是企业发展的极端形式，或者被压制的集体主义形式。有些评论把主观臆断集中在，在其被拒绝的情境下，个人和集体自主性的实现问题。斯泰德将民族解放运动看成这些斗争的典范。埃斯德关注的是伊斯兰原教旨主义日益增长的力量，这种运动非常有效地利用了数字技术和大众媒体。埃斯德认为，这种运动正在建构一种成为全球信仰的伊斯兰教，并为成千上万被美国主导的全球化边缘化的人提供（错误的）希望。

在乌尔夫·赫德托夫特的文章中，他开篇便讨论了1986年罗纳德·里根与米哈伊尔·戈尔巴乔夫在冰岛举行的会晤，这次美苏峰会标志着苏联开始走向其历史终点。赫德托夫特的观点与此前其他作者的讨论紧密相连，他认为，借助其军事优势，以及其关于国际货币基金组织和世界银行等全球性金融机构的设计和主导，美国

---

① Arjun Appadurai, *Modernity at Large: Cultural Dimensions of Globalization* (Minneapolis: University of Minnesota Press), 1–26.

极大地限制着发展中国家的自主性。在后苏联时代，他用"新帝国主义"来描述美国在其正式的主权范围之外投放实力以抑制其他国家集体自主性的能力，从而诱使或迫使这些国家作出符合美国利益的选择。

窥一斑而见全豹。本书的各章通过深入分析历史上的某些重要时刻，着重突出了当下人们对于全球化过程的历史、自主性观念和形式的历史的渴求。自主性以某些特定的形式存在了相当长的时间。自主性的意识，以及根据特定方式对自主性作出反应只有较短的历史，而且它们与现代性的兴起是相辅相成的。现代性可以看做是与民族国家或发展原则——自由市场和集体主义——同时出现的。国家，以及在意识形态上相互对立的发展原则深刻地影响着个人和共同体，因此，自主性意识与现代性的同时出现就没有什么可疑惑的了。与遥远地区相互联结的意识，以及从这种意识中产生的相互依存都是可以上溯到千年以前的现象。但是，意识到这种联系是全球性的、世界性的则是最近的事情。历史学家们已经指出，这种意识早于现代性，但是，有多早目前还不是十分清楚。因此，要揭示全球化和自主性意识是怎样产生、何时产生的，还需要我们做大量的研究工作。

对于那些有兴趣致力于研究全球化的起源，以及全球化对于个人和集体自主性的影响的学者来说，回顾过去将有益于我们进一步思考未来。我们不仅仅能够从理解全球化和自主性的历史基础上获益，而且，随着研究的深入，我们还能够从充满摩擦事件的历史中发现更好的办法，以应对当前和即将发生的全球性的危机与困境。

（陈家刚译，中央编译局）

第二章 资本的国际化：从 19 世纪末到 20 世纪初

萨米尔·索尔

在金融全球化的长期发展进程中，以下两个历史性事件的发生被认为是关键的转折点：一是 1918 年法国通过立法限制资本输出；二是在布雷顿森林体系瓦解后，1979 年英国决定取消交易管制。1918 年 4 月 3 日，法国众议院通过了一部冗长的法律，禁止"所有的股票、债券以及直接或间接地代表了持有人对资产或债权具有所有权的所有证券的输入"①。即使法国众议院禁止国内资本输出到国外，但该法律的通过本身还算不上是一件重大事件。战时状况迫使法国对外汇实行管制并禁止黄金出口，它们还加强了对交战国资本流出的限制。战争结束后，因为俄罗斯和其他国家未能履行其偿债义务，法国的食利者遭受了重大损失，他们不再热衷于输出资本。全球货币不稳定和政策调节的失败阻碍了资本流动，因此，这些可用资金被用于重建被战争摧毁的家园。②

---

① Jean-Claude Debeir, "Le problème des exportations de capitaux français de 1919 à 1930: Substitutions et concurrences," *Relations Internationales*, 6 (1976): 175.
② 作为 19 世纪初的主要国际投资者，英国并没有通过类似立法。1928 年 1 月 10 日，法国这项施行 10 年的法律被取消了。

第二章 资本的国际化：从19世纪末到20世纪初

不过，鲜为人知的是，在全球资本流动的历史进程中，1918年法国颁布法律被认为是具有决定性的历史时刻，原因有以下几个。该部法律的颁布代表了长达半个多世纪不受约束的巨额资本输出时代的终结，它也预示着下半个世纪资本输出量将更为缓和，跨境资本流动恐将面临障碍。虽然禁止资本流动与法国已经建立起来的自由主义信条发生了冲突，自由主义政策使法国成为了世界第二大资本输出国并一直持续到1914年。① 对国际资本流动的限制一直持续到20世纪70年代。从金融监管的角度来看，1945年后的时代并非是一个全新的开始。不鼓励国际资本流动，部分原因是它们与20世纪20年代后期宽松的货币政策以及随后的1929年股市崩溃有关。对资本流动的限制在国际金融领域已变得非常普遍，只存在少量的国际资本流动。

20世纪60年代和70年代，处于主流融资渠道之外的离岸货币市场——欧洲货币市场建立起来，货币流动也逐渐加速。因为，外汇管制继续限制外国借款人进入欧洲证券市场，欧洲美元（在美国境外以美元进行结算）成为一种很有吸引力的替代选择，因为它们不同于国内资本市场，它们不会受到严格监管，并且无交易费用。到了20世纪60年代末，欧洲市场上欧洲证券的发行（即证券的计价货币不同于发行市场上流通的货币，主要是欧洲美元）已长期成为外国证券发行中最重要的内容。② 因此，这些资本流动最终动摇了布雷顿森林体系下的固定汇率制。③ 20世纪70年代初，

---

① 自由主义并未完全受到限制。各国政治都会以政治或外交的理由来鼓励或否决对外事务。它们还能够设置财政壁垒以缩短资本流动周期。

② International Monetary Fund (IMF), *Annual Report*, *1967* (Washington, DC: IMF, 1967), 32. 了解更多关于本章的信息，可参见 Samir Saul, "Has Financial Internationalization Turned into Financial Globalization?" *Globalization and Autonomy Online Compendium*, http://www.globalautonomy.ca/global1/article.jsp?index=RA_Saul_FinancialIntl.xml。

③ Jeffrey A. Frieden, *Global Capitalism: Its Fall and Rise in the Twentieth Century* (New York: W. W. Norton and Company, 2006), 342-346.

欧洲货币市场交易规模有所放缓，因为在政府政策的支持下，外汇市场国际化进程加快。1974年，美国取消了1963年为控制资本外流而征收的税赋。1979年10月23日英国废除了对资本外流施加的所有限制，在取消交易管制上，该事件被认为是具有决定性意义的一步。此后10年里，大多数工业化国家都采取了类似的措施。放松管制是金融全球化进程中的决定性时刻，因为它促进了资本的自由流动。① 20世纪80年代债券市场日益国际化，20世纪90年代股票市场也出现了国际化趋势。资本流动方兴未艾，交易量急遽飙升。

这两个决定性事件涉及对资本流动调节的尝试。调节或者采取禁止的方式（就像在1918年的法国），或者是以许可的方式（如1979年的英国），这些调节性金融法规的颁布反映了现实。综上所述，这些事件表明了对资本流动的监管方向，从某种程度上说，它们描绘出了一个时代所具有的特征，这是一般统计资料所无法表达的。1928~1979年，人们似乎绕了一大圈又回到了初始点。第一次世界大战前资本可以自由流动，从而推动资本流动数量日趋增加，但随后的60年里由于对资本流动施加了限制，资本流动数量也随之而衰减。20世纪末，伴随着资本管制的放松，资本流动又开始恢复了往日的活跃。

本章根据资本流动体制的特点将国际资本流动划分为四个阶段，并比较了这四个阶段的异同点。四个阶段为：①无管制阶段，1870~1914年；②管制阶段，1918~1940年；③有管理阶段，1945年到20世纪70年代初；④放松管制阶段，20世纪70年代到现在。当今时代，约从1975年开始，资本流动量剧增，这种现象与当今时代之前的无管制阶段相对称。遵循标准的经济学分析方法，资本转移可分为两大类别：证券投资流动（股票和利率固定

---

① International Monetary Fund, *Annual Report*, *1984* (Washington, DC: IMF, 1984), 19, 421-422.

的证券，如固定利率债券和定期存单，进行投资的目的是为了赚取收入而不是控制）和外国直接投资（FDI）（购入股票的目的是为了参与管理并获得公司的控制权）。我进行的这项调查研究旨在探究，关于资本流动，目前较过去是否有所不同？主导性分析思路是运用逻辑推理方法，考察资本流动持续性和变化与全球化程度的关系。从定量角度分析了资本流动和持有的国外股票总数后，我研究了资本流动的地理分布和部门构成的变化。最后，在实证调查获得的统计数据的基础上，我对国际生产的各个阶段进行了概述。分析结果显示，尽管已为发生重大变化的可能奠定了基础，但连续性仍然多于变化性。而且，金融全球化看起来还刻画了北方富裕国家之间的关系特征。当今的北方国家与贫困的南方国家之间的经济关系类似于19世纪末，但形式有所改变，并且整体重要性也在下降。不过，在这之间的几十年中，自治形式却发生了改变。现在虽然全球南方世界享有合法的政治自主权，但是其经济缺乏自主权，这表明这些国家仍然残留着殖民时期的某些特征，全球性公司的兴起，给帝国主义列强主导下的传统经济画面带来了一层新的复杂性。

热潮、低迷与重组：19世纪70年代到20世纪60年代

为了更好地理解这两个关键性的金融事件，对资本跨境流动的背景进行阐述是必要的。国际金融发展历史可划分为三个相对不同的阶段。在固定汇率制度下的1870~1914年，由于没有管制约束，来自西欧工业化国家的充裕资金，以及西欧以外国家对资金的强劲需求，大大加快了资本国际化进程。1914~1945年，资本国际化趋势有所减弱。第一次世界大战导致了国际经济关系出现障碍，其特征表现为通货膨胀、浮动汇率、货币贬值以及公共财政赤字。大萧条造成闭关锁国，给国际金融关系带来了沉重压力，资本流动急

遽减少，即使在第二次世界大战之前国际经济依然如此。始于二战后的第三个阶段是国民经济和国际经济关系的重建期。这一时期由于实行固定汇率制度而形成了稳定的货币汇率，加之在国际货币基金组织的支持下，国际商务关系得到了恢复与发展。只持续了1/4世纪的布雷顿森林体系，在生产率不断下降、日益增长的赤字、失控的通货膨胀以及不现实的固定汇率体制的压力下，于20世纪60年代解体。

1870~1914年，形成了以欧洲为中心的国际经济格局，大部分投资流动是单向的，来自西欧并向外辐射。除美国外，债权人和债务人之间以及投资者和接受外国投资的被投资方之间的差距极其悬殊。大部分投资是从资本充裕但增长缓慢的地区流至资本匮乏但增长势头迅猛的地区，这些资本的投资取向通常是基于收益率的大小（更高的边际利润或更大的利率差距）。由于大多是私人投资，因此其投向是基础设施建设（通常与出口有关，如铁路和港口）、社会经常性支出（如交通运输、公用事业、市政工程、房地产以及城市建设）和自然资源开采或者为政府财政赤字提供资金。外国政府贷款增长较为显著，但采取的形式是发行债券（固定利率债券的发行是基于发行人的信用额度而非以特定资产为担保），对公司的股权投资也在增加。

组合投资和外商直接投资之间的确切比例还是一个争论不休的问题。许多的投资，最初被认为是组合投资，现在却处在了非居民的控制之下。一项研究表明，直接投资在私人外国投资总额中的比例远高于原以为的水平，这些投资后来被称为对第三世界或发展中国家的投资，1914年对这些地区的累计投资占外国私人投资总额的2/5。[①] 1914年外国直接投资在长期国际资产总额中大约占35%，相对于资本输出国的国民收入而言，这一比例较1914年前

---

① Peter Svedberg, "The Portfolio-Direct Composition of Private Foreign Investment in 1914 Revisited," *Economic Journal* 88, 352 (1978): 763, 768.

后的任何时候都要高。①

1870～1914 年英国成为国际经济的中心。工业化所创造的财富，从工业制成品出口中获得的收入以及英帝国赚得的大量利润成为可供输出的资本。按现行价值计算，英国每年流出的资本在 19 世纪 60 年代约为 4000 万英镑（约合 1.95 亿美元），1910～1914 年间增长至 1.75 亿英镑（约合 8.52 亿美元）。② 在高峰期，英国的资本净流出达到了国民生产总值的 9%。③ 1865～1914 年，在伦敦发行的外国证券总量为 40.82 亿英镑（约合 199 亿美元）。④ 1913 年英国持有的公开发行的尚在流通的长期外国证券投资总量在 37.14 亿～39.90 亿英镑之间。⑤ 1913 年的海外资产相当于 GDP 的 1.5 倍，⑥ 它们相当于国民财富的 30%，贡献了国民收入的 9%。⑦

---

① John H. Dunning, "Changes in the Level and Structure of International Production: The Last One Hundred Years," in *The Growth of International Business*, ed. Mark Casson (London: George Allen, 1983), 85.

② Lance E. Davis and Robert A. Huttenback, *Mammon and the Pursuit of Empire: The Political Economy of British Imperialism, 1860 - 1912* (Cambridge: Cambridge University Press, 1986), 37. 1914 年以前，国际汇率都是稳定的。第一次世界大战之后，它们开始随着通胀、预算赤字和其他金融困境的出现而产生波动，但是，美元—英镑平价直到第二次世界大战之后才发生重大变化。

③ Michael Mussa et al., "Capital Account Liberalization: Theoretical and Practical Aspects," *IMF Occasional Paper* 172, 30 September 1998, 31.

④ P. L. Cottrell, *British Overseas Investment in the Nineteenth Century* (London: Macmillan, 1975), 27.

⑤ George Paish, "The Export of Capital and the Cost of Living," *The Statist*, 14 February 1914, Si-Sviii; Albert Henry Imlah, *Economic Elements in the Pax Britannica* (Cambridge, MA: Harvard University Press, 1958), 28.

⑥ Angus Maddison, *The World Economy: A Millennial Perspective* (Paris: Development Centre of the Organisation for Economic Co-operation and Development, 2001), 105.

⑦ Michael Edelstein, *Overseas Investment in the Age of High Imperialism* (New York: Columbia University Press, 1982), 25; Herbert Feis, *Europe the World's Banker, 1870 - 1914: An Account of European Foreign Investment and the Connection of World Finance with Diplomacy before the War* (New York: A. M. Kelley, 1964), xix.

大约有 60% 的英国资本流向了独立国家；自治殖民地获得剩下 40% 的大部分，这些自治殖民地归英帝国管辖。① 不到 10% 的英国资本流向了依赖程度较高的殖民地。② 英国海外投资的 30% 通过向政府和自治区提供贷款的形式被用于社会经常性支出，铁路证券投资占 40%。英国海外投资的其他主导行业有资源开采，主要是采矿业占 10%，公共事业占 5%，制造业占 4%。③

1914 年前，世界第二大资本输出国是法国。虽然在 19 世纪 70 年代资本外流势头减缓，但是，在 19 世纪 90 年代资本外流速度逐步加速，第一次世界大战前夕达到顶峰。1914 年，外国证券发行量持续增长至大约 450 亿法郎（约合 86 亿美元），或占国民财富的 1/6。外国证券中有一半是政府债券，它们在巴黎证券交易所进行交易；公司发行的股票和债券平分秋色。④ 1914 年，法国超过 60% 的长期投资投向了欧洲国家，仅俄罗斯就占了 25%。⑤ 各行业所占比例与英国类似。

德国的外国投资起步较晚。1900～1914 年对外投资还不到储蓄的 1/10。⑥ 在整个 19 世纪中，美国均是债务国，债权人主要是英国。1914 年英国投资者持有的外国股票和债券中 5/8 是美国发行的。⑦ 在 19 世纪末，美国成为一个国际债权人，即使它仍然是

---

① Matthew Simon, "The Pattern of New British Portfolio Foreign Investment, 1865 – 1914," in *The Export of Capital from Britain 1870 – 1914*, ed. Alan R. Hall (London: Methuen, 1968), 24 – 25.
② Davis and Huttenback, *Mammon*, 72.
③ Feis, *Europe the World's Banker*, 27; Simon, *Pattern of New British Portfolio Investment*, 23.
④ Pédro Arbulu and Jacques-Marie Vaslin, "La place de Paris dans la finance internationale du 19ième siècle," *Revue d'économie Financière* 57 (2000): 31; Feis, *Europe the World's Banker*, xx, 47.
⑤ Feis, *Europe the World's Banker*, 51.
⑥ Feis, *Europe the World's Banker*, 61, 71, 74.
⑦ Cleona Lewis, *America's Stake in International Investments* (Washington, DC: The Brookings Institute, 1938), 119.

第二章 资本的国际化：从 19 世纪末到 20 世纪初

一个净债务达到 37 亿美元的债务国。美国的对外投资集中反映为 FDI，很可能是因为美国进入了消费品大规模生产阶段，对外直接投资有利于开拓国外市场。大规模生产和国际化趋势是相辅相成的，因此，到 1914 年，美国累积的海外资产中有 3/4 为 FDI。[1]

第一次世界大战开始时，全球外国长期投资中，英国占 44%，法国占 20%，德国占 13%，美国占 8%。战争情势从根本上改变了国际金融环境：交战各方不得不清算海外资产以资助战争，若债务人拒绝清偿债务则意味着债权人将遭受直接损失。英国售出的证券总金额约 40 亿美元，因为贬值损失了 6 亿美元。法国的损失总量和损失占比较高，主要是由于其决定注销在俄罗斯的投资。法国总损失介于 280 亿~330 亿法郎之间（约合 530 亿~630 亿美元），或总损失占其外国投资总额的比例达到了 62%~73%。[2] 欧洲大陆变成净债务国，美国成为债权国以及世界资本流动的主要来源地。1919 年，美国的海外资产总额达到 65 亿美元，几乎两倍于 1914 年水平，这其中没有包括美国对其战时盟国发放的 100 亿美元官方贷款。[3]

两次世界大战期间与所谓的前 40 年黄金时代形成鲜明对比。除了恢复重建外，稳定计划和债务减免也是比较重要的。通货膨胀、预算亏空、国际收支赤字、不稳定的汇率、外汇管制、资本转移障碍、债务拖欠是金融不稳定的体现，这使得长期投资的风

---

[1] Cleona Lewis, *America's Stake in International Investments* (Washington, DC: The Brookings Institute, 1938), 445.

[2] United Nations, *Les mouvements internationaux de capitaux entre les deux guerres* (New York: United Nations, 1949); Alan S. Milward, "Les placements français à l'étranger et les deux guerres mondiales," in *La position internationale de la France: Aspects économiques et financiers, XIXe-XXe siècles*, ed. Maurice Lévy-Leboyer [Paris: éditions de l'école des hautes études en sciences sociales (EHESS), 1977], 301 – 302.

[3] United Nations, *Les mouvements*, 6; John H. Dunning, *Studies in International Investment* (London: George Allen and Unwin, 1970), 19.

险加大。为应对汇率波动，短期资本流动增加且波动幅度加大。国际金融关系陷入混乱状态，不过并未停顿下来。尽管长期资本开始回流，不过若将此阶段描述为国际金融关系完全崩溃又有些夸张。①

表1 1914年对外投资的名义价值

单位：百万美元（当前美元价值）

	欧洲联盟	欧洲	拉丁美洲	亚洲	非洲	总计
英　国	1129	8254	3682	2873	2373	18311
法　国	5250	386	1158	830	1023	8647
德　国	2979	1000	905	238	476	5598
其他国家	3377	632	996	1913	779	7697
美　国	709	900	1649	246	13	3517
总　计	13444	11172	8390	6100	4664	43770

数据来源：Angus Maddison, *The World Economy*, 106。

两次世界大战期间国际资本又开始恢复了缓慢流动态势，20世纪20年代末处于相对平稳状态，随后是急遽萎缩。1928年资本流出量达到了历史最高水平。

表2 年均外国证券发行量

单位：百万美元（当前美元价值）

	1919~1923	1924~1928	1929~1931	1932~1938
美国	531	1142	595	28
英国	416	587	399	143

数据来源：United Nations, *Les mouvements*, 28。

---

① Marc Flandreau and Chantale Rivière, "La grande 'retransformation'? Contrôles de capitaux et intégration financière internationale, 1880 - 1996," *économie Internationale* 78（1999）：11 - 58.

第二章 资本的国际化：从 19 世纪末到 20 世纪初

流入拉丁美洲的美国外国直接投资有 30 多亿美元，流入加拿大的美国外国直接投资有 20 多亿美元。就英国来说，英国的外国直接投资有 30 亿美元，而流入拉丁美洲的有 27 亿美元。美国 1/5 的外国直接投资以及英国不到 1/10 的外国直接投资投入了制造业，被投资国主要是发达国家或者半发达国家。① 公司融资倾向于采取外国直接投资形式。此间，美国和英国均是外国政府资金的重要来源，近 3/4 的美国和英国的证券投资流入了政府部门或公营机构。② 外国直接投资成为公司融资的主流形式，很可能是因为 20 世纪 20 年代的主要特征是汇率不确定性加大。在接下来的 10 年里，进口限制、关税壁垒、关税配额和禁令等限制措施给出口商接近海外客户设置了种种障碍，迫使出口商在这些受保护市场的国家设立子公司。

1929 年的华尔街危机以及随后的经济衰退导致违约事件大规模出现，资产被廉价抛售。外汇管制取代自由兑换，从而导致资本流动的无常和混乱。为了规避经济、货币或政治方面的风险，大量的国际流动资本游移不定、频繁地进进出出。资本外逃后紧接着的是资本回流，即回到同一个外国投资地或进入一个新的外国投资地。例如美国就发生过逃逸资本流入潮，资本为了安全纷纷流入美国。两次世界大战期间并未导致海外资产存量增加，所以海外长期贷款和投资持续增长的历史趋势终于被打破。

第二次世界大战之后，许多国家的政府对国际经济体系的重建非常重视，并将其列为优先处理的事务。布雷顿森林体系旨在谋求稳定汇率从而促进贸易的发展。布雷顿森林体系的设计者不赞成国际资本的自由流动或金融市场一体化；1929 年股市大崩盘使人们

---

① Marc Flandreau and Chantale Rivière, "La grande 'retransformation'? Contrôles de capitaux et intégration financière internationale, 1880 – 1996," *économie Internationale* 78（1999）: 35 –37.

② Albert Fishlow, "Lessons from the Past: Capital Markets During the 19th Century and the Interwar Period," *International Organization* 39, 3（1985）: 418 –419.

表3 1938年对外投资的名义价值

单位:百万美元(当前美元价值)

	欧洲联盟	欧洲	拉丁美洲	亚洲	非洲	总计
英 国	1139	6562	3888	3169	1848	16606
法 国	1035	582	292	906	1044	3859
德 国	274	130	132	140	—	676
荷 兰	1643	1016	145	1998	16	4818
其他国家	1803	1143	820	101	646	4513
美 国	2386	4454	3496	997	158	11491
日 本	53	48	1	1128	—	1230
总 计	8333	13935	8774	8439	3712	43193

数据来源:Angus Maddison, *The World Economy*, 106。

对金融市场产生了怀疑。① 布雷顿森林体系的主要目标是调节因国外因素导致的国内经济的不稳定,以维护国内经济的健康发展。盯住汇率制度安排有利于维持或加强对跨境资本流动所设置的法律障碍。

资本国际化进程逐渐得到恢复。前殖民地人民经过长时期的奋斗,最终获得了政治独立(非殖民化),他们渴望经济发展。1945年后美国处于全球金融体系的中心,而在1914年前欧洲是全球金融体系的中心。美国的银行在获得国际资金转移经验之后,美国成为资本的主要来源地。由于货币有限兑换、外汇管制和资本流出限制几乎无处不在,起初大部分资本转移均是在官方安排下进行的。到了20世纪50年代出口国的净私人资本流出加剧。

战后私人投资表现出以下几个显著特征:外国直接投资在量上超过了组合投资,对分支机构和子公司的利润再投资比例大于新的资金输入以及资金流向了工业国家而不是发展中国家。在美国和英国的私人资本流出中,外国直接投资占3/4,这两

---

① Peter B. Kenen, *Capital Mobility and Financial Integration*: *A Survey* (Princeton, NJ: International Finance Section, Princeton University, 1976).

大资本输出国的私人资本流出量占世界私人资本流出总量的90%。[1]

表4 净长期私人资本流出

	年均流出（百万美元，当前美元价值）		份额（%）	
	1946~1950	1951~1959	1946~1950	1951~1959
美国	1085	2011	59	70
英国	600	530	33	18
瑞士	77	197	4	7
比利时和卢森堡	67	89	4	3
德意志联邦共和国	—	49	—	2
瑞典	—	2	—	—
总　计	1829	2878	100	100

数据来源：United Nations, *Le courant international des capitaux à long terme et les donations publiques*, *1959–1961*（1963），42。

美国私人资本主要流入了工业国家，而官方资本转移流入了发展中世界，在量上后者占据了主导地位。1951~1959年，美国私人长期资本输出（private long-term capital outflows）达到180亿美元，而官方拨款为170亿美元，官方和私人贷款总额为40亿美元，资本流出总量为390亿美元，或占国际资本净流量的72%。[2] 直到1958年为止，美国的外国直接投资主要流入了加拿大，当欧洲共同市场建立后，资金开始转移至西欧。英国的海外投资继续投向英镑区国家（sterling zone countries），澳大利亚是优先考虑的地区。发达国家的外国直接投资大部分流入了工业国家，流入发展中国家的大部分外国直接投资投向了资源开采领域，主要是石油开采。自然资源的拥有情况仍然是决定地方重要性的因素。

---

[1] Peter B. Kenen, *Capital Mobility and Financial Integration*: A Survey (Princeton, NJ: International Finance Section, Princeton University, 1976), 62.

[2] United Nations, *Le courant international des capitaux à long terme et les donations publiques*, *1951–1959* (New York: United Nations, 1961), 2.

表5　按来源国统计的 FDI 累计存量

单位：10 亿美元（当前美元价值），%

	1914		1938		1960		1971		1978	
美　　国	2.7	18.5	7.3	27.7	32.8	49.2	82.8	48.1	162.7	41.4
加 拿 大	0.2	1.0	0.7	2.7	2.5	3.8	6.5	3.8	13.6	3.5
英　　国	6.5	45.5	10.5	39.8	10.8	16.2	23.7	13.8	50.7	12.9
德　　国	1.5	10.5	0.4	1.3	0.8	1.2	7.3	4.2	28.6	7.3
法　　国	1.8	12.2	2.5	9.5	4.1	6.1	7.3	4.2	14.9	3.8
比 利 时	—	—	—	—	1.3	1.9	2.4	1.4	5.4	1.4
荷　　兰	—	—	—	—	7.0	10.5	13.8	8.0	28.4	7.2
瑞　　士	—	—	—	—	2.0	3.0	9.5	5.5	27.8	7.1
日　　本	—	—	0.8	2.8	0.5	0.7	4.4	2.6	26.8	6.8
所有国家	14.3		26.4		66.7		172.1		392.8	

数据来源：John Dunning,"Changes in the Level and Structure of International Production,"87。

1975 年以来资本国际化风起云涌

到 20 世纪 60 年代末，西方发达国家依靠战后恢复与重建带来的经济繁荣走到了尽头，经济增长动力已明显不足。在大规模生产及经济持续增长和赢利前景的激励下，30 年来投资处于较高水平，在此期间，需求也处于高位水平，原因有以下几点：失业率几乎为零，实际收入不断上升，福利国家的分配制度以及公共部门的需求使社会开支增加。然后，生产力下降，市场增长缓慢，停滞不前的利润动摇了福特主义—凯恩斯主义之间的关系（Fordist-Keynesian nexus）。这促使雇主和政府当局重新审视战后时期的宏观经济基础并对社会"契约"产生质疑。日趋激烈的竞争、不断减少的投资机会引起了内部生产的重新配置和分配制度的重新安排。市场发挥了更大的调节作用，一些人实际工资停滞，另一些人失去了工作，企业更加依赖于削减成本、提高技术水平赚取利润，企业具有更强

第二章 资本的国际化：从19世纪末到20世纪初

烈的海外扩张冲动以抵消内部增长的疲弱。跨境资本流动随之兴起。投资人海外扩张步伐加快，受资国经济也日益国际化。

表6 全球资本流动

单位：10亿美元（当前美元价值），%

	1971~1975	1976~1980	1981~1985	1986~1990	1991~1995	1995~2000
FDI	67(19.7)	168(11.1)	282(14.9)	770(17.8)	1105(19.9)	4623(28.0)
证券组合投资	69(20.5)	186(12.3)	393(20.7)	1274(29.5)	2633(47.5)	6680(40.5)
其他投资	203(59.9)	1159(76.6)	1219(64.4)	2273(52.7)	1803(32.5)	5199(31.5)
流入总额	339	1513	1895	4316	5541	16503

数据来源：Yu Ching Wong and Charles Adams, "Trends in Global and Regional Foreign Direct Investment Flows," 19。

20世纪50年代和60年代，为了应付民用和军用开销，尤其是印度支那战争的开支，美国财政部扩大货币供应量，发行了大量的美元。美国之外还有更多的美元（即所谓的"欧洲美元"），在美国这部分美元并没有足够的黄金储备做基础。1971年美元的价值已难以为继，美国的贸易收支出现了自1893年以来的首次赤字。1971~1973年间，随着各国宣布汇率浮动，布雷顿森林体系下的固定汇率制度安排解体。布雷顿森林体系的崩溃拉开了逐步回归1914年前资本流动无拘无束时代的序幕。

表7 私人长期资本流动构成

单位：%

	1975~1979	1980~1984	1985~1989	1990~1994	1995~1998
外国直接投资	18	19	49	48	55
证券投资	5	4	11	38	29
贷款	63	62	17	7	15
其他	14	15	23	7	—

数据来源：Ashoka Mody and Antu Panini Murshid, "Growing Up with Capital Flows," 5。

20世纪80年代，许多国家放宽了对跨境资本流动的限制。1979年在英国取消外汇管制之后，其他国家纷纷效仿，取消外汇管制减轻了监管负担，降低了管理费用。由于管制放松，金融市场自由化程度日益加深，信息技术的发展使金融市场成为覆盖全球的网络。随着政府允许金融机构从事更广泛的经营业务，银行和非银行金融机构之间的差异缩小。多样化的金融工具为交易的进行和资金的流动提供了新的机会。

由于转移资金的方法和途径增多，资本流入和流出总量均大幅上升，与基本经济指标相比较，其增长也非常迅速。主要工业国家资金流动总量（指以债券和股票为形式的资金流动）在20世纪80年代前半期约为1000亿美元，到1993年约为8500亿美元。[1] 相对于国内生产总值，1983~2001年间14个主要工业国家对外资产和负债余额几乎翻了2倍，仅看股票投资和FDI资产与负债，则翻了3倍。[2]

资本的主要提供者变化不大。三元体（Triad）成员北美洲、欧盟和日本依然是世界主要投资者和主要受资者。75%~80%的资本流动发生在发达国家之间。在北半球，资本在东西之间频繁流动。只有少量资本如涓涓细流般从北流到南，大多选择性地流向了几个地方。这一阶段的突出特征是，欧洲和日本相对于美国在资本的输入和输出（日本仅是输出资本）中的作用日益增强，美国变为资金的净输入国，输入的资本集中流入了东亚、东南亚以及拉丁美洲的少数几个国家，绝大多数发展中国家基本上没有受到国际资本的青睐。1975年后两种主要的资本流动形式可分为证券投资、银行贷款和外国直接投资。

20世纪70年代以来的证券投资与银行贷款

证券投资额（股票和债券）占资本输出总量的比重在20世纪

---

[1] Stijn Claessens, "The Emergence of Equity Investment in Developing Countries: An Overview," *The World Bank Economic Review* 9, 1 (1995): 1.

[2] Philip A. Lane and Gian Maria Milesi-Ferretti, "International Financial Integration," *IMF Working Paper* no. 03/86, April 2003, 7, 25, 26.

70年代末为1/5,到20世纪80年代上升到将近一半。按当前币值计算,1989年跨境证券投资交易总量超过了15000亿美元,10年前则为730亿美元。① 20世纪90年代初,证券投资超过了FDI和商业银行银团贷款,外国直接投资和商业银行银团贷款盛行于20世纪70年代。管理着巨额受托资产的机构投资者在世界范围内配置资产意欲谋求较高投资收益。

表8　年均股权投资流动

单位:10亿美元（当前美元价值）

	1975～1979	1980～1984	1985～1989
流入总额(14个工业国家)	3.6	10.8	23.1
美国	1.5	3.4	8.6
日本	0.6	3.5	-9.1
9个欧洲主要国家	1.5	2.0	18.8
流出总额(14个工业国家)	1.2	8.7	36.6
美国	0.2	1.7	4.1
日本	0.1	0.2	9.2
9个欧洲主要国家	0.8	5.9	19.9

数据来源:Philip Turner, "Capital Flows in the 1980s: A Survey of Major Trends," 56。

表9　年均债券投资流动

单位:10亿美元（当前美元价值）

	1975～1979	1980～1984	1985～1989
流入总额(14个工业国家)	8.8	17.1	102.4
美国	0.6	4.1	30.3
日本	2.3	4.2	37.2
9个欧洲主要国家	3.9	5.9	29.3
流出总额(14个工业国家)	16.7	40.1	147.3
美国	5.6	4.0	5.3
日本	2.5	13.7	80.8
9个欧洲主要国家	8.6	21.7	59.6

数据来源:Philip Turner, "Capital Flows in the 1980s: A Survey of Major Trends," 58。

① International Monetary Fund, *Report on the Measurement of International Capital Flows* (Washington, DC: IMF, 1992), 8.

20 世纪 80 年代和 90 年代的美国市场十分具有吸引力,军费开支使公共债务膨胀,对通货膨胀的控制保护了投资者的利益,以及实际工资停滞使利润得到有力支撑。日本的资金大量涌入美国债券市场,同时在美国进行股权投资对英国和日本的投资者来说也非常具有诱惑力。1984 年美国的净国际头寸(资产减去负债)为负。世界第一大债务人又一次入不敷出,面临日益严重的贸易不平衡问题。外国政府(特别是亚洲)购买美国债券支撑了美元的国际货币地位,并维持住了它们的出口份额。美国政府庞大的财政赤字耗尽了世界储蓄。截至 2002 年底,外国人拥有超过 9 万亿美元的美国资产,而美国在国外的资产小于 6.5 万亿美元,美国净国际投资头寸为负,这一数字相当于 GDP 的 1/4。[①]

由于证券投资是众多投资者或投资机构作出的投资决策,投资的目的原则上不是为了拥有控制权,因此证券投资通常不如 FDI 那么引人注目,因为每笔 FDI 涉及的资金量巨大,有时甚至称得上极为壮观的大手笔(介入大型或具有象征主义的公司)。不过,当动荡、不稳定或危机发生之时证券投资的可视性显著提高。由于这种形式的资本流动性相对较好,容易受到从众效应的影响,对回报率的敏感程度比外国直接投资要高,一般来说,FDI 的投资时间跨度较长。购入或售出股票、政府公债、公司债券比获得或变卖生产设备快得多。

自 20 世纪 70 年代以来,自由化和资本市场之间更紧密的联系使局部危机愈演愈烈。在信息不充分条件下,厌恶风险的证券投资者容易产生羊群行为。在一国受到负面冲击之后,对于存在相同问题的其他国家(不管投资者的认识是否正确)的证券也将被恐慌性抛售(这种现象被称为"溢出效应"或"邻里效应")。一夜之间,资本流动发生逆转,宏观基本面良好的经济体突然出现通货膨

---

① William Poole, "A Perspective on US International Capital Flows," *Federal Reserve Bank of St. Louis Review* 87, 1 (2004): 3.

胀，经济深陷衰退泥潭。资本外流加剧了经常项目逆差，进而引发货币危机。持有者担心货币贬值，将抛出当地货币，而挤兑行为会耗尽银行存款。经济变得十分脆弱，非常容易受到外部危机的冲击。

直到20世纪60年代后期，国际私人资本往往倾向于不涉足发展中国家。流入第三世界国家的资本主要是优惠贷款、发展援助以及其他官方双边和多边援助。在美国货币扩张政策和蓬勃发展的欧洲美元市场的推动下，1969年私人资本开始通过银行贷款形式正式输出。由于国内通货膨胀和国际商品价格暴涨，私人资本对发展中国家的潜在借款人产生了兴趣。1974年以后来自石油出口国的存款为银行贷款注入了新的活力。这些存款还被用于商业银行银团贷款，发放对象主要是官方借款人，如政府和公共部门。

由于债券融资被银行信贷所取代，南方国家政府转而申请外国贷款以为其发展项目融资。私人资本在发达国家流转了几十年后，有相当数量的私人资本又返回到第三世界国家，直到经济大萧条引发商品价格直线下跌为止。这种流动模式与既已形成的国际化趋势相一致。按当前货币价值计算，流向发展中国家的净长期资源（net long-term resource）总额（含官方和私人），在1970年为160亿美元，在20世纪80年代增加至750亿美元左右，1995年急剧上升至2370亿美元。[1]

当美国提高利率以应对通货膨胀时，发展中国家借入的外国债务成本变得高得令人生畏。由于美元汇率上升，发达国家陷入了50年来最严重的衰退，出口市场疲软、商品价格下跌。受经济周期性下滑影响，发展中国家出口利润急剧减少。1982年8月，最

---

[1] Organisation for Economic Co-operation and Development, *Endettement extérieur des pays en développement* (Paris: OECD, 1983) and *Financement et dette extérieure des pays en développement* (Paris: OECD, 1986–1988); Rachel McCulloch and Peter A. Petri, "Equity Financing of East Asian Development," in *Capital Flows and Financial Crises*, ed. Miles Kahler (New York: Cornell University Press, 1998), 162.

表 10 发展中国家的外国资本存量总额

年 份	1870	1914	1950	1973	1998
按当前价格计算的总额(10 亿美元)	4.1	19.2	11.9	172.0	3590.2
按 1990 年价格计算的总额(10 亿美元)	40.1	235.4	63.2	495.2	3030.7
外国资本存量总额与发展中国家 GDP 之比(%)	8.6	32.4	4.4	10.9	21.7

数据来源:Angus Maddison, *The World Economy*, 136。

大债务国之一的墨西哥宣告无力偿还到期债务,此事件使整个银行界都为之震惊。借款给墨西哥的发达国家的主要机构暴露在极高的风险之下。1983 年底,30 多个国家拖欠付款。商业银行信贷枯竭,流向发展中国家的私人资本流量渐渐衰退。新增贷款很少,且均是为了对以前发放的贷款进行重组或延展。按当前货币衡量的欠发达国家的对外负债从 1981 年的 7510 亿美元猛增至 1991 年的 1351 万亿美元。① 1987 年后流入发展中国家的私人国际资本逐渐恢复,1990～1996 年间增长了 150% 多。② 全球 FDI 流入发展中国家的份额在 1990 年为 12%,到了 1995 年则升至 38%。③

流入南方国家的国际资本其结构至少发生了七个方面的变化。第一,在资本流动总额中私人资本流动所占比例从 1970 年的近半下降至 1987 年的 1/3,到 1994 年又上升至 4/5。④ 第二,在输入的

---

① Bulletin Financier BBL (Bulletin for international fiscal documentation), January – February 1993; William Easterly, "How Did Heavily Indebted Poor Countries Become Heavily Indebted? Reviewing Two Decades of Debt Relief," *World Development* 30, 10 (2002): 1677 – 1696.

② David Woodward, *The Next Crisis? Direct and Equity Investment in Developing Countries* (London: Zed, 2001), 29.

③ World Bank, *Private Capital Flows to Developing Countries: The Road to Financial Integration* (New York: Oxford University Press, 1997), 104.

④ Robert Lensink and Howard White, "Does the Revival of International Private Capital Flows Mean the End of Aid? An Analysis of Developing Countries' Access to Private Capital," *World Development* 26, 7 (1998): 1223.

外国私人资本中，银行贷款所占份额大幅度下降，而外国直接投资和证券投资（股票和债券）占了 9/10。① 第三，1987 年前，证券投资几乎不被人注意，到了 1996 年它们实际增长至 820 亿美元，比 1989~1993 年间高出 6 倍多。② 在资本流入总量中，证券投资占到了 1/3 以上，在量上它们几乎可与外国直接投资媲美。第四，在私人资本流动的投资组合部分中，股权投资比债券投资更重要。③ 第五，股权（外国直接投资与股票投资）占比超过了债务（银行贷款和债券投资）占比。第六，私营部门取代公共部门成为外国资本的主要投资对象。第七，越来越多的资本流动是借助资本市场而实现的。至于自主权，基本上是遥不可及，最近获得独立的南方国家依然受制于国际金融霸权体系而无法获得经济的独立。

恢复向发展中国家的投资付出了高昂的代价。国际货币基金组织和世界银行对几个债务国进行了救赎，但也迫使它们进行经济结构改革，实施经济自由化，并采取以市场为导向的政策措施。由于大规模地向银行借款已不再可能，吸引私营部门投资似乎是消除绝对贫困的唯一途径。在墨西哥，证券投资从 1989 年的 5 亿美元迅速扩大到 1993 年的 170 亿美元。④ 流入的外国资本中很大部分是热钱，它们的流入或是为了套取利差，或是为了利用外汇市场的非有

---

① Robert Lensink and Howard White, "Does the Revival of International Private Capital Flows Mean the End of Aid? An Analysis of Developing Countries' Access to Private Capital," *World Development* 26, 7 (1998): 1223.

② Sergio L. Schmukler, "Financial Globalization: Gain and Pain for Developing Countries," *Federal Reserve Bank of Atlanta Economic Review* 89, 2 (2004): 41; Claessens, "Emergence of Equity Investment," 3.

③ Eduardo Fernandez-Arias and Peter J. Montiel, "The Surge in Capital Inflows to Developing Countries: An Analytical Overview," *World Bank Economic Review* 101, 1 (1996): 54.

④ Ignacio Trigueros, "Les entrées de capitaux et l'investissement: Le Mexique," in *Mouvements des capitaux et performances des investissements: Les leçons de l'Amérique latine*, eds. Ricardo Ffrench-Davis and Helmut Reisen (Paris: Organisation for Economic Co-operation and Development, 1998), 214.

效性以套取汇差，无论是为了何种目的，热钱的流动方向均可能突然发生逆转。热钱涌入破坏了墨西哥国际收支的平衡状态，热钱的逆转给该国货币汇率带来了贬值压力。1994年12月，比索贬值引发恐慌，导致股市急剧下挫。比索被大规模抛售，迫使央行宣布比索实行浮动汇率，比索价值暴跌40%。

墨西哥的金融危机预示着金融全球化可能给一些国家带来危机，它也为20世纪90年代末FDI的迅速发展创造了条件。20世纪90年代初一些学者将亚洲的经济增长概括为开放的、由外国资本驱动的出口导向型增长模式。但在20世纪90年代末亚洲也成了金融风暴的中心。在20世纪90年代初，资本纷纷涌入泰国，主要是银行和金融机构的借款。银行信贷剧增和资本流入使泰铢实际有效汇率上升幅度超过25%。[1] 同一期间，印度尼西亚盾也升值了25%，而韩国韩元升值12%。盯住美元的亚洲货币被高估，导致其出口陷于停顿，而这些国家的经济非常依赖出口。出口行业深受产能过剩困扰。经济增长放缓刺破了房地产泡沫。房产价值下降削弱了持有不良贷款的银行与金融公司的财务实力。

所谓的亚洲奇迹很快演变成一场噩梦。1997年泰铢受到投机者的攻击。由于对泰铢的恐慌性抛售持续上演，官方货币贬值失控，汇率急剧下跌。由于发放给金融机构的贷款是以外币计价，当外国投资者恐慌性撤资发生后，货币贬值就变成了一场银行危机。泰国金融风暴还使其周边国家也受到波及。基于对危机的预期，1997年6月，外国资本从该地区撤退。在国际投机资金的攻击下，菲律宾比索、韩元、马来西亚令吉和印度尼西亚盾等货币的汇率纷纷大幅下跌。国际货币基金组织不得不制定出有史以来最大规模的

---

[1] Marcelle Chauvet and Fang Dong, "Leading Indicators of Country Risk and Currency Crises: The Asian Experience," *Federal Reserve Bank of Atlanta Economic Review* 89, 1 (2004): 27, 29.

救援计划,资本外逃还引发了大规模裁员、价格飞涨、生活水平下降和政局不稳定。1998 年,国际金融危机的震中从亚洲转移到俄罗斯和巴西,这两个国家均因为汇率高估与预算赤字而蒙受损失。在其汇率暴跌前,外国资本从这两个国家大规模撤走,随后官方被迫宣布货币贬值。此外,厄瓜多尔危机发生于 2000 年,土耳其和阿根廷危机发生于 2001 年,乌拉圭危机发生于 2002 年。发展中国家突然遭遇了自 19 世纪以来最严重的金融危机。外国资本匆匆撤离,投资热潮消退,给几乎没有经济自主权的发展中国家在非殖民化时代所实现的成就带来了极大的破坏。

外国直接投资(FDI)

外国直接投资值得特别关注,因为它处于生产国际化的核心,通常它被认为是全球化的体现。虽然跨国公司(TNCs)控制的证券投资与外国直接投资均以相同速度增长,新老形式的资本流动量同时扩大,但鉴于外国直接投资在促进世界经济一体化上所具有的潜力,因此需要密切关注外国直接投资在数量上的急剧增长和在投资地区上的不断拓展。本部分探讨外国直接投资的整体增长情况、资本流动的分布、资本存量的地区分布以及跨国公司的起源。

20 世纪 90 年代以来,对世界不同地区经济增长的预期激发了外国直接投资的输出以谋求地区优势。技术进步(全球化的一个主要特征)使这一趋势加速。例如,信息处理和通信技术的结合,可减少或消除时空阻隔,能在更多方面对跨国企业进行直接管理,可在遥远的市场上占据更大的份额。作为竞争力来源的技术组件,其技术品质的提升意味着研究和开发成本不断增加、产品寿命缩短,以及对开拓更广泛市场的需要,以确保有足够的销售收入。良好的制度安排,尤其是以市场为导向的政策,也有助于外国直接投资的流入。

表 11 年度增长率

单位：%

年　　代	1986~1990	1991~1995	1996~2000	2001	2002
外国子公司 GDP	17.3	6.7	7.9	14.7	6.7
全球 GDP	10.8	5.6	1.3	-0.5	3.4
GFCF	13.4	4.2	1.0	-3.9	1.3

数据来源：UNCTAD，*World Investment Report 2003*，3。

1997 年大约 63000 家跨国公司母公司（30 年增加了 6 倍）及其 69 万家外国子公司贡献了全球 GDP 的 1/4，约 32 万亿美元。仅就外国子公司而言，与国际生产有关的那部分产出，在 1982~1994 年间翻了两倍。1982 年跨国公司的增加值占全球 GDP 的 5%，到 2001 年，则升至 11%，增长速度显著高于世界 GDP 和固定资本总投资（gross fixed capital formation）的增长。[1]

自 1987 年以来，外国子公司的全球销售额增长相对于货物和服务出口的增长高出 1.2~1.3 倍，从而使外国子公司取代了出口成为进入外国市场的主导模式。1980 年外国子公司的全球销售额为 3 万亿美元，到 1999 年，攀升至 14 万亿美元，几乎两倍于全球商品和劳务出口总额。[2] 然而，若将外国直接投资视为跨国公司和国际生产的同义语，那么可能有误导之嫌。跨国公司的外国子公司往往在当地筹集资金，这种做法降低了外国直接投资在其所有者权益中的比例，使其资产价值大于外商直接投资额。一项投资被记录

---

[1]　UNCTAD（United Nations Conference on Trade and Development），*World Investment Report 2000：Cross-Border Mergers and Acquisitions and Development*（New York and Geneva：United Nations，2000），3-4；UNCTAD，*World Investment Report 2002：Transnational Corporations and Export Competitiveness*（New York and Geneva：United Nations，2002），14.

[2]　UNCTAD，*World Investment Report 1997：Transnational Corporations，Market Structure and Competition Policy*（New York and Geneva：United Nations，1997），xv；UNCTAD，*World Investment Report 2000*，xv；UNCTAD，*World Investment Report 2001：Promoting Linkages*（New York and Geneva：United Nations，2001），9.

为外国直接投资，也许只是小部分为外商投入。子公司还会在国际市场上募集股本或借入贷款。对国外子公司的投资，1996年为1.4万亿美元，相当于外国直接投资流入额的4倍。全球外国子公司资产估计是外国直接投资存量的3～4倍。①

外国直接投资具有周期性特征：若发达国家处于经济快速增长时期，它的流出也在加速；若发达国家处于经济萧条时期，它也将随之放缓。概括说来，外国直接投资流入量出现增长的年份有：1970～1974年、1977～1981年、1984～1990年以及1993～2000年。外国直接投资流入量出现急剧下滑的年份有：1982～1983年、1991年以及2001年以后。不管是处于高涨期还是低迷期，外国直接投资水平始终保持了向上的趋势。尽管周期性繁荣和萧条会交错出现，但是外国直接投资的流入水平总比前一期（不管是增长还是衰退）要高。这一点可用以下事实来说明，20世纪80年代外国直接投资流入与流出量的名义价值增加了两倍，1993～1997年间翻了一番，1997～2000年间又增加了一倍多。2001年外国直接投资流入量是20世纪80年代年均流入量的10倍。② 相对量上也出现了不能忽视的变化，1980年与1985年流入量至多占世界GDP的0.4%，2000年占4.4%。此外，证券投资规模超过外国直接投资，甚至在20世纪90年代外国直接投资的高峰期也是如此。③

衡量跨国化程度的一个标准是外国直接投资相对于固定资本总投资（gross fixed capital formation，GFCF）的比例或相对于生产能量的比例。在20世纪80年代和90年代，外国直接投资的影响显著上升，即使在2001年经济衰退期间，FDI出现了反转，其作用

---

① UNCTAD, *World Investment Report*, xvi, and *World Investment Report 2002*, 14–15.
② See Appendix 1 in Saul, "Has Financial Internationalization Turned into Financial Globalization?".
③ See Appendix 2 in Saul, "Has Financial Internationalization Turned into Financial Globalization?".

仍然在继续增大。① 外国直接投资存量可用来衡量支撑国际生产的投资规模。跨国公司控制的资产累积量在 20 世纪 80 年代翻了两倍，在 20 世纪 90 年代又翻了两倍。② 1980～1995 年的 15 年间，外国直接投资存量占全球 GDP 比重增加了 60%，在随后的 7 年间，外国直接投资存量占全球 GDP 比重增加了 1.2 倍。③

虽然生产国际化似乎进展顺利，但是我们必须小心谨慎。跨国化是衡量所有权大小的一个指标，它意味着一体化程度的加深，但产量不一定增加。跨国兼并和收购（CBMAs）成为外国直接投资的首选方法。20 世纪 80 年代后期发生了一连串的跨国兼并和收购事件，进入 90 年代后期跨国兼并和收购则如洪水般滔滔不绝，源源不断。2000 年，跨国兼并和收购业务总量未超过 GDP 的 3.5%，但在 1987～1990 年间，外国直接投资流入量中跨国兼并和收购占到了约 60%，在 1991～1995 年间，外国直接投资流入量中跨国兼并和收购占到了 40%。④ 虽然跨国兼并和收购意味着所有权和管理权的进一步集中，但跨国兼并和收购对扩大生产、提高生产效率的贡献以及是否有利于提升公司业绩等还没有被阐明。事实上，如果兼并方支付的交易价格过低，或者它们受到本地资本的排挤，那么可能会适得其反。⑤ 收购甚至可能导致企业规模缩减或现有生产线

---

① See Appendix 3 in Saul, "Has Financial Internationalization Turned into Financial Globalization?".

② See Appendix 4 in Saul, "Has Financial Internationalization Turned into Financial Globalization?".

③ See Appendix 5 in Saul, "Has Financial Internationalization Turned into Financial Globalization?".

④ UNCTAD, *World Investment Report 2001*, 53, and *World Investment Report 2003: FDI Policies for Development: National and International Perspectives* (New York and Geneva: United Nations, 2002), 16.

⑤ Andras Uthoff and Daniel Titelman, "La relation entre l'épargne étrangère et l'épargne nationale dans le cadre de la libéralisation financière," in *Mouvements des capitaux et performances des investissements: Les leçons de l'Amérique latine*, eds. Ricardo Ffrench-Davis and Helmut Reisen (Paris: Organisation for Economic Cooperation and Development, 1998), 27–47.

拆除。

尽管迄今为止对外国直接投资的讨论主要是强调发生了哪些重大的变化，不过这一切并非没有矛盾和充满了确定性。对全世界部分外国直接投资的调查显示，外国直接投资的稳定程度高于其变化。① 有些变化发生了，但它并不预示外国直接投资进行了较大力度的重新分配或重新定位，并且这些变化似乎并非不可逆转。尽管变化不定，但从各个方面来看，发达国家占据了主导地位。外国直接投资的3/4流入了发达国家（主要是三元体，Triad），流出的FDI中的9/10也是来自这些国家。发展中国家中，最不发达的49个国家的FDI流入量微不足道。外国直接投资的一个显著特点是地理集中度很高。前30个东道国的流入量占93%，前30个东道国的流入存量占90%；前30个投资国（母国）的资本流出量占99%，流出存量占比也为99%。②

20世纪70年代西欧取代美国成为外国直接投资流出国中流出量最大的国家。由于美元汇率较低增加了美国资产的吸引力，20世纪70年代流入美国的外国直接投资量上升。20世纪80年代末，西欧成为更重要的外国资本投资地，虽然在当时，美国仍然是主要受资国与投资国。当然也有例外。在20世纪80年代，英国是最大的投资国；由于一些跨国兼并和收购业务是在美国完成的，这导致美国成为最大的受资国。

20世纪90年代，流入发展中国家的外国直接投资与外国证券投资迅速增加，主要流向了拉丁美洲、东亚和东南亚的几个国家。接受外国直接投资最大的五个东道国（墨西哥、巴西、中国、马来西亚和阿根廷）其流入量超过了总流入量的3/5；前10家最大的东道国接受了超过3/4的外国直接投资。接受投资最少的100个

---

① See Appendix 6 in Saul, "Has Financial Internationalization Turned into Financial Globalization?".

② UNCTAD, *World Investment Report 2001*, 121.

国家，其流入量还不到总流入量的1%。通常流入非洲的外国直接投资位列第三，但远次于亚洲和拉丁美洲。

2002年拉丁美洲和加勒比海地区的资金流出入份额与20年前相比并未发生根本性变化。受债务危机影响，20世纪80年代，该地区流入量较低，20世纪90年代的流入量大大弥补了80年代的不足。1997年外国资本总流入1070亿美元，其中外国直接投资占3/5。[1] 南亚和东南亚的外国直接投资显著增加。"六小虎"获得了大部分流入亚洲的外国直接投资。中国，发展中国家中的最大外国直接投资东道国，获得了最大的份额（20世纪90年代末以来，流入中国的外国直接投资几乎是南亚和东南亚国家流入总额的一半），香港是主要来源地。值得注意的是，该地区与国际资本流动有关联的国家个数越来越多。

在20世纪90年代初，东亚和东南亚流出的外国直接投资中近7/10是发生在区域内。其他发展中国家的模式与此类似：其他发展中国家主要是接受外国直接投资的流入。由于国际化经验不足，在面对激烈的来自发达国家公司的竞争压力时，缺乏相应的应对手段，因此，发展中国家的外国直接投资更多是在区域内的流动，因为它们更熟悉本地市场，且交易成本（熟悉当地情况以及相关的规则和标准、内部运输和通信成本较低）更低。

发达国家的外国直接投资存量与流量一样，优势十分明显。[2] 事实上，近20年来流入发达国家的外国直接投资资产的相对规模也出现了增长。发达国家占有约3/5的外来直接投资存量，以及全球近9/10的对外投资存量由这些国家的公司所拥有。西欧对外投资存量占外国直接投资总存量的比重从40%增加到50%，而美国的占比从40%减少至20%。美国仍然是最大的对外证券

---

[1] UNCTAD, *L'investissement étranger direct en Afrique* (New York and Geneva: United Nations, 1995), 14, 19, 46.

[2] See Appendix 8 in Saul, "Has Financial Internationalization Turned into Financial Globalization?".

投资国,作为外国公司最重要的投资场所,其地位也得到了提升。

其余国家与地区的外国直接投资流动特点比较模糊。发展中国家的对外投资在世界流出存量中的比例保持在 1/10 左右,较流入这些国家的外国直接投资存量要少。绝大部分外国直接投资集中于发达国家,中国的占比增长日益显著,最不发达国家被边缘化,这些情况反映出外国直接投资发展不平衡,差异极其悬殊。同样显著的是,大部分跨国公司都集中于世界某个地区。超过 90% 的母公司和 60% 的子公司设在发达国家。① 前 100 家最大的跨国公司构成未发生明显改变。② 其中,有 95~100 家总部设在发达国家,国家分布与公司身份也没有出现大的变化。1994 年,在发展中国家中,排在前 50 名的发展中国家的跨国公司其海外资产占世界前 50 家最大跨国公司总资产的 2.5%,2001 年占 8.2%。③ 主要非三元体国家的公司其跨国化程度正在加快,但发达国家跨国公司的优势仍然是不可挑战的,对其主导地位构成实质性威胁的情况尚没有出现。

30 多年前,历史学家贾德·波尔克(Judd Polk)首次提出国际生产概念,自那以后,他成为全球化理论发展过程中的关键性人物。④ 从那时开始,学者们将一体化概念化为几个阶段。国际化被视为一体化进程中的一个事项。对外贸易属于"浅度"一体化,因为它可以在短时间内被终止。贸易子公司的设立或国外市场的

---

① UNCTAD, *World Investment Report 1996*: *Investment, Trade and International Policy Agreements* (New York and Geneva: United Nations, 1996), 7.
② See Appendix 9 in Saul, "Has Financial Internationalization Turned into Financial Globalization?".
③ UNCTAD, *World Investment Report 1996*, 30 – 32, 34 – 35, and *World Investment Report 2003*, 187 – 190.
④ Judd Polk, "The New World Economy," *Columbia Journal of World Business* 3, 1 (1968): 7 – 16, and "The New International Production," *World Development* 1, 5 (1973): 15 – 20.

分销渠道促进了商品出口增长。FDI 的兴起以及随之产生的跨国化生产模式的原因是：为了继续使用某个品牌，防止与当地公司的竞争，逃避关税或者公司拥有某项特定优势。简单横向一体化战略指在国外新设分支机构或子公司生产与母公司相同的产品，但生产规模要小些，或只进行简单的装配（如螺丝钉工厂）。作为独立的母公司克隆体，子公司和分公司的优势在于紧密接近东道国市场。汽车公司如通用汽车和福特汽车采用的就是此策略。当简单一体化进入更高阶段时，公司开始将它们的投入品外包或分包（"外部化"）给外国子公司。子公司生产的是中间产品，而不是适销对路的最终产品，因此，子公司无法单独存在。简单纵向一体化是将部分生产过程转移至东道国，尤其是劳动密集型生产。在选择转移地时，考虑的主要因素不是东道国的国内市场，而是较低的生产要素，尤其是劳动力成本及与出口有关的基础设施，如交通。随着通信技术的发展，对分散的远距离劳动密集型工作进行管理成为可能。通常简单纵向一体化意在瞄准国际市场，是扩大出口份额的措施之一。简单纵向一体化的出现也可能是为了获得特定地区的自然资源。例如，阿迪达斯（Adidas）、耐克（Nike）和许多电子元器件生产商的对外投资就属于谋求资产或资源型的 FDI。

　　至于复杂一体化，所有活动都可能转移给跨国公司母公司下辖的外国子公司。价值链被分割为一系列独立的活动。生产活动的地理分布是按照提高经济效益的标准来确定的。公司内部联系紧密，一体化程度高。通信和信息技术的进步使得对公司内部相互联系的偏远单位进行统一协调成为可能。运输成本降低和较宽松的贸易体制，促进了投入要素的流动和公司内部贸易（市场机制的内部化）的发展。从对类似商品的需求上说，顾客的消费模式更趋一致，这有助于在全球范围内进行大规模的生产。随着贸易壁垒降低，国内市场往往被视为区域性市场的一部分。

　　深度一体化推动外国直接投资去寻求获取无形资产或创造性资

产,例如训练有素的劳动力资源、基础设施、健全的机构,这些条件有利于公司跟上不断变化的技术发展步伐。公司对外投资的主要动机也从开拓市场、获取自然资源变为利用竞争优势。[1] 深度一体化有利于保护高度寡头垄断的市场结构以及谋求竞争优势,如计算机行业就是一个例证。在这种一体化类型下,跨国公司往往用在全球范围内配置资源、面向世界市场的经营战略,代替跨国的、面向当地市场生产的经营战略。[2] 追求效率、附加值高的行业,如生物工程和医药产业,采纳了此种最新形式的外国直接投资。

结论:从过去到现在

1989~1991年,全球长期资本(外国直接投资和证券投资)总流出量占世界 GDP 的 3.3%,在 20 世纪 60 年代为 0.6%~1.1%,在 1984 年为 2%。然而,这种增长实际上只是恢复到原来水平。前一个高峰期发生在 1913 年,1913 年该比例至少达到了 3%。对于西方发达国家,1913 年其外国直接投资存量占 GDP 的比例在 14%~19%,1996 年这一比例为 12.9%。[3] 由资本流动所产生的收益依然是不对称的,因为大部分资本是从发达国家流向发展中国家,发展中国家之间的资本流动几乎不存在。主要的资本输出和输入方其身份基本上是相同的。先进国家保留技能和技术密集型业务;组装和包装则在欠发达地区进行。[4] 从某些方面来看,自殖民地时代以来,国际分工并没有显著改变。在世界范围内,一体

---

[1] John H. Dunning, "The Role of Foreign Direct Investment in a Globalizing Economy," *Banca Nazionale del Lavoro Quarterly Review* 48, 193 (1995): 137.
[2] Charles-Albert Michalet, "Transnational Corporations and the Changing International Economic System," *Transnational Corporations* 3, 1 (1994): 17-18.
[3] Paul Bairoch, "The Constituent Economic Principles of Globalization in Historical Perspective: Myths and Realities," *International Sociology* 15, 2 (2000): 205, 209.
[4] UNCTAD, *World Investment Report 2001*, 85.

化依然是一个分层的、自上而下的过程，其更接近于发达国家和跨国公司国际化经营战略的延续，而不是意在缔造一个平等的全球环境。

虽然在 20 世纪末整体情况是处于一种结构性失衡状态，似乎与 19 世纪末相似，但是失衡的特点和性质并不相同，因为现在外国直接投资已成为国际化的先头部队。外国直接投资更加重要、企业跨国化、国际生产意味着当前经济环境与前阶段的国际化存在着明显差异。虽然在形式上并没有禁止发展中国家从事工业活动，然而不平衡的国际生产正成为一种普遍的现象。公司将生产系统作为了相互联系或相互结合的工具。

另一个重要的改变是行业和服务已经变得比自然资源更重要。与 19 世纪的模式相反，现在资本主要流向资金充裕的发达国家。南北之间的资本流动其重要性较过去有所降低，因为发展中国家的被边缘化程度加深。现在大部分资本流动发生在北方国家之间或富裕国家之间，与以前相比，发达国家成为更主要的债务人和债权人。由于资产的持有人成为债务人，因此公开的贸易保护主义和各种限制措施被取消。[1] 资本双向流动通常被认为是全球化的一个标志，在北方国家之间比北方与南方国家之间更为常见。总之，南北一体化正继续着 19 世纪建立的模式，但现在它已屈居第二，在北北一体化之下。

在过去，自主性问题似乎相当明确，当借款国无力清偿债务且缺乏军事手段来保护时，霸权国家将强迫它们接受代表外国债权人的催债机构所采取的行动。债务人的特定收入被指定用来偿还外债，从本质上看，这些"货币医生"（money doctors）剥夺了债务国的主权。实现自治意味着打破依赖关系，拓宽了经济活动特别是与产业有关的经济活动的范围。今天，这种内部行政干预已被超地

---

[1] Maurice Obstfeld and Alan M. Taylor, *Global Capital Markets: Integration, Crisis, and Growth* (Cambridge: Cambridge University Press, 2004), 173–176.

域权威机构所取代，如国际货币基金组织和世界银行。今天自治似乎仅仅意味着要攀上跨国公司所设计的"价值阶梯"。脱离或远离此"价值阶梯"似乎与当前潮流格格不入。以前的全球化局限在发展中国家之间，现在的全球化变成了北方国家之间的全球化。上述改变所面临的问题是：一体化是否为自治留下了余地？自治是否意味着要对全球化的推动力量施加限制？如重新对资本流动进行管理或者完全融入全球化并寄希望于通过讨价还价以获得有利条件，这是否意味着应扩大资本输出规模以分享国际化和全球化带来的利益呢？这三种建议可行吗？在对全球化经济进行配置和重新配置时，竞争使摩擦加大。与全球化本身一样，对自主性意义的探索仍然是一个尚未结束的事业。

(吴娓译，西南财经大学)

第三章 全球工业飞地：公司城与出口加工区的世纪比较（1900~2000）

尼尔·怀特

人们为什么要留在公司城？因为一些人负担不起搬家的费用……而另一些人之所以留下来，是因为农村环境的美丽怡人和安全弥补了那份与世隔绝。还有一些人留下来，则是因为偏僻所给予人们的一种社群意识。对一些公司城来说，这种社群意识会一直存续好几十年，即使在关闭了这些公司城，且人们散居于全国各地之后。

——琳达·卡尔森《西北太平洋的公司城》

在菲律宾的巴丹出口加工区，埃尔琳达工作多年，亲身经历了新全球劳动分工的剥削。埃尔琳达在流水作业装配线上被骚扰，并因而失去了工作。下班后，她回到那个摇摇欲坠的社区，这里的家庭依靠不及全国最低工资的一半过活。当埃尔琳达组织妇女工人的时候，骚扰也随之增多。在一次事件中，菲律宾军队用红墨水喷射她与其他的罢工者，这样使他们很容易被辨认出来。在过去的几年间，埃尔琳达目睹了那些针对有组织的劳工的运动变得非常残暴。袭击、诱拐、强奸和谋杀妇女活动家的行为常常不会受到惩罚。这些是在新自由主义的菲律

第三章 全球工业飞地：公司城与出口加工区的世纪比较（1900~2000）

宾飞地里的"危险工作"。
——摘自简·马戈尔德《重建符合的镜像》

对于新全球劳动分工和新自由主义资本主义而言，出口加工区（EPZs）是不可或缺的。在第三世界国家，以出口为导向的工业化和那些超出国家劳动法的管辖范围并致力于弹性生产的制造业飞地的蔓延，呈现一种新的经济发展模式。[①] 1986年，国际劳工组织（ILO）估算全世界约有166个出口加工区，这些加工区有130万名工人。2000年，这些数字已激增至845个出口加工区，大约2700万名雇工。自2000年以来，这些数字还在增长。[②] 对出口加工区而言，"弹性生产"是企业主要的生产逻辑。在制裁弹性生产方面，东道主国家希望可以获得外国投资，鼓励工业发展和减少贫困，但资本、生产和劳动的弹性妨碍了工会、工作保障与福利。那些跨国公司——对出口加工区工厂有着缔结和解除合约的权力——并不对那些因为工业化发展而产生的贫民窟的状况的改善负责，而一直在孤注一掷地追求投资的第三世界东道国政府宁愿取悦于跨国公司，却不肯在社会事业上多花钱。出口加工区的社区居民们唯有自生自灭。

在20世纪初，西方工业化有着截然不同的发展背景。福利资本主义曾是一种发展模式，它试图在自由市场的变幻莫测中保护工人和社区。就工业飞地而言，福利资本主义必然会导致当代新自由

[①] L. S. Stavrianos, *Global Rift: The Third World Comes of Age* (New York: William Morrow and Company, 1981), 33 - 34; Giovanni Arrighi, Beverley J. Silver, and Benjamin D. Brewer, "Industrial Convergence, Globalization, and the Persistence of the North-South Divide," *Studies in Comparative International Development* 38, 1 (2003): 21 - 22, 26 - 27.

[②] Naomi Klein, *No Logo: Taking Aim at the Brand Bullies* (Toronto: Vintage, 2000), 205; Ronen Palan, *The Offshore World: Sovereign Markets, Virtual Places, and Nomad Millionaires* (Ithaca, NY: Cornell University Press, 2003), 51 - 22; Aihwa Ong, *Neoliberalism as Exception: Mutations in Citizenship and Sovereignty* (Durham, NC: Duke University Press, 2006), 106 - 107, 116, and 135 - 138.

主义的出口加工区成为计划公司城。起初，公司城出现在西方国家的资源前线，成为各种实际福利措施的实验室。资源开发公司希望一线工人能够扎根荒野，以稳定生产和利润。反之，计划公司城的居民们又养成了自下而上的社区身份。尽管有依赖性，但居民们也经常获得一定程度的以阶级和社区权利为基础的自主性。

出口加工区和公司城是新自由主义和福利资本主义的表现，就其根本而言，二者都是全球资本的产物，都经历了全球一地方之间的紧张压力。① 二者的不同突出表现在资本为了自身的扩张而谋取政治权力支持的方式上的转变，说得更具体一点，资本与政治权力相互作用，而这种相互作用无疑扩展了新自由主义的生产策略并大大促进了经济增长，不过，这种相互作用在其方式上却表现为时间上的加速、空间上的拓展以及地方化程度的日益加深。民族区域通过跨国采购和政治制度的开放而加快了融入无障碍生产的全球经济网络的步伐，而这种融入同时忽视了公民的基本需要和权利，这些都充分显示了当前利益的汇合：一方面是日益增长、不受束缚的支持国家权力的资本的能力，另一方面是第三世界国家决定以国家承诺的竞争优势吸引全球资本的进入。②

同样，历史的比较表明了自主性的概念与实践是如何随着时代而改变，正如在特定的历史时期，全球化方式的差异在依附的工业飞地中一直存在，且有着争议。在公司城里，以阶级为基础的工联主义以及居民对个体和社区权利的共同信念的吁求是实现自主性的一种策略。在出口加工区，居民要经常考虑，在其所在的具体位

---

① Arjun Appadurai, "Grassroots Globalization and the Research Imagination," *Public Culture* 12, 1 (2000): 6.

② Brink Lindsey, *Against the Dead Hand: The Uncertain Struggle for Global Capitalism* (New York: John Wiley and Sons, 2002), ix - x, 8; William Brittain-Caitlin, *Offshore: The Dark Side of the Global Economy* (New York: Farrar, Straus and Giroux, 2005), 24, 97; Steven McKay, *Satanic Mills or Silicon Islands? The Politics of High-Tech Production in the Phillipines* (Ithaca, NY: Cornell University Press, 2006), 4, 13, 15 - 16; Ong, *Neoliberalism as Exception*, 3, 19, 103.

第三章 全球工业飞地：公司城与出口加工区的世纪比较（1900～2000）

置，他们如何能够通过一系列积极的反应来容纳或抵制全球性的—地方性的压力，而这些反应倾向于包含更多迫切问题，如体面的住房、免于工作场所骚扰的安全等。同样，出口加工区居民的自主性概念根源于文化的和宗教的传统，争取两性平等的斗争，以及所谓社会地位的相对提高，而不是基于普遍主义的阶级和人权的考虑。[1] 简单地说，自主性随时随地而不同。

与不断变化的自主性问题相联系，对于全球化趋势的原初争论随着时间的推移因公司城和加工出口区而有所不同。阶级自主性和公司城的社区权利形成了一种可接受的模式，它与全球资本主义的代理人结盟，而企业对社会经济计划利益的信念则产生了公司城居民的议价能力。在出口加工区，讨价还价的福利主义是不存在的。较之国际工会，横向组织的社区自助协会更多地被提上"边缘地带"的议程，在那里，国际权利话语被无能的政府、不负责任的企业和不平衡的发展联手一扫而空。[2]

出口加工区的经验千差万别，对于变化也没有单一的解决办法。研究者们应该因地制宜地引入更多的经验性的研究。在某些具体的地方，一种因地制宜的自主性标准应当被鼓励，并得以具体执行，然后才能进行有效的跨国谈判或抵抗。为了一个真正的开始，我们需要联系工人与居民，他们以自己的方式更易于将当地经验和自主性的概念混合成为理解变化的"混合的"（hybridized）分析模式。[3]

方法论的反思

宽泛的比较往往导致简单化。由于时空的限制，这一研究

---

[1] Arjun Appadurai, "Deep Democracy: Urban Governmentality and the Horizon of Politics," *Public Culture* 14, 1 (2002): 22.

[2] Saskia Sassen employs the term *frontier zones* in "Spatialities and Temporalities of the Global: Elements for a Theorization," *Public Culture* 12, 1 (2000): 216.

[3] Aturo Escobar, *Encountering Development: The Making and Unmaking of the Third World* (Princeton, NJ: Princeton University Press, 1995), 19, 218.

认识到，对变化不予以重视是有问题的。曼纽尔·卡斯特（Manuel Castells）反对过度简单化以及"宏大理论"的建构，主张一种以经验比较和批判性讨论为基础的谦逊却有效的做法。① 在这一研究中，每个案例都有区别于他人历史和当代的特殊性，而发展随时随地都是不平衡的。我的结论主要是为了引起争论。

另一个关注的问题是要避免阿里夫·德里克（Arif Dirlik）所谓的"将全球问题特权化"（privileging the global），也就是要避免这样一个假定：如果全球的发展是跨国公司的渗透，或者是跨国抵抗组织的扩展，那么，全球的发展应该是分析的焦点。② 公司城和出口加工区都是全球资本的产物，但是，它们并不是那种游弋不定的全球趋势横贯其中的没有固定位置的空间。如果没有人工作、生活于其中，飞地模式也无法存在。研究人员将出口加工区视为分析的边缘地带，③ 但对居民而言，它们却是真正的社区。不幸的是，在出口加工区内和其周围，则缺乏一种动员自主性的基础水平的研究。性别分析构成了最普遍和最有启发性的本土案例研究，但是现存的文献分散于各学科之间。这一情况本身就说明了问题。全球采购链是不透明的，而跨国公司—东道主政府关于出口加工区的秘密又增加了一道难以逾越的认识障碍。学院派和草根评论员之间概念的分裂使得分析更为困难。描述出口加工区经验的过程中，必须努力避免出现"不必要的术语和消沉的困惑"。④

---

① Manuel Castells, *The City and the Grassroots: A Cross-Cultural Theory of Urban Social Movements* (Berkeley: University of California Press, 1983), xix – xx.
② Arif Dirlik, "Place-Based Imagination: Globalism and the Politics of Place," in *Places and Politics in an Age of Globalization*, ed. Roxann Prazniak and Arif Dirlik (Lanham, MD: Rowman and Littlefield, 2001), 17 – 19.
③ Sassen, "Spatialities and Temporalities of the Global," 216.
④ Jan Aart Scholte, *Globalization: A Critical Introduction* (New York: St. Martin's Press, 2000), xiv.

第三章 全球工业飞地：公司城与出口加工区的世纪比较（1900~2000）

社区和自主性

"社区"与"自主性"这两个词的含义都是模糊不清的，都能以不同方式使用。在这一章中，社区指的是以地域为基础的民众群体，或者居住在同一地方的居民。① 这不同于以空间为基础的社区，诸如非政府组织的激进分子的网络或者那些游离于日常生活之外并在全球范围活动的公司。地方化社区能够包含较小利益集团，并能够被跨国社区所联系和影响，但它们是由共同的、活生生的经验所决定的。② 它们构成了全球趋势的直接经验，而这种经验深深植根于日常生活现实的土壤之中。这使得地方社区成为领导权论争和融合的初始形式的核心。③ 阿里夫·德里克对这一定义进行了限定，认为最好将地方描述为持续进行中的项目。④ 社区存在于真实的地方，但并不是原地的、静态的和线性发展的。它们是灵活多变与具有渗透性的，居民们也表现出灵活的、实践的生存策略。⑤

推而广之，社区自主性是手段，即保护一种正当的、因地制宜的对外部影响的控制或调节的手段。⑥ 而本章并不认为地方享有比

---

① Dirlik, "Place-Based Imagination," 30 – 31.
② Dirlik, "Place-Based Imagination," 42. See also Arturo Escobar, "Culture Sits in Places: Reflections on Globalism and Subaltern Strategies of Localization," *Political Geography* 20, 2 (2001): 139 – 174.
③ Reider Almas and Geoffrey Lawrence, "Introduction: The Global/Local Problematic," in *Globalization, Localization, and Sustainable Livelihoods*, eds. Reider Almas and Geoffrey Lawrence (Burlington, VT: Ashgate, 2003), 18, 22; Nancy A. Naples, "The Challenges and Possibilities of Transnational Feminist Praxis," in *Women's Activism and Globalization: Linking Local Struggles and Transnational Politics*, eds. Nancy Naples and Marisha Desai (New York: Routledge, 2002), 269.
④ Dirlik, "Place-Based Imagination," 36.
⑤ Dirlik, "Place-Based Imagination," 22.
⑥ Castells, *The City and the Grassroots*, 212; Dirlik, "Place-Based Imagination," 23.

全球更多的优越性。地方社区自主性并不内在地就是"善的"或进步的。伴随着工会、合作社以及在多数人看来是积极发展的其他社区项目,自主性将会是排外的和/或暴力排他的。社区自主性是主观的和暂时的。

自上而下的公司城和出口加工区

加拿大社会学家雷克斯·卢卡斯(Rex Lucas)把公司城定义为不到3万人居住的社区,其中75%的劳动力直接关系到一个行业及其相关的服务业。[①] 在20世纪早期,企业在许多西方国家广阔的资源边境地区创造了单一产业社区。公司城计划主要是英国人的发明。1789年到19世纪下半叶的那场广为流行的革命动摇了欧洲大陆的政治基础,加之英国工人不断成长的战斗性,共同形成了英国精英阶层对于社会动荡不安的深深恐惧,他们确信那些为工人的福利而制订的计划是必需的。由空想社会主义者如罗伯特·欧文所提供的城市计划实验为英国资本家提供了一种模式,即为他们的不革命而努力创造沉静的工人。[②] 19世纪自由主义的不规范的全球贸易和生产方案被一种新的强调企业和政治制度的社会责任所取代,虽然这个过程步履维艰,而非一帆风顺。[③] 从20世纪初到20世纪30年代,整体规划的工业村在北美和西欧的大部地区广为普及。它涉及企业和政府官员日益增长的积极性的联合,即计划将工人、消费者从自由市场与新兴知识社群的幻想中隔离开来,这个社群由流动的职业规划师、政府计划的激励机制和廉价的建筑

---

① Rex A. Lucas, *Minetown, Milltown, Railtown: Life in Canadian Communities of Single Industry* (Toronto: University of Toronto Press, 1974), xi.
② Gerald Burke, *Towns in the Making* (New York: St. Martin's Press, 1971), 126 - 135; Leonardo Benevolo, *The Origins of Modern Town Planning* (London: Routledge, 1967), 110, 114, 118.
③ Sally Marks, *The Ebbing of European Ascendancy: An International History of the World* (London: Hodder Arnold, 2002), 13 - 15, 60.

第三章 全球工业飞地：公司城与出口加工区的世纪比较（1900~2000）

材料构成。①

公司城计划在大多数情况下被设计在采掘业的周围，在那里隔离的资源要求有大量的熟练工一直在现场维持生产。整合采掘企业往往借用流行的设计理念，诸如建设和管理社区生活的方方面面，即从城镇布局到污水处理和娱乐生活。② 仅在加拿大，20世纪70年代初期就有大约630个单一工业的社区，近百万居民的总人口。③ 许多公司城计划显现出一种福利资本主义方式的发展。资本家、政治家和规划人员考虑了工作、家庭以及社区福利，它是由繁荣的商业与稳定的经济所构成的完整部分。其中，大多数第一世界国家中的社会各阶层都认同社会计划是必要的和值得称道的。

二战后，长期的冷战使得福利资本主义措施维持着适当地位，但20世纪70年代初期与中期的经济危机使得许多经济学家确信，福利国家、国家公用事业和管制经济滋生了浪费与低效。北美各国政府削减社会支出。更为普遍的是，世界各国的政府——由国家金融机构的经济胁迫和外国资本为发展与减贫而进行的积极招募的复杂组合来行动——降低了对外贸易和投资的壁垒。④ 为响应商机，以宽松的商业环境吸引投资资本，一些政府设立了出口加工区。⑤ 二战后的波多黎各和爱尔兰是先行者。那些顾问和管理者，他们熟

---

① Harold Kalman, *A History of Canadian Architecture* (Toronto: Oxford University Press, 1994), 657; Gerald Hodge, "The Roots of Canadian Planning," *American Planning Association Journal* 51, 1 (1985): 8 – 11; Michael Simpson, *Thomas Adams and the Modern Planning Movement* (London: Alexandrine Press, 1985), 75, 94.

② Simpson, *Thomas Adams*, 112; Oiva Saarinen, "Single-Sector Communities in Northern Ontario: The Creation and Planning of Dependent Towns," in *Power and Place*, eds. Gilbert Stelter and Alan Artibise (Vancouver: UBC Press, 1986), 237; Neil White, "Creating Community: Industrial Paternalism and Town Planning in Corner Brook, Newfoundland, 1923 – 1955," *Urban History Review* 32, 2 (2004): 50 – 51.

③ Lucas, *Minetown, Milltown, Railtown*, xi.

④ Duane Swank, *Global Capital, Political Institutions, and Policy Change in Developed Welfare States* (Cambridge: Cambridge University Press, 2002), 3 – 6, 285 – 289.

⑤ Palan, *The Offshore World*, 119 – 123.

悉这些出口型生产的原初尝试,帮助其他"发展中"国家和地区建立工厂,从而导致了 20 世纪 60 年代中国台湾、韩国和墨西哥的出口加工区持续发展。①

然而,直到 20 世纪 70 年代的经济衰退,全球采购和出口加工区的发展才成为跨国公司生产的新模式。在欧佩克(OPEC,石油输出国组织)的石油危机以及随之而来的经济滞胀之后,第一世界的各国政府开始集体推行一种新自由主义的全球经济。第一世界的各国政府与全球金融机构(如国际货币基金组织、世界银行)一起,开始游说第三世界的发展中国家实行放松管制的新自由主义政策,以便获得经济援助。对原先孤立的经济体的经济渗透有时候会采取这样一种方式,即将外包的第一世界制造业转移到产品更为廉价的第三世界贫困地区。正如阿尔君·阿帕杜莱(Arjun Appadurai)总结的,出现了一个"共同开放政治体制的市场进程,而在政治、宗教和历史传统其他方面则不尽相同"②。一种潜滋暗长的、不平衡的社会经济转向发生了,即从国家福利主义转向了新自由主义,一如 20 世纪初期的自由主义被经济干预主义所中断。③

出口加工区虽有不同的称谓,如拉丁美洲的马奎拉多拉(maquiladoras,墨西哥边境的加工出口专区)和中国的经济特区(SEZs),但所有地方都有可资比较的特点。跨国公司直接向东道主国家租赁厂房,或是与大量设在加工区的小公司签订生产合同。各种消费品,如制衣业、汽车零件和电脑硬件都是在生产线上组装然后出口。考虑到温顺和灵活性,女性成为雇主在加工区首选的劳动力,占到总雇员人数的 75% ~ 90%。④ 这些全球贸易链以动态的和弹性的方式设计,以使企业能货比三家,获得最低的生产成本,

---

① Palan, *The Offshore World*, 122 – 123.
② Appadurai, "Deep Democracy," 21.
③ Lindsey, *Against the Dead Hand*, x, 3, 10.
④ Palan, *The Offshore World*, 51 – 52.

第三章 全球工业飞地：公司城与出口加工区的世纪比较（1900~2000）

而且也使其装配合同获得了多样化。① 东道主国家定期给予跨国公司及其承包商相当大的优惠，而企业和政府相勾结以使劳动成本尽可能低廉。②

实际上，出口加工区往往为混合在一起的多种装配厂所包围。根本上，弹性生产意味着对那些长期拿低工资的工人缺乏关注。与公司城相同的是，出口加工区的工人和居民依赖于全球资本，只不过与公司城不同的是，出口加工区没有明确的规划。出口加工区的寮屋区居民往往过着人满为患且几乎完全缺乏便民措施的生活。人口的增长使得城市蔓延无法得以遏制，并夹杂着诸多被忽视的问题。

许多人都评论过国家在实现灵活的出口型生产中的作用。③ 国家不仅在公司城中起到主导作用，也在出口加工区的发展中起作用，只不过是以一种不同的方式罢了。如果没有国家的支持，那么今天海外产业的存在将是不可能的。④ 各国政府制定了跨国公司运作的规则。在 20 世纪初，政府鼓励企业建造和全面管理社区规划；

---

① Gary Gereffi and Miguel Korzeniewicz, "Introduction: Global Commodity Chains," in *Commodity Chains and Global Capitalism*, eds. Gary Gerrefi and Miguel Korzeniewicz (Westport, CT: Praeger, 1994), 2-3; Joshua Cohen and Joel Rogers eds., *Can We Put an End to Sweatshops?* (Boston: Beacon Press, 2001), 7; Laura T. Reynolds, "Institutionalizing Flexibility: A Comparative Analysis of Fordist and Post-Fordist Models of Third World Agro-Export Production," in *Commodity Chains and Global Capitalism*, eds. Gary Gereffi and Miguel Korzeniewicz (Westport, CT: Praeger, 1994), 157-158.

② Rosalinda Pineda Ofreneo, "The Philippine Garment Industry," in *Global Production: The Apparel Industry in the Pacific Rim*, eds. Nora Hamilton, Lucie Cheng, and Edna Bonacich (Philadelphia, PA: Temple University Press, 1994), 162-179; Gereffi and Korzeniewicz, "Introduction," 4, 12.

③ Castells, *The City and the Grassroots*, 178; Dennis Shoesmith, *Export Processing Zones in Five Countries* (Hong Kong: Asia Partnership for Human Development, 1986); Diane Lauren Wolf, *Factory Daughters: Gender, Household Dynamics, and Rural Industrialization in Java* (Berkeley: University of California Press, 1992), 255-256.

④ Palan, *The Offshore World*, 190.

而如今，区域和地方政府则帮助招聘出口加工区的工人，各国政府则宣传本国在资源方面的区位优势和生产优势。第三世界的政府也为加工区提供必要的物质和通信基础设施，而忽略了那些对加工区的功能而言至关重要的居民们的生活环境。① 这种社会规划的绝对匮乏则恰恰表现了一种新形式的资本—政治联盟。

就出口加工区及其周边动荡不安的情况而言，作为资本推手的国家的作用是最为明显的。② 通常，民族—国家对暴力的垄断使得劳动大军保持普遍的沉寂状态。由于受关注的是跨国资本似乎不受约束的肆意作为的能力，这一冲突领域往往在研究文献中被遮蔽。国家的代理和控制并不是过去的残存物。在为地方出口加工区的增长立法和制定政治规则的过程中，资本寻求其最重要的帮助，并且依赖于这种支持去平息骚乱。企业渗透和发展的合法性依赖于东道国政府的共谋。就大多数方面来说，这种共谋与其说是资本和政治权威之间新交易的模式，不如说，在它与贫穷的、地缘所确定的国家政府打交道之时，它代表了由高级流动资本所驱使的更为强硬的谈判。全球性的、新自由主义经济之中的国家共谋的形式和早期福利国家所采用的共谋形式形成鲜明对比，这因为广泛的资本支持和社会规划的缺乏而更突出。然而，国家的合法性依然保持为核心的组织原则。

依附性工业飞地中的自主性

批评者常常将公司城描绘成和劳动营别无二致。隔离、单一冗

---

① Appadurai, "Deep Democracy," 22; Sassen, "Spatialities and Temporalities," 217; McKay, *Satanic Mills or Silicon Islands?*, 4–5, 13–16; Ong, *Neoliberalism as Exception*, 7, 19, 108, 116.
② Nancy Melissa Lutz, "Images of Docility: Asian Women and the World-Economy," in *Racism, Sexism, and the World System*, ed. Joan Smith (New York: Greenwood Press, 1988), 70; Klein, *No Logo*, 214.

第三章 全球工业飞地：公司城与出口加工区的世纪比较（1900~2000）

长的工作以及对工作和家庭生活的单一公司控制使得这一观念成为盛行一时的形象。然而，单产业社区则存在着相当大范围的依赖、剥削、谈判和抵抗。公司城计划旨在吸引和留住劳动力。在车间，尤其是在熟练工中，当煽动威胁到高效益的时候，企业会勉强接受独立工会。对于非熟练工，组织工作是困难的，因为企业认为他们易于被替换。企业往往建立自己的工会以处理非熟练工的问题。企业工会成为自上而下的产业家长主义的同义词，以及增强劳动剥削的遮羞布。通过广泛的城镇和社区规划，20世纪初的企业工联主义树立了一个范例，即资本通过有计划的、自上而下的措施实际地关注并改善熟练男工及其家庭的生活。① 一种以阶级为基础的世界话语承认工会的重要性，许多企业也试图真诚地帮助其员工。单产业社区中的企业工会和出口加工区的下属工会形式上是相似的，但它们远非像出口加工区的下属工会那样被无所顾忌地操纵，当然，如果出口加工区的管理者允许有工会的话。

对于出口加工区中技术特别不娴熟的女工，跨国公司和相关政府沆瀣一气，漠不关心。在许多地方，独立工会组织被取缔。韩国在出口型发展的早期阶段，工会被宣布为非法的，而且管理层打骂和虐待员工的现象十分普遍。在20世纪80年代中期，韩国一场声势浩大的劳工暴动带来了工资的提高和车间基本安全的改善，但企业转而开始将它们的韩国业务外包给印度尼西亚、菲律宾和危地马拉的新出口加工区，在那些地方，劳工意识还不是一个问题。迁移的可能性给韩国加工区带来了更新的就业不安全感和压迫，并使得工会组织的努力边缘化。② 台湾地区的出口加工区也有着类似

---

① Bruce E. Kaufman, "The Case for the Company Union," *Labor History* 41, 3 (2000): 321, 337, 348.
② Jeremy Brecher and Tim Costello, *Global Village or Global Pillage: Economic Reconstruction from the Bottom Up* (Boston: South End Press, 1994), 87; *Global Production: The Apparel Industry in the Pacific Rim*, eds. Nora Hamilton, Lucie Cheng, and Edna Bonacich (Philadelphia, PA: Temple University Press, 1994), 148–149, 157.

的经验。① 韩国和中国台湾是发展的或"成熟的"出口加工型的代表。② 尽管东道国政府声称，出口加工区是一条以市场为导向而长期减贫的道路，但这些情况表明成熟并不意味着更乐意与工人家庭进行谈判或者是认识到其权利，而只是对这些来之不易的成果的一种纯粹的地方削减。

近来，在一些出口导向型经济中，如马来西亚和印度尼西亚，政府也是否认工会的。在马来西亚的加工区，劳工组织取决于企业的自行决定。政府授予这一特权。③ 与很多加工区一样，马来西亚政府认为，出口加工区在地理上应与它们主要的关税区分开。加工区中运营的商家可以得到马来西亚劳工法的豁免。④ 一些国家中没有法律的正当性，并且政府的劳工代表十分腐败。在 20 世纪 90 年代初，印度尼西亚劳工部定期收受贿赂并无视出口加工区内工厂的安全问题。⑤ 在较新的出口加工区，按照劳工路线进行组织几乎不可能。在这里，萨森称之为"调节性断裂"的那个东西被非常明显地应用到社会权利和传统义务之中。⑥ 无论是通过马来西亚便利的法律虚构，抑或是印度尼西亚明目张胆的腐败，第三世界国家的发展策略极大地促进了为人们广为接受的人权、劳动权与资本需求之间的断裂。

在大多数出口加工区的普遍反工联主义诉求中，中国和墨西哥

---

① Gary Gereffi and Mei-Lin Pan, "The Globalization of Taiwan's Garment Industry," in *Global Production: The Apparel Industry in the Pacific Rim*, eds. Nora Hamilton, Lucie Cheng, and Edna Bonacich (Philadelphia, PA: Temple University Press, 1994), 126; Gunseli Berik, "Mature Export-Led Growth and Gender Wage Inequality in Taiwan," *Feminist Economics* 6, 3 (2000): 19.

② Berik, "Mature Export-Led Growth," 6.

③ Aihwa Ong, *Spirits of Resistance and Capitalist Discipline: Factory Women in Malaysia* (Albany: State University of New York Press, 1987), 148; Donella Caspersz, "Globalization and Labour: A Case Study of EPZ Workers in Malaysia," *Economic and Industrial Democracy* 19, 2 (1998): 270–271.

④ Caspersz, "Globalization and Labour," 265.

⑤ Wolf, *Factory Daughters*, 121–122.

⑥ Sassen, "Spatialities and Temporalities," 220.

第三章 全球工业飞地：公司城与出口加工区的世纪比较（1900~2000）

是两个例外。20世纪中期，在中国的经济特区（SEZs），大多数工人成立了工会；而在墨西哥北部边境的马奎拉多拉，约50%的劳工加入了工会。① 然而，无论是中国还是墨西哥的加工区，工会都是由国家主办并且从属于企业，主要工作是平息劳资纠纷。陈佩华（Anita Chan）和朱晓阳（Zhu Xiaoyang）设法到出口加工区的1500多家中国鞋类供应商那里进行工作纪律的研究，发现受到广泛赞誉的"中国奇迹"的首要原因，是人身强制而非一些传统的"合作儒学"文化。管理工人的主要手段之一即是通过下属工会。它们"对惩罚程度（轻微违反车间规则的处罚）和其他形式的控制毫无影响"②。

墨西哥马奎拉多拉的工会是国家机器的有机组成部分，同时，如墨西哥的历届政府一样，它们支持新自由主义计划。③ 关于墨西哥境外装配的赞美性描述，它赞同的是这一事实，即工会对工作流程几乎毫无影响，从而确保提高劳动力的灵活性。④ 有些工人在既不认识甚至在与工会代表没有接触的情况下就被吸收进国家工会。那些试图建立独立工会的组织，如正港劳工阵线（FAT），常常发现会招来国家工会和企业的敌视。1997年，华雷斯城的一个工厂，三批工人因寻求以正港劳工阵线代替墨西哥工人联合会（CTM）而被关押在工厂一整天。到了投票的时候，工人们不得不在武力的

---

① Cirila Quintero-Ramirez, "Unions, Collaboration, and Labour Conditions in Mexican Maquiladoras," *International Studies Association*, 2001, http://www.isanet.org/archive/ramirez.html (accessed 11 January 2005).

② Anita Chan and Zhu Xiaoyang, "Disciplinary Labor Regimes in Chinese Factories," *Critical Asian Studies* 35, 4 (2003): 561, 566, 573.

③ Kevin J. Middlebrook, "The Politics of Industrial Restructuring: Transnational Firms' Search for Flexible Production in the Mexican Automobile Industry," *Comparative Politics* 23, 3 (1991): 293; Huberto Juarez Nunez, "*Maquila* Workers in Mexico: The Prospects for Organization and International Solidarity," *Labor History* 43, 4 (2002): 443.

④ Harley Shaiken, *Mexico in the Global Economy: High Technology and Work Organization in Export Industries* (San Diego, CA: Center for US-Mexican Studies, 1990), 49.

威逼之下公开宣布他们的投票。毫不奇怪，他们以压倒性投票维持了国家工会。① 不管是哪个年代的国家的出口加工区，自下而上的、独立的工会组织是很少见的，并且一般为企业及其国家盟友以暴力来镇压。下属的工会主义形式仅仅是控制出口加工区工人的另一层面。

出口加工区的跨国工会组织的证据同样很粗略。东南亚的工会和第一世界的工会之间几乎没有直接联系。东南亚的大部分地区，没有形成以阶级为基础的工联主义传统，同时在跨国公司和当地组织者之间也没有联系，他们似乎更关心可以建立联系的非正式网络，而不是关心与支持出口加工区工人的有效计划。这种情况证实了阿帕杜莱的论点，即1945年后的现代化理论与马克思主义阶级观之间的国际对抗已经逐渐缓和。②

墨西哥的跨境工会则有更长的传承，但这一情况并不会出现在对墨西哥马奎拉多拉工人的允诺中。第一世界的工会与工厂管理层相勾结从而使如FAT这样独立的墨西哥工会游离于马奎拉多拉之外，并且通过较富裕地区下属工会把非政府组织贴上外部寻衅滋事者的标签，如此的举措无非是怀疑非政府组织在从事跨境组织活动。③ 马奎拉多拉工人的圣迭戈支援委员会和墨西哥边境地区工人支援委员会则训练工人以改善墨西哥北部工厂的安全，只是从来得不到国家代表或雇主的支持。这些活动不断地为有益的宣传而斗争，而"跨境劳动力公民的不对称性"也经常被墨西哥工人视为家长式的，并且是以北美工人的利益为导向。④ 这些及类似的机构并非真正的工会，而是教育支持网络。车间改革的责任留给了个别工人。

---

① Dale Hathaway, "Mexico's Frente Autentico del Trabajo and the Problem of Unionizing Maquiladoras," *Labor History* 43, 4 (2002): 433 – 434.
② Appadurai, "Deep Democracy," 22.
③ Hathaway, " Mexico's Frente Autentico del Trabajo," 436; Quintero-Ramirez, "Unions, Collaboration, and Labour Conditions".
④ Barry Carr, "Globalization from Below: Labour Internationalism under NAFTA," *International Social Science Journal* 51, 159 (1999): 50, 52 – 53.

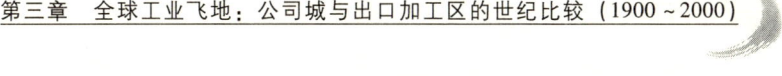

第三章　全球工业飞地：公司城与出口加工区的世纪比较（1900~2000）

一条鸿沟横亘在跨国组织的建议和出口加工区当地的实践之间。

在公司城，为了获得自主性而进行最有成效的组织活动成为社区的中心议题。那些不是公司城中特权阶层的居民经常以微不足道的方式减轻对全球资本的依赖，如共享资源来购买电力、提供洁净水以及向政府请愿来改变非计划的边缘社区的地位以便更有效地征税。熟练工、非熟练工以及非企业居民还成功地说服了企业和政府来建造学校与卫生保健设施，以及补贴各种娱乐活动。① 有时，技术工人移民给新城镇带来了合作运动的经验并成立合作社。② 依赖性工业飞地的居民们经常意识到，通过组织有效的集体机构改善了周围的社区服务；而企业更愿意加入社区倡议中，因为它们自己也有赖于在孤立的边境地区保持稳定的劳动力。公司城的居民强调接受互助的义务，以对冥顽不化的雇主施压。在今天的南亚和东南亚，无数的基层组织成功地帮助贫困社区处理了上述疏漏之处。例如，有组织（Nari Udyog Kendra）帮助孟加拉国的单身制衣女工建造安全、可负担的住房和休息间以改善交通，而印度的自主就业妇女协会则帮助非正式的、国内的纺织工人成立合作社、开展扫盲计划以及为就业和商业事务提供法律咨询。③ 众所周知，一个印度组织为了社区授权，建议居民们构造一个自立的社区，然后当居民们认为他们达到自主性的理想水平时便抽身而退。自1985年以来，已知退出的超过了2500个定居点。④ 孟买的贫困工人联盟作为一个联合的、行业性组织的和"坚韧的"基层联盟已取得了许多成

---

① White, "Creating Community," 32; Noreen Kirkman, *Mount Isa*: *Oasis of the Outback* (Townsville, QLD: James Cook University, 1998).
② White, "Creating Community," 52.
③ Bipasha Baruah, "Earning Their Keep and Keeping What They Earn: A Critique of Organizing Strategies for South Asian Women in the Informal Sector," *Gender, Work, and Organization* 11, 6 (2004): 610, 614.
④ Bipasha Baruah, "Earning Their Keep and Keeping What They Earn: A Critique of Organizing Strategies for South Asian Women in the Informal Sector," *Gender, Work, and Organization* 11, 6 (2004): 622.

就。该联盟不参与党派政治，它谨慎寻求跨国援助，并且注重通过新的、常常是颠覆性的手段解决当前的社区问题。[①]

墨西哥拥有在马奎拉多拉周围组织社区的长期传统。妇女工人指导中心（COMO），其主要目的是为了改善马奎拉多拉女性工人的生活，固守在20世纪七八十年代的华雷斯城。[②] 伴随着联盟的推进，妇女工人指导中心着眼于教育以及诸如儿童保育、妇女权利和建立如华雷斯垃圾处理站之类的非马奎拉多拉合作社这样一些社区问题。到1981年，它已从少数相关工厂的工人和居民发展为有1.4万成员。[③] 如今，正港劳工阵线同样应用这一策略。在沿着工会路线组织工人却几经挫折之后，正港劳工阵线改变了方向，并呼吁华雷斯直接向社区开放公务员协会高级研究中心（CETLAC）。[④] CETLAC的代表是一些社区成员，他们试图教育工人和改善当地的生活条件。尽管正港劳工阵线与国际人权与劳动权团体之间存在联系，但CETLAC的存在就已经表明在当地组织一个广泛的社区阵线的重要性。[⑤] 这些事例为第三世界的贫困人群获得地方自主性，并且以坚实的基础参与全球工作提供了成功的、可选择的模式。

[①] Appadurai, "Deep Democracy," 28–30, 35–39, 41.

[②] Kathryn Kopinak, "Living the Gospel through Service to the Poor: The Convergence of Political and Religious Motivations in Organizing *Maquiladora* Workers in Juarez, Mexico," in *Race, Class, Gender: Bonds and Barriers*, ed. Jesse Vorst et al. (Winnipeg: Between the Lines, 1989), 217–244; Maria Fernandez-Kelly, *For We Are Sold, I and My People: Women and Industry in Mexico's Frontier* (Albany: State University of New York Press, 1983).

[③] Kopinak, "Living the Gospel," 226–227; Patricia Marin and Cecilia Rodriguez, "Working on Racism: Centro Obrero, El Paso," in *Of Common Cloth: Women in the Global Textile Industry*, eds. Wendy Chapkis and Cynthia Enloe (Amsterdam: Transnational Institute, 1983), 84–85.

[④] Jorge Alberto Fernandez, "Redesigning the Strategy of the Frente Autentico del Trabajo in the *Maquiladoras*," *Labor History* 43, 4 (2002): 461.

[⑤] Jorge Alberto Fernandez, "Redesigning the Strategy of the Frente Autentico del Trabajo in the *Maquiladoras*," *Labor History* 43, 4 (2002): 463; Hathaway, "Mexico's Frente Autentico del Trabajo," 430–431, 433.

第三章　全球工业飞地：公司城与出口加工区的世纪比较（1900~2000）

基层社区组织已被证明是在出口加工区控制剥削的一种最有效的方式。这些当地的和横向联系的团体并不总是与福利资本主义中常见的谈判模式相一致。相反，它们在什么构成自主性的问题上有不同观点，并且与组织的替代形式相勾连。

同公司城一样，在出口加工区进行工会组织并非易事，但在其中独立工会的缺乏是事关全局的。然而，正如在公司城，组织一个更广泛的社区中心能够成功获得相对的自主性。一个关键的区别是，与公司城的经验不同的是，出口加工区的居民几乎很少得到来自政府或企业的援助。面对全球资本依赖的大趋势，他们必须拿出自己的解决之道，要么与之相适应，要么与之谈判或者公然抵抗它。这一关键对比提请人们注意政府传统的重要性，即尊重法律、人权和公共福利；它承认，尽管工人以辛勤的劳动从加工区当局换取很少的甚或根本没有直接的帮助，但他们这样做是有正当的、有时是积极的原因的。

融入全球，参与本土

对于出口加工区自主性的前景研究，有三种主要的且有时是相互联系的途径：对以阶级为基础的抵抗的重视，对跨国组织作为改革中介的强调，以及对基层社区组织之首要性的关注。通过分析可以发现阶级中心论和跨国中心论的主要理论困境是显而易见的。

有人认为，改变的最好道路是通过以阶级为基础的组织，如工会。关于新全球劳动分工与出口加工区的早期著作，较之新近的研究则更为强调阶级抵抗。[1] 在这些著作中，作者们认为，向第三世界国家采购制造业的成品，就像创造一个工人阶级一样（比如卡

---

[1] See Wendy Chapkis and Cynthia Enloe, *Of Common Cloth: Women in the Global Textile Industry* (Amsterdam: Transnational Institute, 1983); Leo Panitch and Ralph Miliband, "The New World Order and the Socialist Agenda," in *Socialist Register 1992*, eds. Ralph Miliband and Leo Panitch (London: The Merlin Press, 1992), 1–25.

尔·马克思的 19 世纪的无产阶级),这需要去从事组织活动,因为从事这一职业的工人在生产方式中处于从属地位,并且它需要通过罢工及其他以劳动为基础的行动从资产阶级那里夺回控制权。以阶级为中心的分析承认,以独立工会来抵抗移动的跨国公司和共谋的各国政府往往是无效的或不可能的,因此车间控制成为国际工人运动实现推翻资本主义这一最终目标的先锋。① 出口加工区的社区问题至多是边缘的,且常常被描绘为由工作场所的过度剥削而造成的创伤性结果。② 就工厂工人斗争分析的当务之急,很少进行细致入微的分析,在这种细致的分析中,居民是自主性的有效力量;可以说,正是通过细致的分析,才能认识到,出口加工区工人的阶级概念或许根本不会构成变化的推动力量。

在她对马来西亚出口加工区工人的个案研究中,多纳拉·卡斯佩兹(Donella Caspersz)认为阶级是工人经验中一个偶然的而非中心的要素。③ 马克思主义意义上的阶级,不是通常她所理解的在加工区工作和生活的主体部分。马来西亚和印度尼西亚的出口加工区的地方研究表明,许多工人尤其是构成大多数劳动力的年轻女性移民,往往默默承受她们就业中遭受的剥削,因为她们的工作赋予了她们一种家长制乡村生活从未给予过的个性生活。由可支配的收入、"新式的"个人感情以及选择浪漫邂逅的能力所带来的从压迫的性别角色中获得的相对独立以及认识到的社会地位的改善,这些作为自主性的诸种形式不应该遭到忽视或贬低。尽管如此,她们并没有形成一个反新自由主义秩序的基础。④

---

① Panitch and Miliband, "The New World Order," 22.
② Nora Hamilton, Lucie Cheng, and Edna Bonacich, eds., *Global Production: The Apparel Industry in the Pacific Rim* (Philadelphia, PA: Temple University Press, 1994); Chapkis and Enloe, *Of Common Cloth*, 82.
③ Caspersz, "Globalization and Labour," 159, 261; Ong, *Spirits of Resistance*, 196–203; Wolf, *Factory Daughters*, 258–259.
④ Mary Beth Mills, *Thai Women in the Global Labor Force: Consuming Desires, Contested Selves* (New Brunswick, NJ: Rutgers University Press, 1999), 11, 167–169.

第三章 全球工业飞地：公司城与出口加工区的世纪比较（1900~2000）

即使当马来西亚和印度尼西亚的工人对其就业条件提出质疑的时候，抵抗通常采取非正式抗议的形式以使传统的抵抗适应新的形势。加工区中女性工人流行的"精神财富"和"留在外面"（"stayouts"）即工人留在家中以全体抗议管理层的不当行为，是出口加工区工人以非阶级为基础的方式表达抵抗的两种途径。① 马来西亚的一项最近研究表明，"引发这些抵抗行动的并不是阶级本身"，它们只是建立在对世界的传统的和混杂理解基础上的、日常的和无计划的行为。② 虽然这些新奇的自主性形式不可能促成对新自由主义全球化进行更广泛的讨论，但认为它们是不合逻辑的或是虚假意识则毫无价值可言。

在20世纪初的公司城，企业和政府对于地方的、国家的和跨国的独立工会的镇压有着不同的情形，但也有成功的例子。出口加工区的历史充满了这样的例子，当这些案例发生时，工会的作用往往表现为大规模裁员、突发性资本外逃和暴力事件这样的悲剧性的结局。因此毫不奇怪，新自由主义工业化最有影响力的是寻求其他的手段以实现自主性。

对阶级斗争目的论的依赖淡化了对非阶级性组织的盛行、影响和合法性的关注。此外，第一世界的有组织的劳动者没能与工人联合起来反抗资本，这种失败的实例还令人记忆犹新。在过去的一个世纪里，劳工多次"向右倾"。阶级本质主义剥夺了那些人的权利，他们并不熟悉马克思主义的话语，并教条主义地贬低实现自主性的这一不可接受但成功的非阶级分析方法。正如卡斯特（Castells）中肯地指出的那样，"尽管马克思主义理论除了历史性断言的阶级斗争之外，并没有为各种社会运动留下空间，但是，各种社会运动依然存在"③。罗纳尔多·蒙克（Ronaldo Munck）赞同

---

① Ong, *Spirits of Resistance*, xv; Wolf, *Factory Daughters*, 131-133.
② Caspersz, "Globalization and Labour," 255, 259.
③ Castells, *The City and the Grassroots*, 299.

卡斯特的立场，他认为，对于分析新自由主义的生活经验来说，阶级本质主义是一种过时的工具。①

最近，评论家们把注意力集中于跨国组织之上，在这里跨国组织被视为赋予新全球分工中的受害者以权利的一种途径。正式的国际组织在公司城中是少见的，因为那里地处偏远，通信技术有限并且企业也努力使得非企业组织远离工厂和社区。然而，技术移民工人给城镇带来了诸如消费合作社之类的跨国运动观念。自下而上形成的观念往往集中在社区改善而不是直接去挑战社区领导权。这些观念也不具有真正意义上的全球性，就如当今的反全球化的非政府组织所努力做到的那样，但它们成为不同地区的混杂的、独特的部分。与此相反，当代跨国组织意味着全球空间里全球资本的最终参与。②

许多关心新全球分工影响的人主张"跨国的社会工联主义"，以联合众多不同文化背景下的车间和社区一致反对新自由主义全球化。现代非政府组织和其他跨国激进团体推行这一观念，即从第一世界到第三世界公民的广泛联合能够链接起来，即通过诸如互联网式的即时通信技术以及会议与抗议来打击全球范围内的新自由主义势力的方式。正如杰姬·史密斯（Jackie Smith）所言，这些新跨国社会运动将"在国家之外培养'想象的共同体'"，并且鼓励"强调超验价值和目标的集体身份"。③ 这一方法在国际主义运动中有着悠久的历史，如 19 世纪的反奴隶制运动、共产国际以及最近

---

① Ronaldo Munck, "Globalization, Labor and the 'Polanyi Problem'," *Labor History* 45, 3 (2004): 257.

② Jeremy Brecher, Tim Costello, and Brendan Smith, *Globalization from Below: The Power of Solidarity* (Cambridge, MA: South End Press, 2000), x – xi; Manuel Castells and Martin Ince, *Conversations with Manuel Castells* (London: Blackwell Publishing, 2003), 58, 60; Munck, "Globalization, Labor and the 'Polanyi Problem'," 255 – 256.

③ Jackie Smith, "Democratizing Globalization? Impacts and Limitations of Transnational Social Movements," Working Paper Series, Institute on Globalization and the Human Condition, McMaster University, Hamilton, Ontario, 2004, 9.

第三章　全球工业飞地：公司城与出口加工区的世纪比较（1900~2000）

致力于促进人权的非政府组织。在整个20世纪90年代，跨国激进分子定期以世界银行、国际货币基金组织和世贸组织的会议为批评目标，这一策略在1999年的决战西雅图骚乱中达到顶点。激进分子们抵制新自由主义的同时，建立了全球基层组织，如世界社会论坛，它为变化的积极前景提供了一个"开放的空间"。①

跨国团结最流行的主张之一来自纳奥米·克莱恩（Naomi Klein）出版的畅销书《拒绝名牌》（*No Logo*）。克莱恩认为，一种积极的、包容的反抗——"它试图颠覆的那种全球性的、能够协调一致地行动的跨国公司，既包括高科技行业，又包括基层组织，它既是集中性的，又是碎片化的"——是参与和争夺当今全球秩序的最好方式。② 其他评论家不同程度地推进了这一立场。劳工团体呼吁维持北美跨界工会组织，呼吁维持全世界工人之间的"大交易"以便协调对跨国公司、全球金融机构和相关政府的抵抗活动。③ 还有一些人认为，一个包括女性主义者和环境主义者视角的全球阶级联盟能够推翻新自由主义霸权。④

其他的作家回避阶级本质主义，并主张选择一个全球性的社会工联主义，即它在朝向任何一种抵抗形式时并不受意识形态影响，而是包容性的和实践性的。理想情况下，这些运动将类似于它们所试图对抗的跨国公司。盖伊·赛德曼（Gay Seidman）对巴西和南非在20世纪80年代与90年代初期的大规模起义的比较，则提供

---

① Jackie Smith, "Democratizing Globalization? Impacts and Limitations of Transnational Social Movements," Working Paper Series, Institute on Globalization and the Human Condition, McMaster University, Hamilton, Ontario, 2004, 7–8.

② Klein, *No Logo*, 446.

③ Christian Levesque and Gregor Murray, "Local versus Global: Activating Local Union Power in the Global Economy," *Labor Studies Journal* 27, 3 (2002): 40; Jeff Faux, "A Global Strategy for Labour," *World Social Forum*, 2002, http://www.globalpolicynetwork.org (accessed 26 January 2005).

④ Panitch and Miliband, "New World Order," 21; Robert W. Cox, "Global Perestroika," in *Socialist Register 1992*, eds. Ralph Miliband and Leo Panitch (London: The Merlin Press, 1992), 40.

丁关于成功推翻长期专制政权的从地方到全国，乃至全球组织的有用的实证案例研究。根据赛德曼的研究，工会是巴西和南非的斗争的因素之一，但导致大规模动乱以及针对两国各方面不平等的持续的全球激进运动的更广泛的社区参与，是运动成功的最重要因素。① 沿着更加规范的路线，杰瑞米·布雷切（Jeremy Brecher）和蒂姆·科斯特洛（Tim Costello）的许多作品为自下而上的全球化提出了一幅蓝图。布雷切和科斯特洛主张灵活的跨国组织，因为它们既可以参与当地基层的运动，同时也可以打击全球范围内的跨国公司和金融机构。政治学家罗伯特·兰伯特认为，全球社会运动的工联主义"是唯一可以替代从属地位的选择"②。

这些建议的主要困难在于，当出口加工区这样有争议的地方性位置在很大程度上依旧处于话语的边缘处时，它们在全球空间内给予抵抗以特权。那些使用混合的地方自主性的新形式的居民，在定义跨国的战争中应该成为本质的要素。正如埃文斯（Evans）简明扼要地指出："地方的组织活动先于跨国的支持网络的形成，而在网络之后仍然坚持这种地方的组织活动对于达到它的目标而言是本质的。在全球范围内行动使得那些几乎快要出局的地方的组织活动重新具有活力；但是，它并不取代地方性的活动。"③ 大家耳熟能详的公理是，成功的跨国主义只能在有效率的地方共同体获得某些自主性措施之后才能成功，尽管如此，出口加工区对于地方性组织活动的强调依然寥寥无几。在用反霸权的或者类似的全球性的制度来反对全球性的资本主义的声浪之中，通往跨地方的、跨国家的组

---

① Gay Seidman, *Manufacturing Militance: Workers' Movements in Brazil and South Africa, 1970 – 1985* (Berkeley: University of California Press, 1994), 226, 262.

② Robert Lambert, "Labour Movement Renewal in the Era of Globalization: Union Responses in the South," in *Global Unions? Theory and Strategies of Organized Labour in the Global Political Economy*, eds. Jeffrey Harrod and Robert O'Brien (London: Routledge, 2002), 203.

③ Peter Evans, "Fighting Marginalization with Transnational Networks: Counter-Hegemonic Globalization," *Contemporary Sociology* 29, 1 (2000): 233.

第三章 全球工业飞地：公司城与出口加工区的世纪比较（1900~2000）

织活动的这一重要的地方性的步骤被低估了。文献极大程度地忽视了国家政府在把新的全球性的劳动分工合法化中所扮演的角色。国家允许并且鼓励合并，忽视劳动法和藐视社会义务，从根本上说，这些都是社会正义的基本障碍。在他们获得真正的地方性的共同体之前，那些工作的居民又如何能够建立想象的共同体呢？甚至他们是否有兴趣想象全球抵抗的共同体呢？在这些问题上，跨国斗争的支持者和当地的主事者各说各话，目标分歧。

在努力涵括第三世界的视角的时候，布雷切和科斯特洛鼓吹辅助性原则（补助原则）。对他们而言，"作出的决定应尽可能接近实际活动发生时的情况"[①]。但是，在1994年出版的《全球村抑或全球掠夺》中，布雷切和科斯特洛所援引的与加工出口区相关的实际例子却仅仅来自20世纪80年代中期的韩国，在那里，当资本家们开始将他们的业务开展到其他国家的时候，工人们辛苦挣来的收益遭到了侵蚀。[②] 在这个例子中，我们很难确切地看到辅助原则是如何有益于出口加工区的工人的。在那些集中论述农村的和本土的社群运动——这些运动挑战并优化了全球性抵抗话语——的著作中，对于出口加工区内部与周边的"战场"的漠视则是更为显著的。[③] 南希·纳卜勒斯（Nancy Naples），一个跨国抵抗运动的支持者，承认跨国的支持团体在与出口加工区女性工人的联系方式上存在很多困难，然而，她所强调的却仍然是怎样在无法切实地理解她们特别的关切时还能将她们纳入那些团体之中。[④] 除此之外，在最近一篇批判跨国网络组织中的互联网之权能的文章中，施托克（Stoecker）断言，在建立一种有效的自下而上的全球化运动的时候，通过互联网建

---

① Brecher and Costello, *Global Village or Global Pillage*, 9; Brecher, Costello, and Smith, *Globalization from Below*, 42.
② Brecher and Costello, *Global Village or Global Pillage*, 87.
③ Jackie Smith and Hank Johnston, "Introduction," in *Globalization and Resistance: Transnational Dimensions of Social Movements*, eds. Jackie Smith and Hank Johnston (New York: Rowman and Littlefield, 2002), 1–10.
④ Nancy A. Naples, "Challenges and Possibilities," 274–275.

立的社交行动是不能取代面对面交流与直接的个人关系的。① 那些为了获得常规的电力服务而斗争的社群实际上只能倚靠面对面的活动。

那么，那些数百万的直接与新自由主义的工业飞地捆绑起来的人们又在哪里才是适合于这些处方的呢？普拉特（Pratt）和杨（Yeoh）主张说，"与跨国主义相关的东西并非天然就是有罪的，也并非天然有助于解放"②。第一世界抵抗全球资本主义的计划与新自由主义发展计划常常有着惊人的对应性，二者都是自上而下的且带有指令性的，而且二者都未能完全整合那些深受经济剥削影响的人的声音。③ 蒙克认为，抽象的国际主义根本无法与当地工人联系起来，而德里克则辩称，"如果僵化地去运用，则抽象的社会分析能起到的作用可能只是妨碍日常生活问题的解决"④。如果在出口加工区社区没有表达当地自主性的跨国论坛，跨国组织不可能有效地对当地感受最为激烈的全球压力提出异议。事实上，聚焦于全球反霸权的统一运动很可能会与本土自主性相左，而不是与之结合。

理解个体自主性以及组织社团的本土战略并与之相结合似乎才是最为恰当的。许多研究全球化的学者都同意，对于第三世界中的"那些具体的本土背景下的替代性表述和实际做法的考察"在文献上是相当缺乏的。他们建议，我们的研究首先是要理解对于本土的、国家的以及跨国的场所中的新自由主义进行抵抗（或者，我必须加上，相对而言还要加以承受）的那些助力。⑤ 本土的合作运

---

① Randy Stoecker, "Cyberspace vs. Face-to-Face: Community Organizing in the New Millennium," *Perspectives on Global Development and Technology* 1, 2 (2002): 156.
② Geraldine Pratt and Brenda Yeoh, "Transnational (Counter) Topographies," *Gender, Place and Culture* 10, 2 (2003): 160.
③ Kopinak, "Living the Gospel," 218.
④ Munck, "Globalization, Labor, and the 'Polanyi Problem'," 257; Dirlik, "Place-Based Imagination," 41.
⑤ Escobar, *Encountering Development*, 19; Robert O'Brien, "Labour and IPE: Rediscovering Human Agency," in *Global Political Economy: Contemporary Theories*, ed. Ronen Palan (London: Routledge, 2000), 98; Dirlik, "Place-Based Imagination"; Scholte, *Globalization*.

第三章 全球工业飞地：公司城与出口加工区的世纪比较（1900～2000）

动、为了基本的社团服务而进行的日复一日的游说，以及进步的宗教与文化运动的影响，这些发生在出口加工区及其周边的事情都被大大地忽视了。它们表现了多样的、有效的并且是新式的对于占主导的社会经济秩序进行迁就并且抵制的本土形式。① 巴鲁阿（Baruah）辩称说，传统的工联主义是在新的全球分工中为了令工人得到权力而进行斗争时使用的诸多策略之一。她也将合作社、技术培训与企业发展计划以及市场援助描述为南亚的纺织工人们为减轻对全球资本的依赖而采取的某些途径。② 这些策略表明正在进行的并且常常是欣欣向荣的本土反霸权的要素并没有采取大多数评注者们所期待的那些形式。③ 它们必须得到理解，如果我们要对本土自主性为什么不会导致可供选择的、广泛的全球化这一问题提供一种更为全面的理解的话。

对于出口加工区人们生活案例的分析的确是有弊病的。孤立的研究很少尝试着去探求，在顺应并且抗争新自由主义在全球扩张这一更为广阔的语境之中，它们在本土的发现究竟意味着什么。因为并没有同相关文献作更为广泛的结合，着眼于本土的研究极为冒险地将地方差异描绘为通向跨国组织的不可逾越的障碍。比如，莱斯利·萨尔辛格（Leslie Salzinger）对于马奎拉多拉工人所作的性别分析就表明，即便是在单个的出口加工区里，工作场址也是不同的，于是这对于大多数理论上的范畴分类提出了挑战。④ 如果差异准则以及广泛团结并从下至上进行抵抗的契机陷入原子化的身份政治之泥沼的话，怎样的新自由主义的现实替代者才是可资利用的呢？就出口加工区与自主性而言，我们必须作出更大的努力以将经

---

① John D. French, "Towards Effective Transnational Labor Solidarity Between NAFTA North and NAFTA South," *Labor History* 43, 4 (2002): 457.
② Baruah, "Earning Their Keep and Keeping What They Earn," 615.
③ Appadurai, "Grassroots Globalization," 17.
④ Leslie Salzinger, *Genders in Production: Making Workers in Mexico's Global Factories* (Berkeley: University of California Press, 2003), 25, 33.

验实证的研究深入到这些区域具体的生存现实之中。这一工作也应该与得到了提升并且正在进行的那一对话结合起来，此对话也即那些强调通过本土空间的首创行为来实现自主性与抵抗的人与那些声称通过全球性空间的组织才能最好地抑制新自由主义全球化的人之间的对话。过于狭隘地侧重任何一种视角，都会导致一种歪曲的解释。

与自下而上的全球化相关的文献十分零碎，企图调和这些文献与本土自主性之可能性只会带来更多的问题而不是答案。对于出口加工区工厂与社群的日常生活的理解，正如在早期公司城中的日常存在一样，对于准确地把握普通人在不断变化的全球资本主义体制下发挥作用的方式是至关重要的。但是，通向本土自主性的途径如何才能被明确地整合到对于居于主导的新自由主义霸权的一种持续而连贯的挑战中去呢？人民以及在他们帮助之下创立的场所，包括性别、种族划分、文化以及已经耗尽自身的阶级概念，又如何能够被嵌入到这场为了避免那些能够获得以人为中心的、可供选择的全球化的动力被边缘化而发起的更为广阔的讨论之中呢？这个问题又与另外一个问题相关，即本土的个体与社群对于既有秩序的接受与右翼以及暴力排外团体的涌现，对于针对全球化的进步抵制的可能性而言，又意味着什么呢？[1] 那些出于可以理解的个人原因而"买进"居于主导的社会经济秩序的人们，或者那些选择以一些"不可接受的"方式来表达他们的抵制的人们，难道仅仅是一种普遍的、高瞻远瞩的斗争中的一些微不足道的例外吗？[2] 为了省钱，为了购买能够提高其社会地位的消费品，或者为了获得他们在传统的

---

[1] Sidney Tarrow, "From Lumping to Splitting: Specifying Globalization and Resistance," in *Globalization and Resistance: Transnational Dimensions of Social Movements*, eds. Jackie Smith and Hank Johnson (New York: Rowman and Littlefield, 2002), 234.

[2] Melissa W. Wright, "Crossing the Factory Frontier: Gender, Place, and Power in the Mexican Maquiladora," *Antipode* 29, 3 (1997): 298 – 299.

第三章 全球工业飞地：公司城与出口加工区的世纪比较（1900~2000）

农村社群中所不能获得的社会自由，劳工们才在这些区域中工作，他们正在表达多种形式的个人自主性，但是它们肯定不是抵制新自由主义的有效形式。将这样一些相异的、个人的自主性整合进与针对新自由主义全球化所作的回应有关的研究中是可能的吗？最后，本地居民与工人如何才能将他们在这一情形中所担当的关键角色当做资本的推动力量加以充分利用，以便改善他们的生存呢？这个问题取决于更好地理解生活在这些区域中的人如何看待自身的处境。对在诸如出口加工区这样的具体环境中的全球—本土的动态结构的一种移情的且更具包容性的关注，对于克服第一世界的发展论者的偏见与那些自上而下的变革计划是有希望的。

结　论

关于全球资本如何谋取国家政权，依赖性社区的流动工人和居民如何构想、如何表达自主性及起源于这些自主性的参与和抵抗全球化的潜在方法，把出口加工区比作公司城为我们提供了一个新的历史视角。资本寻求来自出口加工区的政治权力的支持的基本途径，与它获得第一世界的资源边境地区的开发合同是同一方式：与政府谈判。在20世纪初期和中期的福利国家，对于边境发展的谈判通常认为是企业和/或政府的社会规划中的某些措施。这一方式在19世纪的放任自由主义中并未出现，而且在今天它也显然并非如此。如今，流动资本及其代理人也通过技术进步和对第三世界政府的新自由主义开放增强了它们在杀价、避免规划的费用等方面的能力。

关于跨国公司经济剥削和政府勾结的简单的自上而下的解释无法准确表述依赖性工业飞地的经验。居住在出口加工区的人们被忽略、被剥削，但他们并非无能为力的受害者。如公司城一样，出口加工区也是真正的社区，在那里当地的基层代理人为个人的和集体的自主性而努力。以利润为中心的资本主义和因时因地而异的种种政府勾结构成了一种全球霸权，工业飞地的基层代理人以种种方式与这种全球霸权相接洽，在这种接洽中，他们要么选择适应，要么选择抵抗。出口加工区的居民对地方自主性的紧迫的关注主要集中在以下问题上：个人关心的社会地位问题，集体关注的基本卫生设施和家庭、工作中肆无忌惮地滥用自由的问题。关注这些问题的尝试更多是基于顺应传统的义务和性别问题，而不是对国际阶级和人权问题的考量。这些自主性实际上带有强烈的个人色彩，但团体组织的新形式和融入全球的有效策略也来自于长期实践。

尽管在参与、竞争和推翻新自由主义全球化的反对斗争中处于核心地位，出口加工区跨国网络是无能为力的，如果它们不使自己适应地方居民所关心的问题，不使自己适应相关的其他问题的话。每一个出口加工区的社区都有自身的历史和文化特殊性，这一特殊性是拒绝还原主义的分析的，而且在今天寻找替代性全球化的过程中，它们的进步性依然是一个核心问题。对于理解出口加工区的日常生活，仍需更多的努力。对地方自主性的更进一步的研究只能够提高对第三世界工人和居民在新全球分工下生活的抽象的与碎片化的理解。让第一世界和第三世界的学者们和激进分子们进行对话，并将之纳入混合策略中以改变当前的发展模式，这是必要的。[1] 认识未曾预料的和非进步的地方性的反全球霸权活动，是朝向重新想象出口加工区的第一步。另一个问题是，理解自主性既是可以通过调和，又是可以通过抵抗实现的。变化的视角源于个人经验和地方定位。它们不能由上面来执行。

（方珏译，中南财经政法大学）

---

[1] Appadurai, "Grassroots Globalization," 8; Escobar, *Encountering Development*, 218.

第四章 无线电广播的自由，抑或电磁公有物？20世纪20年代的全球性、公共利益和无线电多边谈判

丹尼尔·格尔曼

> 对无线电频道进行通信管理就像对我们拥挤的街道进行交通管理一样都是必需的，但是两者的目的同样都必须是加速运动，促进发展，而不是迟滞它。
>
> ——赫伯特·胡佛，国际无线电报会议，
> 华盛顿，1927年

当美国远洋定期客轮"利维坦"号轮船在1924年6月24日通过英吉利海峡的时候——即将到达这次跨越大西洋的长途旅行的终点，船载无线电在播放船长的讲话之后播放了一段音乐节目。在即将结束一次疲劳旅程的时候，旅客们毫无疑问喜欢这种消遣娱乐方式。然而，英国政府却没有那么开心。针对这次表面上看来毫无害处的举动，英国政府向美国提出了正式抗议。英国声称这艘船只"轻率的"信号发射对该区域的其他船只造成了潜在的威胁。"利维坦"号事件绝不是独一无二的。实际上，美国屡次提出类似抗议，比如，1926年日本"金华山丸"号轮船的信号发射干扰了在加利福尼亚戈尔达（Point Gorda）起火的"艾瑞特"（Everet）号轮船所发射的遇难信号。由于没有人员伤亡，那后果当然就不同于

14年之前在纽芬兰海面上撞上冰山的"泰坦尼克"号事件。"泰坦尼克"号发出的求助信号没有人听到,因此1490人葬身大海。离"泰坦尼克"号最近的船只只有20海里,但是,这艘船上的无线电报务员睡着了,而船上的其他人又不会操作这种设备。

对无线电频谱进行超国家的管理是20世纪20年代一个重大的全球性进展。电磁波频谱,也被称为"广播频率"或者"频带",是一种虽然有限但可以被重复使用的自然资源。频率(即过去使用的波长)是指周期性事件(比如载波的周波)在一定时间间隔内出现的次数。波段的使用和管理已经成为非常重要的全球性问题。频谱的全球性使用在20世纪20年代早期第一次被确定为一个问题,那时,无线电广播的出现导致相互干扰。这种干扰的最轻结果是导致广播的文化和金融潜能被抑制;最坏结果则是威胁到公共安全——淹没遇难和导航信号。频带不同于其他业已确定的财产形式,因为它是"看不见的"实体,以前没有类似物。

相互干扰问题在具有重大影响的1927年华盛顿国际无线电报会议上得以解决,这是全球通信史上一个决定性的时刻。美国在这次会议中起到带头作用,其主动性是美国将要在全球化的后续发展中扮演极为重要角色的早期迹象。代表们在两种观点——一种观点将频率作为一种财产,就像其他任何东西一样,最好留给供求关系规律去决定;一种观点将频率作为一种国际共有物,作为一种公共利益,应该为了所有人的利益和使用而进行管理——当中取得一种可行的折中方案。通过将电磁波频谱定义为一种共有领域——不属于任何人因而可以作为私有财产使用,代表们避开了生态学家加勒特·哈丁所称的"公地悲剧",亦即因为对共有财产的过度使用而产生的不当使用。在以政治混乱和相互反感为标志的两次世界大战之间的社会环境下,特别是20世纪30年代,这项关于频率使用权的全球性协议作为一项著名成果而凸显出来。

频道管理是最早将无形实体作为财产的国际共识之一。全球管理不是通过消除边界和界限而是通过超越它们才发生的——同时凭借 19 世纪晚期欧洲帝国的外源力量与美国的商业精神。频率相互干扰产生了一个只有通过国际合作才能够解决的协作问题。每个参与国都能够得到的互惠利益就是发展和使用无线电新技术的共同能力。20 世纪 30 年代经常被描述为一个去全球化的年代，这种分类掩盖了 20 世纪 20 年代以及第二次世界大战期间全球性融合所出现的实际性进步。通过国际无线电报会议而形成的无线电使用权的全球化产生了一个在政治和概念两个层面上的超国家组织。这种演变促进了一种环球意识，并鼓励通过重新强调或者创造国家和地方身份认同而更加努力地建立集体自主性。频带管理因而是一个有助于而不是阻碍自主性的全球化事例。

技术的出现以及管理的早期措施

正如"利维坦"号、"艾瑞特"号和"泰坦尼克"号所表明的那样，无线电早期的重要性在于其作为海上通讯的一种工具。特别是英国皇家海军研制了在海上通讯而不被发现的无线电技术——在它所有的无畏级战舰上装载了马可尼无线电装置。第一次关于管理无线电的呼吁来源于船—岸和船—船的报务员，他们因为马可尼公司对无线电技术的垄断而感到沮丧，因而于 1903 年在柏林组织了一次国际会议。柏林会议——只关注海事用途——建立了全球无线电管理的指导原则："无线电报电台应该尽可能按如下方式运行，即不干扰其他电台的工作。"

这项原则在 1906 年第一届国际无线电报会议上被再次确认。第一届国际无线电报会议也为海事用途和部门用途（比如军事用途）的电台制定了特殊的频率（那时以波长测定），并责成签约国向国际电报联盟的国际局提交包括使用频率在内的技术数据。国际电报联盟——形成于 1865 年，以管理新的电报产业——是世界上该领域中最古老的国际组织，说明了通讯由集中性向全球化的发展变化。虽然国际电报联盟——简称伯尔尼事务处——没有正式权限，但是，它是国际无线电通讯信息交换中心和现代国际电信联盟的前身。向国际电信联盟报告频率的惯例非正式地确立了第一次使用某个频率的电台或机构的法定权利。没有遵循柏林协议有关规则的国家，特别是那些关注不相互干扰的国家，发现与签约国谈判无线电使用权比较困难。如此，虽然早期的无线电会议没有制定本质上的国际法，但是，它们确实为多边无线电谈判建立了标准。

1912年伦敦国际无线电报会议因为"泰坦尼克"号灾难而召开，并关注海事无线电管理。伦敦会议进一步将不相互干扰原则制定成为法律文件，规定："无线电电台的运行必须尽量按照如下方式组织，即不得干扰其他同类电台的服务。"伦敦会议的代表筹划1917年在华盛顿召开下一次会议。然而，第一次世界大战限制了通向一个更加广泛的国际无线电协议的步伐，尽管军事战略驱使无线电技术取得许多进步。因为陆上线路容易受到攻击，交战国，特别是协约国，利用无线电传送密码。协约国间信号和无线传输委员会监督运行事宜，协约国间无线电报委员会则负责管理诸如波长和设备等技术问题。

虽然规章制度在第一次世界大战之前就已经出现，但是，只有传输技术经过改进之后，多方空中下载技术的使用才变得可行——包括广播，这个来自农业的术语，意指在田地中撒播种子。在1920年之前，广播信号功率较弱并且不可靠。1916年，在圣多明各的美国无线电台报务班长告诉多米尼加共和国的美国公使馆说，他在接收和发射信号方面遇到困难。一年之前，一位美国信号官告诉他的指挥官说："我知道在海地没有能够传送信息的无线电台，美军使用的那些电台例外……大家知道的唯一在运行的接收装置就是位于太子港圣路易斯学院的那台小装置。"最早的无线广播电台，特别是诸如在法国的里昂和马里兰的安纳波利斯之间的国际电台，用来处理外交或新闻事务的通讯。然而，有迹象显示，广播是未来之波。在1920年之前，日本拥有22家无线电台，虽然它们面

第四章 无线电广播的自由，抑或电磁公有物？20世纪20年代的全球性、公共利益和无线电多边谈判

临时间限制，比如，船桥电台以商业为目的广播时间被限制在每天9个小时。在美国，1912年《无线电法案》所规定的限制在1918年有所放宽，允许公司为政府生产无线电设备而无须支付专利费——因此而导致广播的繁荣。西屋KDKA电台是第一家公共电台，于1920年11月2日首次播送了哈丁—考克斯之间总统竞选的选举公告。在底特律，WWJ电台进行了第一次商业广播，时间也是在1920年。无线电公司也立即努力向海外扩张。美国无线电公司于1919年应海军代理部长富兰克林·德拉诺·罗斯福之命而成立。美国无线电公司希望通过加强美国的无线所有权以对抗英国无线电报垄断，而且它还调查了在委内瑞拉建造无线电台的前景。阿根廷无线电报公司获得在古巴——美国官员已经确定古巴具有潜在的干扰威胁——发射和接收国际信号的专营权。其他国家，比如厄瓜多尔，禁止私人使用无线电报和电话设备，这实际上赋予国家垄断广播的权力。欧洲国家遵循相似的路径，在后来的广播频率谈判中明确了主要矛盾：私人所有权与公共权利。

协约国无线电报委员会——成立于1919年——针对国际无线电和海事通信都草拟了建议草案。这些建议成为EU-F-GB-I协议——法语首字母缩写代表赞同的国家（美国、法国、英国和意大利）。这项协议要求对国际无线电和海事通讯进行管理，包括"建立国际通信办公室，并对影响国际通信的各种国际公约进行合并统一"。基于这些建议，这四个协约国国家于1920年在华盛顿集中制定管理规则，直到下一次无线电报会议召开。这次集会主要考虑三个问题：如何处理缴获的德国电缆；现存的版权协议是否适用于无线电；以及如何将预料中的广播干扰降到最低。一位美国高级官员曾谈到"国际电力通信发展的落后"。英国代表——表达了欧洲的情绪——则想"看一下他们已经习惯了的国际合作是否无法延续"。代表们努力"作一些必要的修订以使1912年的条约符合无线电技术的进步——这些修订在中立国确保正式批准之后有意强加给轴心国"。他们的工具就是最新创立的世界电信联盟，它可以

管理所有形式的电力通信。尽管最初很乐观，但是拟议中联盟还是胎死腹中。导致分裂的首要问题是谁应该控制海底电缆。

根据《凡尔赛条约》（第八部分，第244条，附件七），协约国控制了德国电缆。英国人认为他们应该占有电缆的最大份额，因为他们在战争中遭受了重大损失而且"控制电缆是（一种）使用海上力量的合法举措"。日本想要德国在太平洋中的所有电缆，同时，法国和意大利建议与美国签署联合拥有德国所属的、连接它们各自国家的跨大西洋电缆的协议。美国人想要所有公开租赁的跨大西洋电缆，因为他们担心英国人会将他们的"红色线路"（all Red Route）电缆统治扩展到无线领域。电缆问题影响无线电的讨论，因为无线电信号传输在远程信号特别是海外信号方面仍然需要电缆。

英国是第一个认识到无线电的全权性潜力的国家——如果只是实现次级目标的话。记者查尔斯·布赖特在1909年写道："无线电报看起来不可能及时地被相对不太重要的或者不太紧急的通信所利用，也不可能通过它向帝国的各个部分大规模传送新闻。"他补充道："在这些情况当中，经济实惠比迅捷和效率更加重要。"两年之后，布赖特注意到"与这个新发明直接相关的问题是，我们如何能够通过一个单一中心对其加以控制"。对这一中心化控制的探索驱使英国希望沿着公共线路组织无线电报线路。相反，美国对拟议中的跨大西洋电缆则支持一种私有模式。尽管无线电的益处众所周知，比如它对天气和故意破坏的抵御能力，但是电缆仍然是一种尚待估价的资源，并不只是因为它更加容易受到沿着国家线路的财产所有权的影响。威尔逊总统对"电缆的国际化"所持的乐观态度荡然无存。就像美国参议院从来就没有批准国际联盟一样，针对电缆问题的全球性解决方案因为相互冲突的国家利益观而遭受挫折，结果造成全球范围内公共所有权和私人所有权的不平衡模式。

另外，协约国还因为如何将现存的版权法运用到无线电广播而感到困惑。1886年关于文学和艺术作品保护的《伯尔尼公约》中就已经建立了国际版权法。条约的签约国承诺尊重其他签约国的版权法，这就对保护创造性工作的知识产权形成一种暂时的全球性理解。然而，这个公约是否适用于无线电广播仍然不清楚。正如一位美国官员对一群无线电企业的领导人所说的那样，"似乎没有人知道现在的版权协议是否保护那些无线电传输的资料"。首先，很难对无线电广播的使用权进行管理。因为广播对众多接收者采用多频率分散式的信号传播方式。同代人将广播或者比作为"无限广阔的音乐厅"或者比作为"*longissima manu* 的声音复制品"。版权持有者如何能够确保他们的资料只在他们允许的情况下才被使用？是版权持有者还是广播公司属于资料的创作者？广播在何种程度上能够被监控？美国既没有参加《伯尔尼公约》也没有参加国际电报联盟，因而使关于广播版权的国际协议几乎无法实现。英国主导的关于合并国际电报联盟和国际无线电报会议——其可能潜在地提供一个也许会解决版权问题的国际论坛——的建议也因而失败。

美国在其私人无线电行业的激励下更加关注其自身的广播版权。因为美国的商业利益集团支持一个开放的市场。相反，欧洲无线电行业严格按照国家路线发展，因而支持对其认为具有公共财产性质的事物进行严格的全球化管理。正如美国代表所指出的那样，主要问题是"国际通讯需要授权吗，比如许可证或者其他什么东西——或者任何一个汤姆、迪克或哈利，如果没有许可证，他们都可能被允许经营国际通信业务吗"。正是这种没有约束的接受权所产生的威胁导致了全球性无线电管理。问题——所有权和接受权——对所有人都很明显。商人们认为"商业公司想确定在某种服务上花费一大笔资金之后，他们应该拥有他们可以使用的某种波段"。政府官员则担心跨边界干扰："假设有两个不相邻的国家，它们都不属于公约成员，而且它们在交换无线电时全然不顾公约的任何条款……它们就有可能使其他每个国家都陷入混乱。"绊脚石代表着通常的观点，即"认为国家拥有宇宙（意指领土之上的空间）"。美国无线电公司的查尔斯·尼弗认为："如果存在某种国际协议，那么它就应该被限于在仅有的某件事情上取得统一性、阻止电台的干扰、波段的分配以及诸如此类的技术问题。"

1912 年的《伦敦公约》中已经分配了一些严格限于政府使用的波长，包括海事使用，但是它没有解决广播问题——那时广播还没有存在。1920 年的《华盛顿公约》中开始讨论版权和广播分配问题，包括"服务的分类和无线电发射台、波长的分配、移动发射台所需满足的条件，以及 60 米波长的使用（业已建立的海事遇难频率）"。然而，因为电缆、版权和广播问题的分歧，以及德国、俄国和许多小国家在本次会议上的缺席，华盛顿会议没有取得更进一步的发展。如果后来的无线电会议效仿世界电信联盟谈判，全球性无线电管理可能就被简单地提前结束了。

然而，无线电技术在 20 世纪 20 年代的发展使得远程广播成为现实，结果产生了无线电的繁荣和迫切需要进行全球性管理的频率混乱状态。再生接收机电路和真空管振荡器——两者都发明在战争期间——容许持续波产生并使得持续无线电广播成为可能。高频交流发电机——产生于通用电器试验室——在 1917 年容许进行海外无线电电话广播。威尔逊总统在 1919 年参加巴黎和会的途中就使用这种技术与华盛顿保持通讯。因为早期无线电话交流缺乏私密性以及调谐设备的发明使得在一个接收器上可以调出多种波段，广播因而获得进一步发展的推动力。

无线电在美国得到特别快速的发展。至 1922 年，共有 690 家独立的广播电台得到联邦政府授权在 833 千赫和 750 千赫仅有的两个频道之一进行广播。增添混乱的则是逐渐增多的无线电业余爱好者——短波本地电台的经营者，他们使用美国无线电公司于 1924 年发明的短波发射机——他们可以更长距离地转播更加清晰的信号。专利纠纷在 20 世纪 10 年代曾经困扰这个行业，但在 20 世纪 20 年代则因为美国无线电公司——由几家具有竞争关系的无线电利益集团组成的联盟——所取得的规模经济效益而得以消除。此外，美国广袤的地理环境，以及其分布广泛的人口，意味着一个全国性的无线电台是不切实际的。华盛顿将无线电以州际贸易业形式加以管理的努力因为私营企业提出的几件成功诉讼而被搁置,因而频率干扰很快达到蔓延的程度。1926年几乎有200家新电台出现,这促使政府在1927年成立联邦无线电委员会。联邦无线电委员会——成立于1933年的联邦通信委员会的前身——颁发执照并管理无线电台而且也禁止电报、电话和无线电公司拥有或者建设彼此的基础设施。

频率干扰在欧洲也猖獗一时。欧洲的无线电台,苏联电台例外,经营公共广播。它们大多是一些小型国家,因此只需要有限的频率间隔就可以覆盖整个国家。其中许多都是多民族国家,这就增强了如下观点的力量,即政府必须以公共利益的名义经营广播——在这种情况下,可以满足民族多样性要求。因此,干扰与其说是一个国内问题还不如说是一个国际问题。欧洲广播的公共属性让它在规模上具有某些优势。比如,路透社在20世纪20年代是世界上唯一真正的全球性通讯社(美联社以及其他通讯社都属于国内业务),这让英国在影响国外新闻报道方面具有优势。

1927年国际无线电报会议:
全球主义与民族主义

20世纪20年代是一个国际通信大发展的时期。从电报到无线电的转换虽然仍没有完成,但是无线电特别是无线电广播的发展确实令人惊愕。转换如此之快速和不均衡,足以对国际体系构成严重挑战。由于以前各种会议存在多种局限性,因此需要一种新的解决方案。1912年的《伦敦公约》——至1927年已经有97个国家表示支持——预示着无线电具有越来越大的重要性,但是这个协议对广播权问题却保持沉默。1922年在华盛顿举行的裁军会议解决了军事无线电的使用问题,但是,就像1920年的华盛顿无线电会议一样,它仍然是协约国在有限范围内的一次积极探索。法国在

1925年游说举行电信会议以统一无线电和电报公约，但是，这个想法被美国、加拿大和几个拉丁美洲国家所拒绝。这些没有签署国际电报联盟的美洲国家反对欧洲电报的国家经营属性，并且通过规避国际协议的方式寻求保护它们的私有电报企业。公共和私人所有制在哲学观念上的不同也给无线电谈判蒙上了不同的色彩。许多国家都向1925年巴黎的国际电报联盟会议提交了无线电建议。这些建议——经由国际电讯联盟伯尔尼事务处整理校对——成为1927年国际无线电报会议的基础。在坚持早期诸如国家领土和技术兼容性等观点的同时，1927年国际无线电报会议的建议代表了一种全球性通信管理的新模式，这种模式容许广播同时作为企业和文化实体而发展。

1927年作出的这些决定继续影响着全球性无线电行业，但是其中最重要的莫过于频率使用权的全球性分配。这次会议认识到"无线电通信得以传输的无线电频道的数量是有限的"，因此，如果缺少足够的国际管理，结果就会出现相互干扰。36个国家的代表来到华盛顿参加会议。不像以前的会议，本次会议也邀请了许多企业和私人组织，包括诸如BBC、法国广播公司和丹麦无线电股份有限公司，以及像国际业余无线电联合会一样的私人使用者团体，还有诸如西方电报公司联盟和比利时无线电技术协会等无线公司。代表们到东海岸无线电广播站点参观，而且通过到弗农山、史密森博物馆旅行并与杜克大学海军后备军官举行足球比赛等方式进行放松活动。代表们充分意识到本次会议的历史意义，他们的代表证上印有一张"本杰明·富兰克林在其早期实验中用风筝导引云端电流——虽然早于无线电使用之前许多年，但是非常有意义地预示了那种通信方式"的照片。

伯尔尼建议书提出的1700项建议构成了本次会议的框架。其中最重要的是关于本次会议规则的第五条，即处理波长问题。关于无线电的私人和公共管理的不同哲学理念问题通过一个著名的妥协方案而得以解决。本次大会制定的规则分为一般规则和有关电报价格的补充规则两部分,每一个国家都同意前者,而加拿大、美国和洪都拉斯则因为商业和外交竞争而不同意后者。正如美国无线电公司的曼侬·戴维斯所警告的那样:"英国人已经控制了电缆……难道他们在控制一个合并了无线电和有线电报的会议上不占有有利位置。"美国和加拿大的代表希望国家主权问题从管理问题中分离出来,他们认为管理问题应该由每一个政府进行控制,而且他们希望所有而不是大多数参与者都同意这些建议。代表们最初抵制国际协议——"当来自世界各个角落的礼帽、大礼服和军乐队偶然碰到一起的时候,政府才能够进行正式讨论,那就太迟了"——但是他们也认识到广播是一个需要全球性管理对市场动力进行组织的领域。实际上,无论在国内还是在国际上,无线电是有限的几个需要管理的行业之一。一些公司对这种新媒介潜力的理解体现出远见卓识。比如戴维斯告诉代表们:"我不知道还需要多久才会发生,但是你们所有的先生们都无疑认识到在未来某个时刻,信息的传播不再通过点和长划,而是通过复制信息的原始书写状态。"

  国际无线电报会议的通讯稿既公布了会议的广阔范围,也公布了频率分配这个主要问题。它们还发布了本次会议所覆盖的无线电业务,包括商业、新闻、政府、业余爱好、试验、广播、灯塔、导航以及遇难服务。代表们面临一个最重要的哲学思想问题,即频率属于"财产"吗?如果属于,它们将如何被分配?美国认为,频率应该按照公布的业务进行分配,而且电台不能拥有频率。其他一些国家,比如德国和拉脱维亚,则支持按照业已确定的业务优先进行分配。正如一位代表所观察的那样:"波长就像某个特定国家的公民发现了一个岛屿一样,这个岛屿应该属于发现它的那个公民的国家。同样,波长也应该属于首先使用它的那个公民的国家。"其他代表则不同意这种意见:"无线电属于自生自长……我们将会发现一些人拼命反对可能被分配用作其他目的的波长……如果你因为善意的原因而无法让一位擅自占据波长的人离开,那么,你可能不得不支付他一定费用。"异常中断的1921年会议已经考虑以发射波型为基础分配频率，但是这种思想到 1927 年已经过时，因为那时持续波已经超越了阻尼波。在会前讨论中，出现了一种共识，即"在从事国际业务的时候，应该给予在公共服务领域中首次使用某种特定频率的电台以应有的考虑"。如此一来，事实上的优先权就被建立起来，即使这次会议没有将这项原则编成法律。

广播权在国际无线电报会议的商讨中占据重要位置，因为广播在本质上属于政治。广播很快成为民族主义的一种工具，特别是在欧洲，在那里政府拥有广播频率。结果，伯尔尼建议书中的许多建议和主张以国家邻近次序为基础进行频率分配。德国特别支持这种观点，也许由于它被具有竞争关系的广播公司从四面八方所包围的原因。即使建议按照业务类型进行分配的国家也采用了民族主义的观点。

爱尔兰自由邦是按照业务分配的有力支持者。它于 1926 年建立了世界上第一家国家广播公司，即爱尔兰广播公司（后来改名为爱尔兰电台）——以强调无线电文化潜力的白皮书为基础。这样一种公共政策的效力立即就引起争论。保守的农民党领袖 D. J. 戈里认为，无线电内容应该"根据道德和国家立场进行仔细审阅，我们不希望我们青年的思想被其他国家的青年所吸收的一些废物所污染"。另外一些人，诸如联合主义者下院议员布赖恩·库珀，则反对大多数民族主义者所持的立场："我担心，如果我们将无线电广播建立在排外的爱尔兰的基础之上，那么，结果可能是'丹尼少年'每周播放四次，即便有所变化也是通过乔装的方式"。在建议按照行业分配的过程中，爱尔兰按照民族主义的观点认为"广播是分散的农村居民快速接受极其重要信息的唯一手段"，比如天气和股票价格等，这预测了后来 Sky 和 CNN 的卫星服务。爱尔兰的例子也反映出无线电对国家建设的至高无上的重要性，特别对那些小的或者新兴国家或者还没有自己国家的民族组织而言。

虽然西欧在其支持行业分配方面接近统一，但是，这样一种方案并不是没有问题的。行业频率，特别是并不重要的行业，整个欧

第四章 无线电广播的自由，抑或电磁公有物？20世纪20年代的全球性、公共利益和无线电多边谈判

洲大陆都不相同。管理国际通信的建议，比如沿着多瑙河的通讯，看起来要挑战以国家为基础的欧洲模式。当法国和英国建议传输国际信号（也就是跨越至少一个国家的边界）的固定电台只要没有引起干扰就可以在那种行业所规定的范围之内使用任何频率的时候，一种潜在的突破就出现了。如果存在干扰，它们建议就应该达成多边协议。这项建议与美国为全球性解决方案制定框架的计划高度吻合。

美国的私人利益集团对约束性的、以国家为基础的分配方案持有戒心。它们特别反对那些强迫美国接受国外信号传输的措施，而喜欢将自身利益作为推动力量。因为内心持有这种考虑，所以美国代表团提议每一个国家都监管自己国内的管理问题。国际通信则应该遵循不干扰原则："任何一个高级的签约方都可以在其权限之中为任何无线电台分配任何频率，唯一的条件就是它不能干扰任何其他国家的任何通信。"频率分配表因此可能只适用于那些"本质上能够产生实际性国际干扰"的信号传输。换句话说，只要不出现相互干扰，国家在国内广播中就可以保留自主权。这个协议可以被命名为"全球化的必然"。

也许因为1927年国际无线电报会议上达成的全球性协议是通过间接方式完成的，因此它也提出了拟议中的国际通信公有物的主权和自由问题。一些国家，特别是一些比较贫穷的国家，它们移动电台的代价比较沉重，因此不愿意放弃优先权。比如波兰就抱怨它不得不将一个1111.1米电台转换到它的新波段。代表们也关注接受权问题。国际无线电报大会关于这一问题的最重要决定是将每秒500千周（600米）波段确定为国际呼叫和遇难频率。瑞典和匈牙利建立520~60千周（580~45米）波段广播的建议被加拿大和美国所阻挠，加拿大和美国警告说："在人类海上生命安全和广播需求之间作出妥协是不明智的，人类生命必须首先得到考虑。"国际无线电报大会接受了荷兰的建议："（我们）必须需要一块'没有人类的土地'，在那里任何人都不允许进入。我们将它给予我们的

海员和承运人。"海上安全是一个特别能够引起共鸣的问题，因为在本次会议召开期间意大利"普林奇佩萨马法尔达"号客轮在巴西海面上沉没。无线电遇难信号拯救了1700多人的生命，因为有来自六个不同国家的船只在一个小时之内赶去营救人员。

如果某些欧洲国家想要扩大的广播权，那么，美国就低估了其他国际行业的重要性。华盛顿反对欧洲关于特殊的气象波段的要求，相反却喜欢依赖它自己的系统。欧洲把气象看做一个国际问题，因为对这样一些气象信息的干扰对依赖这些天气预报的船只和空中交通形成全球性威胁。本次会议最终为天气预报分配了间隔，同时还有航空器呼叫和遇难服务、时间信号、无线电测向仪以及其他点对点服务信息。这些基本的国际业务在第五条款——为国际通信提供自由——中得以解决。代表们因此同意一个全球性的紧急灾难信息服务系统，这是有限全球化的另外一个例子。

国际广播也提出了主权和自主权的问题。虽然不干扰原则将要指导可能与国际边界相重合的国内广播，但是远程广播更加难以管理。远程广播，或者中继广播，比普通短程广播电台使用更高的频率，因此对环境影响更加敏感。国际无线电联盟的代表强调长波对广播的重要性，因为它们容许在高山地区和非常遥远的农村地区传播信号。殖民国家，特别是英国和荷兰，最关注将中继广播作为统一它们辽远帝国的一种工具。荷兰人认为，他们的远程广播应该对较高频率拥有优先权。热带地区的国家——静电干扰更加普遍的地区——也支持为中继广播单独分配短波频率。

虽然华盛顿对长波的使用态度冷淡，但是远程广播在美国私有企业中还拥有许多朋友。无线电工程师顾问阿尔弗雷德·戈德史密斯认为，中继广播"不只是一个人到另一个的通信，在某种意义上却是一个国家的人寄送的信息……因而它带有某种类似国家行为的特征"。荷兰，就像其他殖民国家一样，在为中继广播要求独立波段的同时，它也反对在国际水域威胁它主权的任何规定。因此，关于中继广播的最终规定就属于自愿性质——容许在长波已经存在的地方对有限的广播权进行地区性管理。

国家自主权问题也影响到最终协定在一般规则和自愿性附属条款之间的分歧，前者（主要包括分配表、服务管理和点对点信号传输）所有的签署国都支持；后者包括诸如电报通信价格等竞争问题，不同国家对此产生分化。本次会议的双重性反映了私人所有权和公共所有权对广播权的分歧："在欧洲，那里的国家在面积上相对较小且在数量上相对较多，语言各异，风俗习惯和技术发展程度差异很大，因此看起来似乎有必要在国家之间建立全面而详细的协议"；但是"在北美大陆，那里的国家国土宽广并且说同一种语言，因此全面而详细的国际公约并非首要需求"。实际上，美国认为市场可以独自降低干扰，并且管理广播"不仅仅损害科学的进步，而且影响经济的健康发展"。

欧洲希望将国际无线电报会议和国际技术委员会联合起来的要求也遭到美国和加拿大的反对，美国和加拿大都要求自主地建立它们自己的电讯价格。欧洲国家——拥有它们自己的广播电台——可以立即执行这些规则，但是，北美政府需要单独的国内法律以强迫私人利益集团去遵守任何新的国际规则。西欧官员也希望设在伯尔尼的国际技术委员会作为争论的最终仲裁者，但这个建议被美国以国家主权为由而拒绝。结果，伯尔尼事务处就承担起其目前作为技术顾问团和信息交换所的角色。尽管已经达成分享频率波段的协议，但是大会的分歧结构显示出全球性思维在 20 世纪 20 年代的局限性，那时民族主义和民族自主性的要求正处于优势地位。

地区性协议的存在也削弱了本次会议的全球性影响。因为伯尔尼事务处拒绝了惩罚性权力，因此国际无线电报会议实际上已经成为一个自愿协议。签署国将在多边结构中解决多边问题。这种结构并不奇怪，如果全球性无线电规则就像当代人所看待的那样——作为一种异常广泛的多边协议。因此，国际无线电报会议的代表鼓励使用地区性协议——其中许多地区性协议都早于国际无线电报会议——以确保本次会议能够有效地起作用。北美广播电台协定为加拿大、美国和墨西哥提供了一个仲裁争议的论坛。英国授意成立的国际广播联合会则在欧洲广播公司当中起到类似作用。在操作层面上，本次国际无线电报会议的结果代表这些地球性协议的融合，而且它本身鼓励制定更进一步的双边和多边协议以支持不干涉原则。因此，1927年提出的全球性无线电使用权力就这样成为一种扩展了的多边主义的结果。国际主义扮演了全球化的助产婆角色。

巩固和拓展全球规制

本次国际无线电报会议将其他几个小问题编制成法律。比如，快速变化的技术所带来的挑战随着火花装置的禁用而得以解决——火花装置发射的阻尼波引起干扰。另外，本次国际无线电报会议确定了可以接受的不同层次的分配波段、英国授意的国际信号电码、移动无线电经营者最低标准、电台呼叫信号系统，以及在频率表上为业余爱好者提供的间隔。

然而，本次国际无线电报会议的主要成就是通过频率分配表而建立了频率使用权。这张表陈列在一个近似神秘的复杂结构之中，占据了商务部豪华会议室的一整面墙。然而，这张表在很大程度上却对高频（短波）管理保持沉默。这些波段——只是刚开始开发使用——主要被海事和航空服务等国际电信业务（比如外交通信）以及业余爱好者所使用。短波在20世纪30年代被开发运用于对发展中国家的广播，这是减少工业国家与殖民地国家在理论和实践方面差距的一个决定性步骤。国际无线电报会议协议的局限性在20世纪30年代比较明显，当时"干扰台"——另一家广播的故意干扰——分布广泛。干扰台难以防范，尤其因为国际无线电报会议相互赞成的原则是建立在防止无意识干扰的基础之上。奥地利可能是这种技术的第一个实践者，不迟于1934年奥地利开始使用它去抵抗纳粹的宣传。在1936年，国际联盟和平事业公约联盟吸引了37个签约国，它们保证不因为政治原因去干扰或者使用无线电。德国

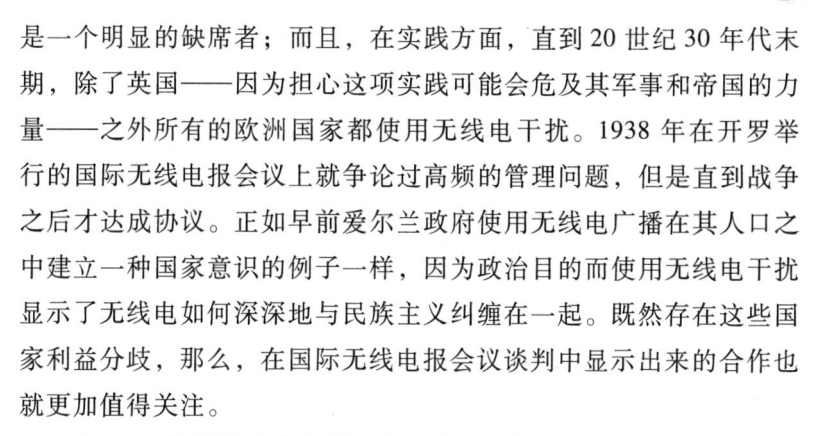

是一个明显的缺席者；而且，在实践方面，直到20世纪30年代末期，除了英国——因为担心这项实践可能会危及其军事和帝国的力量——之外所有的欧洲国家都使用无线电干扰。1938年在开罗举行的国际无线电报会议上就争论过高频的管理问题，但是直到战争之后才达成协议。正如早前爱尔兰政府使用无线电广播在其人口之中建立一种国家意识的例子一样，因为政治目的而使用无线电干扰显示了无线电如何深深地与民族主义纠缠在一起。既然存在这些国家利益分歧，那么，在国际无线电报会议谈判中显示出来的合作也就更加值得关注。

在1927年国际无线电报会议五年之后召开了马德里会议。即使不是革命性的，马德里会议也取得了一些非常显著的制度性进步。比如，它融合了《国际无线电报公约》与《国际电报公约》，反映了从19世纪的国际方法到20世纪的全球性方法的制度性过渡。马德里会议也创立了国际电信联盟，这是一个处于全球性电信管理前沿的组织。这些制度性发展将华盛顿会议达成的产权协议置于新兴的全球治理框架之中，全球治理框架在两次世界大战之间数年间开始形成，繁荣于第二次世界大战之后——正如阿德里安·琼斯在他那一章关于纽伦堡的不同背景中所介绍的那样。

国际无线电报会议协议经过多次修订，特别是作为发展中国家在国际电信联盟世界无线电管理会议上要求更大频率接受权的回应。然而，其所有权原则仍然在起作用。华盛顿模式反映了包含着关于频谱的公共和私人使用之间争论的意识形态上的妥协。设计频率表的目的是为了防止相互干扰而引起的全球性无政府状态，即哈丁"公地悲剧"的典型潜在案例。但是，这个表也创造了人为的短缺，因为国内的管理者对少数利益集团授予有限的频率使用权，这样它们就优先于潜在的巨大公共利益，并且阻止了普通大众对广播频率的充分利用。尽管如此，但是国际无线电报会议确实建立了一个先例。虽然国际社会继续使用国家管理模式去处理其他逐渐浮现出来的所有权类型，但是，它效仿国际无线电报会议的妥协从而放弃一些自主权并集中起来达成一种全球性共识。这样的"全球主义"采取了信息共享、协调以及相对政治分歧而言技术变革重要性增强的形式，所有这些因素都构成国际电信联盟继续工作的核心。这种妥协已经帮助削弱一些——虽然不是所有——普遍意义上民族国家之间的地方性摩擦和特殊意义上的北方与南方国家之间的地方性摩擦。

结　　论

　　管理扮演了一个看门人的角色。频率管理给去领土化的领域带来一些秩序，并证明了民族国家——远非总是保留其自主权——有时能够在孕育全球化方面同谋一致。正如互联网服务提供商在当今电子媒体世界有效地行使巨大的权力一样，在无线电时代"拥有"频带上的一处间隔也是极其重要的，即使今天仍然如此。无线电管理模式被后来陆基电视广播的国际协议所采纳。卫星广播最初看起来给予国际通信管理以致命一击，因为广播提供者和接收者不再必须属于同一个国家。然而，出席1971年关于空间电信的世界无线电管理大会的代表们同意将卫星解释为"高空飞行的天线"，如此一来卫星广播就进入国际无线电报会议的模式。卫星信号传输只有在政治上互不承认的国家之间才受阻，比如美国和古巴。一种更加激进的解释，即以其支持者阿帕德·鲍格胥——世界知识产权组织的前领导人——而为人所知的"鲍格胥理论"，强调卫星广播提供者和接收者双方的自主权，并且认为所有接收者国家的法律都应该逐渐适用于卫星广播。因此，"鲍格胥理论"针对国家而言强调全球性和世界性，代表了对旧有的那种事实上把无线电作为民族国家组成部分的理解的一种决定性突破，并且预见到新型"虚拟社区"的出现对管理所带来的不确定性。

　　这些新型虚拟社区"不仅因为地理上的接近，而且因为共同的价值观、目标和经历"而联合在一起。它们潜在地威胁着国际无线电报会议所促进——如果在实际中不是总是被保护——的全球性平衡。正如莱斯利·帕尔在其关于国际互联网治理的论文中所详细阐述的那样,一个私人实体——互联网名称与数字地址分配机构——而非一个多边协议在国家互联网管理中起着最大作用。互联网名称与数字地址分配机构像国际无线电报会议的地方在于它是一项美国主导的创举,很大程度上反映了私人所有制的哲学思想;互联网名称与数字地址分配机构不像国际无线电报会议的地方在于它几乎不允许非美国人的意见进入其决策。如此一来,它就无须对其服务的全球信息收受者负责。也许世界信息社会峰会——帕尔也讨论过的一个全球性信息技术参与者所组成的联合会——将会指明一条通往符合国际无线电报会议精神的、更加具有全球包容性的国际互联网治理结构之路。这些新型虚拟社区是否会包含在已经存在的全球性管理模式之中,为那些不受全球性同化力量影响的自主性表达创造新的舞台,或者产生新的不可预知的剧情,这些都是当前非常紧迫的问题。

社会学家克莱夫·凯斯勒在 2000 年认为,全球化"正如所论证的那样,现在正在人类历史上首次创造出一个属于唯一联合起来的人类所拥有的详细的社会基础结构,一个世界性的人类共同体:一个人类相互依存的网络,一个广泛包含相互命运的网络"。20 世纪 20 年代和 30 年代的无线电谈判形成了这一进程的一部分。虽然无线电迅速成为国家信息管理的一个工具,但是,它也为异议、抵抗以及自主性的保护和创造创建了新的、有益的媒介。国际无线电报会议谈判预示着一个从国际共存到国际合作和相互依存的转变。无线电固有的"全球性"本质使全球性管理方法成为一种必要。这个过程当然不平坦,特别是其倾向于支持工业国家而不是欠发达国家;虽然如此,但是它依然使这个媒介得以去领土化。当国际无线电报会议的代表们最初追求竞争性的国家利益的时候,他们被迫通过全球性思维以解决相互干扰问题。全球性意识逐渐增长的过程既使国际利益具体化——由于代表们试图将他们的观点置于预先存在（既属于地理也属于文化）的边界之中，又有助于创建一个新型的、全球性的、共同努力的舞台。

（刘仁胜译，中央编译局）

第五章 范式转换与纽伦堡审判:
作为国际法主体与目标的个体

阿德里安·琼斯

初看起来,由于温和的法庭环境和详尽而琐碎的程序性事务,前南斯拉夫国际刑事法庭(ICTY)在荷兰海牙的开庭似乎并没有受到太多关注。然而,这种烦琐并没有削弱国际制裁法程序的巨大社会意义。被前南斯拉夫国际刑事法庭起诉的人中,有一位是前塞尔维亚和南斯拉夫总统米洛舍维奇(Slobodan Milosevic),他坐在离公众和记者席大约20米远的地方,一块将法庭封起来的隔音玻璃挡板将他与公众和记者席隔离开来。尽管在2006年3月的后期审判阶段,他出乎意料地死了,但是,作为第一次对在任中的国家领导人的犯罪行为进行的起诉(和连续的审判),这样的程序是国际刑事司法中的先例性发展。像米洛舍维奇和前利比亚总统查尔斯·泰勒这样的国家领导人的名字已经在全球范围内臭名昭著了,但是,对他们进行国际刑事犯罪的起诉却是较为新近的发展。因此,必须从历史的角度来理解国际刑事司法的最新发展和重要性。在这种情境下,纽伦堡审判可以看做一个历史的转折点。人们不能否认后来的东京审判的重要性,但是,纽伦堡审判被广泛认为是国际法的分水岭,因为远东国际军事法庭的宪章基本上遵从了纽伦堡法庭的法学精神。①

纽伦堡显然勾起了人们的某种情感和深思,但是,总的来说,它还没有在更大的范围内被详细地表达出来。它的意义更多地体现在促进了对个人价值、尊严和责任的规范、期望以及理解方面的基本转变,而且这些都被写进国际法并得以发展。个体作为国际法所调节的直接主体以及作为国际法保护的最终目标,纽伦堡审判在提升或确定个体的不同情况方面迈出了决定性的一步——自以前的国际法时代以来的一种范式转变。② 在这里,范式这个词主要是基于世界是被理解的存在论假设。在纽伦堡之后,人们对主权国家的国际体系的传统看法日渐式微,而通过国家刑法原则和目标同样将个体包含在内,并且对这种将个体包含在内的全球社会有了更为全面的看法。这样的思想认识和情感内涵已经通过国际规范、条约、制度和政治话语而逐渐全球化了。

上述不仅仅是说国际法的重要进展。更基本地,全球性的规范性的觉醒紧随第二次世界大战而出现,二战是人类历史上表现出空前广度和深度残暴的灾难性冲突之一。纽伦堡审判强调了这一全球化时刻的性质和广度,彻底改变了国际法的范围和区域界线。个体包括国家官员被认为要对武装冲突期间在本国范围以外所采取的行动负责,而且也要对本国公民所采取的行动负责,这一观点改变了传统的疆域范围内国家主权的规范。与之相反而且新颖的观点是,不论公民身份和居住地,所有的个体都有权得到基本保护。实际上,逐渐为人所知的国际人权的独特性质是,与

---

① Kriangsak Kittichaisaree, *International Criminal Law* (New York: Oxford University Press, 2001), 19.

② Andrew Clapham, "Issues of Complexity, Complicity and Complementarity: From the Nuremberg Trials to the Dawn of the New International Criminal Court," in *From Nuremberg to The Hague: The Future of International Criminal Justice*, ed. Philippe Sands (Cambridge: Cambridge University Press, 2003), 33; Jackson Nyamuya Maogoto, *War Crimes and Realpolitik: International Justice from World War I to the 21st Century* (Boulder, CO: Lynne Rienner Publishers, 2004), 6.

第五章 范式转换与纽伦堡审判：作为国际法主体与目标的个体

政府相比较而言，拥有人权的主体主要应该是个人。绕过主权国家而将权利赋予所有的单个个体，这一对孪生的纵向维度构成了在传统国际法这一更广泛的水平坐标上的明显的方向性区分。

本章将集中讨论个人自主（personal autonomy）的理想与国家主权和集体自主（collective autonomy）之间正在出现的张力。二战开始时，许多批评家就提出了这样一个观点，即认为当个人自主的某些方面，通常被概括为"权利"，被国家所否认时，个人应该得到国家以外的法律追索权或法律保护。在对二战中所犯的大规模暴行而作出回应的过程中，同盟国为纽伦堡审判制定了法律框架，从而在一定程度上解决了这些权利问题。在思考国家主权的限度方面发生的根本变化代表了个人的自主性与个人所属的国家的自主性之间的关系范式所发生的变化。这一进步最终形成了国际刑事法院（International Criminal Court，简称ICC）的永久基础，并从2002年开始得以应用。国际刑事法院不仅体现并将超越国家集体自主性的个人自主性这个二元概念制度化，而且在全球责任性和全球治理的层面上更加扩展了集体自主性的发挥。

历史基础：延续与中断

尽管第二次世界大战造成的直接物质损失、人类的痛苦以及对战士和平民所犯下的残暴恶行都是纽伦堡审判的直接原因，但是，纽伦堡审判程序却有着深刻的社会基础和历史背景。实际上，古老的斯多葛（Stoic）哲学传统崇尚的"自然法"是以道德伦理的基本概念为前提的，它包含着对从某个人的自我延伸到对某个人的家族以及到对所有人类的关心。[①] 这些情感和观点在文艺复兴和启蒙

---

① Derek Heater, *World Citizenship: Cosmopolitan Thinking and Its Opponents* (London: Continuum, 2002), 28.

运动时期再次出现。① 然而，像法国《人权和公民权宣言》和美国《人权法案》这样的人权法案的胚胎形式进一步强化了公民权、爱国主义和民族国家。② 这些宣言并没有试图通过外在于国家的审查来执行和实现，更不会引发正式同意的全球性义务。

最古老的国际犯罪之一就是海盗。然而，通过国际法来惩罚和阻止海盗的措施更多地表现为对实际问题作出的比较松散协调的反应，而不是通过规范性谴责的方式来共同解决问题。国际法逐渐地把海盗看做一种国际犯罪，因为在公海领域这一行为的边界是国际性的。某些犯罪通常都是发生在一国范围内的不道德行为——偷盗、抢劫等——有时也会发生在国际环境中。相比较而言，纽伦堡审判的特别之处在于引入或肯定了国际或"全球"犯罪，从而超越了常规的概念。除了直接跨越国界的影响，纽伦堡法庭非常权威地将那些犯罪看做对全球行为规范的内在侵害。国际犯罪并不包含所有违反人道主义或人权法的行为，它们只包括具有以下特征的一些暴行，即"对人的肉体和精神的直接和严重攻击"③。我们下面会讨论到，正如国际刑事法院的管辖范围所反映的，它们具有"最强烈的'和平与安全'要素或者与'人类的集体良知'强烈相关"④。这些犯罪对个人的"理想的、可达到的和迫切的自主"造成直接和根本的威胁。⑤

对武装冲突行为的治理也在二战之前。与对格斗中"勇士的尊敬"相关联的规范虽然不正式，却是永恒的："无论战争的艺术

---

① Derek Heater, *What Is Citizenship?* (Cambridge: Polity Press, 1999), 135.
② Derek Heater, *What Is Citizenship?* (Cambridge: Polity Press, 1999), 97.
③ Steven R. Ratner and Jason S. Abrams, *Accountability for Human Rights Atrocities in International Law: Beyond the Nuremberg Legacy*, 2nd ed. (New York: Oxford University Press, 2001), 13.
④ Bruce Broomhall, *International Justice and the International Criminal Court: Between Sovereignty and the Rule of Law* (New York: Oxford University Press, 2003), 23.
⑤ David Held, *Democracy and the Global Order: From the Modern State to Cosmopolitan Governance* (Stanford, CA: Stanford University Press, 1995), 206.

第五章 范式转换与纽伦堡审判：作为国际法主体与目标的个体

在哪里得以实践，勇士总是能将战斗员与非战斗员、合法的与不合法的目标、道德的和不道德的武器以及对战俘和伤员的文明与野蛮对待区分开来。这些规范很有可能在违反和遵守中都得到推崇，但是，没有这些规范，战争就不成其为战争——它就只是屠杀了。"①

亨利·杜南（Henri Dunant）帮助奠定了国际红十字会和红新月会的基础，也是第一个诺贝尔奖的获得者，他曾经倡导编撰国际人道法基本原则的现代法典。1864年《日内瓦公约》引入了对战争受害者的基本保护，并被1899年和1907年《海牙公约》所继承，《海牙公约》对战士和平民进行了区分。但是，这两个公约都与现代法律原则有着较为保守的关联。在经历了第二次世界大战的全面战争和后方战之后，国际人道法的性质和范围——国际人道法被设计为达到什么目标和如何达到目标——发生了极大的改变。对照国际人权法看一看，国际人道法实现了进步性的关注个体的转变。1949年《日内瓦公约》所设定的标准"体现了从战争策略到保护战争受害者（包括平民）的转变"②。

纽伦堡审判和东京审判的最直接的先行者是关于战争发起者的责任以及执行的一战后委员会（the post-First World War Commission），该委员会提出，1919年1月25日巴黎和会上所提出的和平条约授予对个人进行刑事审判的权限。③ 的确，纽伦堡国际军事法庭（the International Military Tribunal，简称 IMT）特别提及并参考将该委员会看做国际法原则下的个人刑事犯罪责任的重要先例。④《凡尔赛条约》第七部分"刑罚"，主要涉及的就是这些问

---

① Michael Ignatieff, *The Warrior's Honour: Ethnic War and the Modern Conscience* (Toronto: Penquin Books, 1999), 117.
② Maogoto, *War Crimes and Realpolitik*, 129.
③ Kriangsak, *International Criminal Law*, 16.
④ "International Military Tribunal (Nuremberg), Judgment and Sentences, October 1, 1946," reprinted in *American Journal of International Law* 41, 1 (1947): 220 (hereafter IMT Judgment).

题。尤其是,以前的德国皇帝霍亨索伦王室的威廉二世因为最终冒犯了国际道德准则和条约的圣洁性而被审问。① 然而,为了促进魏玛共和国的稳定,协约国只是要求德国对有限数量的战犯向在莱比锡的帝国最高法院提起诉讼。② 一个法学学者认为,这一事件也突出了与国际审判相关的政治不稳定和政治焦虑:"它可能转变成关于历史真相或政治责任的政治竞赛,而这也能说明起诉国或者起诉组织可能遇到尴尬。奥斯汀·张伯伦曾经在提出警告反对起诉第一次世界大战后德国皇帝的计划时就预见到了其中的一些问题,并指出'他的辩护将是我们的审判'。"③ 无论如何,早期这些试图强调个人犯罪责任的做法最终都流产了,在那个时代,人们延续了对国家主权的严格理解,而个人责任问题则被政治权宜和政治习惯的考虑所压倒。④ 协约国试图根据《塞夫勒条约》起诉土耳其官员对亚美尼亚人所犯下的大规模暴行——现在被广泛认为是种族屠杀,这一努力最终被迫拖延成缺乏热情的国家审判程序。⑤ 亚美尼亚悲剧及其余波奇怪地预示了未来的事件。一位法律史学家曾经观察到:"许多人都把缺乏对亚美尼亚种族灭绝的关注看做后来的二战大屠杀的先例。的确,有报道说,希特勒为了说服那些怀疑他的种族灭绝计划的人时这样说过,'今天有谁会想起亚美尼亚大

---

① The Versailles Treaty, 28 June 1919: Part VII, art. 227, http://www.yale.edu/lawweb/avalon/imt/partvii.htm.

② Dominic McGoldrick, "Criminal Trials Before International Tribunals: Legality and Legitimacy," in *The Permanent International Criminal Court: Legal and Policy Issues*, eds. Dominic McGoldrick, P. J. Rowe, and Eric Donnelly (Oxford: Hart, 2004), 12.

③ Gerry Simpson, "Politics, Sovereignty, and Remembrance," in *The Permanent International Criminal Court: Legal and Policy Issues*, eds. Dominic McGoldrick, P. J. Rowe, and Eric Donnelly (Oxford: Hart, 2004), 49.

④ Antonio Cassese, *International Criminal Law* (New York: Oxford University Press, 2003), 329.

⑤ Maogoto, *War Crimes and Realpolitik*, 57 – 62; Samantha Power, "*A Problem From Hell*": *America and the Age of Genocide* (New York: Perennial, 2002), 16.

第五章　范式转换与纽伦堡审判：作为国际法主体与目标的个体

屠杀呢？'。"①

在纽伦堡审判之前，正式国际法仍然是严格地以国家为中心的。的确，国家主权的组织原则也许在通向二战的几十年内达到了顶峰，那时，国家的内部事务和外部事务之间通常被认为存在明显的划分。国家认为，对其国内事务的直接或间接干预是绝对被禁止的。在这种背景下，法律认为个人被包含在国家之内。个人在国际法中没有正式的身份，而且在全球政治的广泛领域中个人基本上被视而不见。个人作为国际法的主体和目标只是间接地通过其国家范围内的公民身份和居住地来确认。然而，前述被调查的历史先驱者们证实，主权国在正式国际法中的优势地位其实伴随着承认个人的跨国地位这一潜在趋势。尽管第一次世界大战后的讨论没能将这些法律的和规范化方面的不同发展轨迹融合在一起，但是，这些先驱性的发展和进步有助于为纽伦堡取得法律突破提供基础和舞台。

法律与政治维度

在盟军取得二战胜利即将来临之际，对大规模暴行的广泛报道提出了要对这些不道德行为负责的问题，以及通过什么样的机制实现公平的问题。1943 年 10 月，美国、英国、苏联和中国签署了《四国联合声明》，声明指出，国家起诉应依照独立国家的自由政府法来实施，但是，"不能带有对德国罪犯案例的偏见，德国的进攻没有特别的地理定位"，而且，他们也将依据盟军的联合声明被起诉。② 这一协议导致了纽伦堡国际军事法庭（IMT）之前对主要战犯的审判。

1945 年 8 月，法国、英国、苏联和美国签署了关于控诉和惩

---

① Maogoto, *War Crimes and Realpolitik*, 57 – 62; Samantha Power, *"A Problem From Hell"*: *America and the Age of Genocide* (New York: Perennial, 2002), 62.
② Moscow Conference, "Joint Four-Nation Declaration: Statement on Atrocities," October 1943, http://www.yale.edu/lawweb/avalon/wwii/moscow.htm.

罚欧洲轴心国主要战犯的协议,并通过了《国际军事法庭宪章》。①该宪章提出了国际军事法庭的章程、管辖权以及功能,区分了三种违反国际法的犯罪行为:违反和平的犯罪、战争犯罪、违反人道的犯罪(第6款)。其他重要原则还有:个人刑事犯罪责任(第6款);官员位置高低与刑罚责任和缓刑考虑无关(第7款);上级命令不构成免除刑事责任的借口,但也许可以减轻(第8款);被告将得到公平的审判(第16款);国际军事法庭的判决将是最终判决而且不再重审(第26款);被定罪的人将面临死刑或其他公正的惩罚(第27款)。所有的法官和检察官均由条约签署的四国来任命也许构成了审判的最主要的缺陷。② 然而,其他19个盟国愿意签署这一宪章却提高了国际军事法庭的国际合法性。③

除了各自国家的法律传统之外,围绕某些控诉的政治争论,盟国都分别会提出一些具体的观点以施加影响。④ 同样地,由于法国和苏联对其公民的国内起诉的关注,种族灭绝没有被包含在纽伦堡指控中。⑤ 由于违反人道的犯罪与违反和平的犯罪有着更为紧密的联系,对违反人道的犯罪进行起诉因而被采用。⑥ 国际刑事法庭宣称:"犹太人受到纳粹政府的迫害已经得到了国际军事法庭的最详细的证实。这是最大规模的成体系的残暴和不人道记录。"⑦ 对照之下,在战争爆发前对犹太人犯下的暴行被认为在军事法庭的管辖

---

① London Agreement and Charter of the International Military Tribunal: Annex, August 8, 1945, http://www.yale.edu/lawweb/avalon/imt/proc/imtchart.htm.
② Cassese, *International Criminal Law*, 332.
③ McGoldrick, "Criminal Trials," 15.
④ McGoldrick, "Criminal Trials," 16.
⑤ Richard Overy, "The Nuremberg Trials: International Law in the Making," in *From Nuremberg to The Hague: The Future of International Criminal Justice*, ed. Philippe Sands (Cambridge: Cambridge University Press, 2003), 21.
⑥ Richard Overy, "The Nuremberg Trials: International Law in the Making," in *From Nuremberg to The Hague: The Future of International Criminal Justice*, ed. Philippe Sands (Cambridge: Cambridge University Press, 2003), 21.
⑦ IMT Judgment, 243.

第五章 范式转换与纽伦堡审判：作为国际法主体与目标的个体

权范围之外，因为那时所犯下的罪行"还没有执行"宪章中所列的罪行，或者与宪章中所列的罪行"没有什么关联"。① 然而，纽伦堡审判促进了1948年《关于防止及惩治灭绝种族罪公约》的颁布。有学者认为，这一协定"确认大屠杀是20世纪的标志性事件"②。尽管第一次国际判刑发生在卢旺达国际刑事法庭（ICTR）所判的1998年案例，③ 种族屠杀现在被坚定地确认为国际刑法所管辖的独特暴行。因此，范式转换最后并没有阻止20世纪所谓的大屠杀时代。④

国际军事法庭表明了国际法的不断进步，也表明了一些应该被关注的社会病："从一般正义原则出发，战争法不仅在条约中能找到，而且也能在国家的习俗和实践中被找到。这一法律不是静态的，而是不断地调整以适应不断变化的世界的需要。"⑤ 在国际军事法庭发表的也许是最经常被引用的一段中，单个国家责任的概念是被否定的："违反国际法的罪行是由人所犯下的，而不是被抽象的实体所犯下的，而且只有通过惩罚犯罪的人才能说国际法条款得以执行。"⑥ 对个人刑法责任的清楚表述表明了对国家主权和国家领导人法律豁免权的传统理解的明显转变。然而，个人罪行并不会"转移审判的更广泛的社会目标，这种目标就是对德国人和欧洲社会的再教育"⑦。在阻止上级命令的辩护中，国际军事法庭声明指出："（被告）被一个独裁者分配了任务并不能免除其对自己行为的责任。领导人与下属之间的关系并不妨碍这个人对自己行为的责任，就像有组织的国内专制罪一样要对自己的行为负责。"⑧

---

① IMT Judgment, 249.
② McGoldrick, "Criminal Trials," 45.
③ McGoldrick, "Criminal Trials," 38.
④ Power, "A Problem From Hell."
⑤ IMT Judgment, 219.
⑥ IMT Judgment, 221.
⑦ Overy, "Nuremberg Trials," 26.
⑧ IMT Judgment, 223.

实际的考虑使得被审判的被告人数有限。而且，好几个纳粹高级官员并没有在战争中生存下来，包括自杀了的阿道夫·希特勒在内。24 名被告从纳粹组织中的最高级别中选出来并被起诉。其中 1 名自杀，1 名被认为不适合接受审判。因此，22 名受到审判，其中也有 1 名缺席（该人是 Martin Bormann）。审判持续了 10 个月。3 名被告被宣告无罪。19 名被判罪，其中 12 名被判死刑（包括 Bormann 在内），3 名被判无期徒刑，4 名被判更短期一点的监禁。①

国际军事法庭核心的审判声明首先要得到联合国大会（UN General Assembly）的批准，然后由联合国国际法委员会（UN International Law Commission）根据纽伦堡审判的宪章及判例所认定的七个法律原则（即纽伦堡原则）来表述：①国际法所管辖的刑事犯罪的个人责任；②内部法并不能减轻这些个人责任；③与官员能力无关性；④与政府或上级命令无关；⑤有权得到公正审判；⑥国际法管辖下的可受到惩罚的刑事犯罪：反和平罪、战争罪、反人类罪；以及⑦同谋罪也受到国际刑法管辖。② 正如一个法律教授所解释的那样，这些原则建立起"个人、国家和国际社区（加入联合国宪章的国家）之间的新型关系，并成为公共意识革命的一部分"③。

考虑到国际军事法庭的审判和原告构成，以及对严格的法律原则或者已经建立的法律惯例的偏离，有些批评家嘲笑这些审判程序为胜利者的审判和追溯法。④ 对这些审判程序的不满意不仅在于对

---

① IMT Judgment, 272 – 333.
② UN General Assembly, Resolution 95（1）, Affirmation of the Principles of Law Recognized by the Charter of the Nuremberg Tribunal, 11 December 1946; International Law Commission, Principles of International Law Recognized in the Charter of the Nuremberg Tribunal and in the Judgment of the Tribunal. English text published in *Report of the International Law Commission*, 5 June – 29 July 1950, Doc. A/1316, 11 – 14.
③ Broomhall, *International Justice*, 19.
④ James Crawford, "The Drafting of the Rome Statute," in *From Nuremberg to The Hague: The Future of International Criminal Justice*, ed. Philippe Sands（Cambridge: Cambridge University Press, 2003）, 117.

第五章 范式转换与纽伦堡审判：作为国际法主体与目标的个体

法庭上的审判，而且也包括对英国和美国许多法律专家的不满意，他们依据胜利方的权利而将德国领导人送上法庭。① 这些问题长期以来一直存在，尽管国际军事法庭直接面对并试图解决这些指控。② 然而，纽伦堡审判的现存遗产就是国际法将个人确定为明显的法律主体和目标。更重要的是，有一位学者发现，"人类历史上的大部分破坏性和非文明冲突一定会诉诸文明的法律审判制度，这一点从历史的角度来看非常明显"③。当人们思考温斯顿·丘吉尔被报道援用了"不合法"原则时，这一法律后果非常明显，并因此而得出结论：敌国领导人应该在被俘获的时刻立刻处决。④

1946年联合国大会决议签署了《纽伦堡宪章》，并提出必须达成一些更长期的协议。⑤ 其中有一系列制度提议，但是，达成这一目标的努力因为冷战的政治环境而变得支离破碎和缺乏热情。⑥ 然而，好几个知名公众学者，包括本杰明·弗伦斯（Benjamin Ferencz）在内，他是美国在纽伦堡审判的起诉组的一名成员，都在为国际法委员会工作而继续为法庭进行设计。同时，纽伦堡遗产继续表明，它有助于促进国际人权标准的颁布和进一步发展，有助于促进国际人文主义法律的现代化进程。

总而言之，纽伦堡审判打破了全球法律、社会、政治体系内基础性的演进力量。然而，纽伦堡审判程序并不完全是这些领域线形发展趋势的累积。正如吉登斯·霍普金斯观察到的，无论是以共生性的方式还是以竞争性的方式，全球化的不同阶段是与其先驱者和

---

① Overy, "Nuremberg Trials," 1 – 2.
② IMT Judgment, 216 – 17.
③ McGoldrick, "Criminal Trials," 19 – 20.
④ Overy, "Nuremberg Trials," 3 – 4.
⑤ Crawford, "Drafting of the Rome Statute," 112.
⑥ Leila Nadya Sadat, "The Evolution of the ICC: From The Hague to Rome and Back Again," in *The United States and the International Criminal Court: National Security and International Law*, eds. Sarah B. Sewall and Carl Kaysen (Oxford: Rowman and Littlefield, 2000), 38.

继承者紧密联系地共存的。① 在这种情况下，个人被提升为国际法的独特主体和目标以及作为全球社会关注的问题会给以国家为中心的国际事务范式带来奇怪的张力或摩擦。在承受了空前的痛苦和破坏之后，战后国际主义的现状为重建和改善的决定注入了力量。② 在这种广泛的历史背景下，纽伦堡审判的意义可以准确地考量。纽伦堡审判反映和加强了个人价值和尊严的规范基础，而且它们不仅验证了全球对那些目标的关心，而且也反映了全球的责任性。这些观点起源于全球性这一更广泛的基础，或者说起源于"世界社会"这一概念。正如一位历史学家阿齐拉·伊里耶（Akira Iriye）解释说，全球意识这个词能够用于表明"这样一个思想，即在不同的国家和民族社会之外和之上存在一个更宽广的世界，无论个人和群体在哪里，他们在这个更宽广的世界中都共享某种利益和问题"③。尽管这些观点在第二次世界大战之前就已经存在，但是，它们仍然因为经历了这次大战期间的暴行和在纽伦堡的起诉而得以基本成形。

纽伦堡遗产的全球化：正在演化的自主性规则与实践

当代国际人权制度反映了相同的规范性问题，这些问题为纽伦堡审判程序及其体现对所有人的价值和尊严的尊重奠定了基础。它的主要内容包括1948年《世界人权宣言》、1948年《关于防止及惩治灭绝种族罪公约》、1966年《公民权利和政治权利国际公约》、1966年《经济、社会和文化权利国际公约》。各国同意建立全球机

---

① A. G. Hopkins, "Globalization — An Agenda for Historians," in *Globalization in World History*, ed. A. G. Hopkins (New York: Norton, 2002), 3.

② Akira Iriye, *Global Community: The Role of International Organizations in the Making of the Contemporary World* (Berkeley: University of California Press, 2002), 41.

③ Akira Iriye, *Global Community: The Role of International Organizations in the Making of the Contemporary World* (Berkeley: University of California Press, 2002), 8.

第五章 范式转换与纽伦堡审判：作为国际法主体与目标的个体

构（如联合国人权事务高级专员办公室），以及重要的区域性机构（如欧盟人权委员会和美洲国家间人权委员会），这些机构主要负责促进对这些原则的尊重和保护。鼓励对人权的尊重作为基本原则和目标之一也被列入了联合国宪章的基础部分［第 1（3）款］。联合国宪章也要求联合国促进对人权和基本自由的普遍尊重［第 55（c）款］，要求所有成员国采取联合和分别的行动以达到这些目标（第 56 款）。① 实际上，这些要求与联合国宪章禁止干预任何国家主权范围内事务的条款有很大的冲突［第 2（7）款］。然而，联合国宪章权威地区分了个人自主与国家特权。

尽管人权的合法性已经被广泛接受，但是，关于这些权利的确切的理论基础仍然存在学术争议。在以前的观点中，"无论这些权利是否被明确认识到"，这些权利"内在于人类的观念中而且有力量"②。然而，1945 年以后这些权利被明确地认识到并被列举已经导致了对个体自由和基本自由的高度尊重。这些权利与对个人和群体的自主性及福利的保护之间存在相互联系的性质也越来越得到人们的承认。1993 年《维也纳宣言与行动纲领》提出，"所有人权都是普遍的、不可分割的和独立的"（第 5 款）。联合国千年宣言回应了这些观点："只有通过广泛而持续的努力创造一种共享的未来，在多样性基础上以我们共同的人性为基础，才能完全包容地和平等地创造全球化。"③

尽管国际法和机构范围内的这些发展和进步反映出社会认同、社会联系和社会忠诚的广泛发展和演化，但是，国家主权仍然是国际法和国际政治的"基础规范"。④ 的确，对国家政体形式的高度

---

① Charter of the United Nations, 1945.
② Michael Ignatieff, *Rights Revolution* (Toronto: Anansi Press, 2000), 28.
③ UN General Assembly, Resolution 55/2, Millennium Declaration, 18 September 2000, UN Doc. A/55/L.2, para. 4 – 5.
④ Robert Jackson, "Sovereignty in World Politics," in *Sovereignty at the Millennium*, ed. Robert Jackson (Oxford: Blackwell, 1999), 10.

偏好也被正式的非殖民化和苏联的解体所证实，这些事件几乎在1945～2005年之间使得联合国成员国家的数量增加了四倍。主权国家的优先性在某种程度上自相矛盾地伴随着对国家权威的运用、范围以及排斥性的新限制。被其他国家接受和认可越来越视这个国家对本国公民和居民采取的行为而定，这预示着"新的合法性环境"。① 违法的政府将冒着失去充分的和平等的参与国际组织和援助项目的"合法性资本"的风险，种族隔离的南非政府就是这样。②

这一正在转变的社会与政治环境具有内部和外部维度。从内部维度来说，人权团体和社会活动家遵循进步的规范化趋势，更加大胆地挑战国家控制的垄断和国家责任。这些实践引导或体现了对个体人权的保护，而国家也支持对个体人权的保护。持不同政见者和积极分子越来越多地发出他们正式的和非正式的诉求和不满，不仅为本国政府所知道，而且也让外国政府、国际组织、非政府组织以及全球社区的集体良知所了解。③ 作为回应，这些外部行动者使得他们在面对国家打击其内部行动时变得非常勇敢。破坏人权和国家压制的抱怨不再限于国家间关系的孤立外交渠道，而是越来越多地在全球范围内为人知晓，就像倡导团体和网络有效拥护国内反对派的要求一样。④ 现在非常熟悉的"名声与羞耻"政治实践就被包括在这些策略中。⑤ 正如政治学家塞斯利亚·林奇（Cecilia Lynch）

---

① Broomhall, *International Justice*, 188.
② Gregory Fox, "The Right to Political Participation in International Law," in *Law and Moral Action in World Politics*, eds. Cecilia Lynch and Michael Maurice Loriaux (Minneapolis: University of Minnesota Press, 2000), 77.
③ Thomas Risse and Kathryn Sikkink, "The Socialization of International Human Rights Norms into Domestic Practices: Introduction," in *The Power of Human Rights: International Norms and Domestic Change*, eds. Thomas Risse, Steve C. Ropp, and Kathryn Sikkink (Cambridge: Cambridge University Press, 1999), 17–24.
④ Thomas Risse and Kathryn Sikkink, "The Socialization of International Human Rights Norms into Domestic Practices: Introduction," 5.
⑤ Thomas Risse and Kathryn Sikkink, "The Socialization of International Human Rights Norms into Domestic Practices: Introduction," 16.

第五章 范式转换与纽伦堡审判：作为国际法主体与目标的个体

观察到的，"法律规范并不是出现在真空中的，而是经过社会性的争论、促进并使之合法化。"① 这些发展中的自主性实践与概念生长在全球化这棵大树的树荫底下，而且它们不断地反映和强化正在兴起的全球性。国家主权本身并不总是受到挑战，但是，个人和集体自主性的关键特征——认同、社区和忠诚——基本不能想当然地或者简单地等同于以国家为基础的公民性和居民性。

因此，长期禁止对国家主权范围内事务的干涉开始逐步让位于更加细致入微的对话，这些对话是与弱势个体和团体的安全和福利的规范问题相关的。国家主权渐渐地被看做认知国际体系本身的产品，而不是国家固有的先在的特点。② 时任联合国秘书长安南（Kofi Annan）在1999年宣称："现在国家被广泛地理解为服务于本国人民的工具，而不是反过来。"③

这些社会问题和社会机构不断演化的规范与实践代表了全球公民身份的萌芽。传统上，公民身份被理解为个人与国家之间的单边和双边关系。④ 然而，作为更广泛的全球化趋势的特征，个人的自我概念和公民身份的表达已经变得越来越可变和多面性，而且注入了世界伦理，并因此"对认同形式产生了多元化影响"。⑤ 全球公民身份的概念提供了对个人权利和责任进行重新思考的可能性。这意味着，尽管国家可能依然是正式公民身份的主要关系，但是，国家已经不再是个人认同和忠诚的唯一框架了。人权学者米歇尔·伊格那提夫（Michael Ignatieff）认为，"人权使得不能保护其自身的

---

① Cecilia Lynch, "Political Activism and International Law," in *Law and Moral Action in World Politics*, eds. Cecilia Lynch and Michael Maurice Loriaux (Minneapolis: University of Minnesota Press, 2000), 142.
② Broomhall, *International Justice*, 59.
③ Kofi Annan, "Two Concepts of Sovereignty," *The Economist*, 18 – 24 September 1999, 49 – 50.
④ Heater, *What Is Citizenship?* 115.
⑤ Anthony Giddens, *Runaway World: How Globalization Is Reshaping Our Lives*, 2nd ed. (New York: Routledge, 2003), 50; Held, *Democracy and the Global Order*, 124.

人与有资源帮助这些人的人之间建立起疆域之外的关系。1945年以来的人权革命拓展了社区的界限，以至于我们的义务不再限于我们自己的国境范围内"①。因此，活跃的全球公民声讨的不仅仅是压制性政府的"直接破坏法律秩序"的行为，也谴责那些忽视破坏法律或拒绝执行国际法的旁观国家"间接破坏法律秩序"的行为。②

外在地或者暗含地，个体人身安全的概念已经与全球公民身份的概念在积极分子、学术界甚至政策决策话语中同时出现了。这两个概念都反映出，存在一个将所有人类联结在一起的共同纽带。这些概念也表明，公然践踏人权应该是一个基本的全球问题。典型地，第二次世界大战以来，正是国家机器导演了最广泛而系统的暴行。然而，自相矛盾的是，国家已经渐渐地成为既是人类安全的最终保护者，也是人类安全的潜在破坏者，因为它们仍然至少拥有对暴力方式的实质垄断权。从这个意义上说，人类安全的概念已经超越了国家，因为它将个人的物质的、心理的和精神的福利当做全球社会最紧迫的需要，这完全不同于传统的国际和平与安全事务。同样地，个人自主性基本上被看做国际刑法的政策方向，它将个体当做跨国保护要求的最基本的和终极的目标。

对人权和人文主义法律以及相关联的政治与社会斗争的捍卫，其发展与演化遵循了回应越来越普遍化的全球化观点与表达这样一条轨迹。一个著名的法律学者曾经在人权的法律和规范的合并与"世俗宗教"的成长之间作了一个不精确的类比。③ 国际法在强调个体这些方面的扩展与深化反映了"外延性"（社会关系全球化的程度）以及反过来的"内展性"（全球现象影响人们日常生活的程度）。④ 同

---

① Ignatieff, *Rights Revolution*, 36.
② Olivier Russbach, "The Citizen's Right to International Law," in *Law and Moral Action in World Politics*, eds. Cecilia Lynch and Michael Maurice Loriaux (Minneapolis: University of Minnesota Press, 2000), 254.
③ Cassese, *International Criminal Law*, 335.
④ Anthony Giddens, *The Consequences of Modernity* (Stanford, CA: Stanford University Press, 1990), 4.

第五章 范式转换与纽伦堡审判:作为国际法主体与目标的个体

样地,它们也表明了正在演化发展的自主性规范与实践,意味着正在扩展的社会问题新领域。因此,尽管刚刚萌芽的全球性维度在纽伦堡审判之前出现了,但是,一个转型的历史性割裂还是出现了,即法律和规范的转折点,因此个体与其他非国家行动者突然变得更为明晰、更加自觉和更加积极。

可惜的是,在第二次世界大战以后的几十年里,国际刑法中一致性的审判执行是欠缺的。所以,主张范式转换可能需要更加冷静地看待1945年后的时代,有两个学者把这个时代称为"五十年危机"。① 这些观点不是相互矛盾的,它们之间的区别可以被解释为政治刚性与规范化理解之间的分离性冲突。在纽伦堡审判之初,全球规范框架朝着具有跨国理想的"康德哲学"模式迈进了。但是,在自我包容的和自主的国家之间的共存问题上,政治现实在很大程度上仍然类似于传统的"格老秀斯"的(Groatian)最低纲领主义规则范式。② 克里昂萨克(Kriangsak)指出:"与其他法律分支相比较,国际刑法在发展成为一种可行的法律体系方面是比较慢的。阻碍其发展的首要原因是对国家主权的保护以及与之相应的其他后果。"③ 国家对其公民和居民所具有的特权,包括刑事司法事务,是传统主权国家的核心。因此,即使在人权、人文主义法律标准方面具有进步性的发展,建立一个永久的、独立的和普遍的国际法庭在政治上仍然是行不通的。正如本卷的引言部分指出的,新思想可能造成对有争议的含义和意义的摩擦。纽伦堡的遗产延续下来了,但是,对主权和人权的过分强调通常都是有选择性地曲解冷战中权力斗争的政治利益。④

最终,在20世纪90年代,国际刑法的规范化规则开始更加平

---

① Tim Dunne and Nicholas J. Wheeler, "Introduction: Human Rights and the Fifty Years' Crisis," in *Human Rights in Global Politics*, eds. Tim Dunne and Nicholas J. Wheeler (Cambridge: Cambridge University Press, 1999), 1 – 28.
② Cassese, *International Criminal Law*, 5.
③ Kriangsak, *International Criminal Law*, 4.
④ Maogoto, *War Crimes and Realpolitik*, 126.

等地与传统的国家主权的理解共存了,这导致1993年前南斯拉夫国际刑事法庭(ICTY)的建立和1994年卢旺达国际刑事法庭(ICTR)的建立。特别值得指出的是,在建立这些特别法庭的过程中,联合国安全理事会认定波斯尼亚和卢旺达冲突具有威胁国际和平与安全的特征[正如对苏丹达尔富尔危机的定性一样,它在2005年3月被交给了国际刑事法院(ICC)]。这些法庭所建立的法学已经反映出在看待国际刑法的原则和目标方面取得的进步。相对于增加了的国内战争范围和严重程度而言,国际武装冲突的减少已经引起了独特的法律挑战。尤其要指出的是,前南斯拉夫国际刑事法庭在定义上清楚地说明,战争犯罪可能发生在内部或者非国际冲突的情况下。① 前南斯拉夫国际刑事法庭还清楚地说明,反人类罪作为特征鲜明的犯罪甚至存在于没有武装冲突的情况下。② 更重要的是,特别法庭越来越多地认定和宣告特别地基于性别的国际犯罪,并认定妇女和儿童在实际的司法行政中的特别脆弱性。③ 更基本地,作为一种可行的治理机制,特别法庭有助于对国际刑事司法的基本理解。它们对以下旧思想进行新讨论提供了规范化的推动力和实践上的指导,即永久的国际刑事法院。④ 在这种情况下,作为纽伦堡国际军事法庭的"直接继承者",比较多的国家都建立了国际刑事法院。⑤

国际刑事法院:纽伦堡遗产的制度成就

在20世纪90年代早期,建立一个永久法庭的主张在外交

---

① Kriangsak, *International Criminal Law*, 326.
② Clapham, "Issues of Complexity, Complicity and Complementarity," 43.
③ Cherie Booth, "Prospects and Issues from the International Criminal Court: Lessons from Yugoslavia and Rwanda," in *From Nuremberg to The Hague: The Future of International Criminal Justice*, ed. Philippe Sands (Cambridge: Cambridge University Press, 2003), 166.
④ Cherie Booth, "Prospects and Issues from the International Criminal Court: Lessons from Yugoslavia and Rwanda," 159.
⑤ Overy, "Nuremberg Trials," 28-29.

第五章 范式转换与纽伦堡审判：作为国际法主体与目标的个体

界和活动家界再次获得了动力，并以许多国家显示对1998年7月最终的《国际刑事法院罗马规约》（以下简称《罗马规约》）的决定性支持而达到了顶峰。到2002年4月，认可的国家数量已经达到了60个，然后在2002年7月1日《罗马规约》开始实施。国际刑事法院永久地落户于荷兰海牙，这说明了纽伦堡遗产取得的大量成就。它将个体对严重国际犯罪的刑事责任原则制度化了，同时也克服了纽伦堡模式和更近期的特别试验的缺点。

国际刑事法院所代表的全球事业在《罗马规约》的导言中这样表述："意识到所有的人都是由共同的纽带联结在一起的，他们的文化是人类共享的遗产，而且要注意到这种脆弱的马赛克随时都可能被打碎。"① 在这种情境下，《罗马规约》提出了大量广泛而值得称赞的目标：取得对所有人的公平正义；结束免罚；促进结束冲突；纠正特别法庭的不足；当国家刑事司法机构不愿意或者不能采取行动的时候国际刑事法院接手过来；阻止将来的战争犯罪。② 这些目标意识到，国际审判承担着大量法律的、社会的和政治的功能，包括阻止、惩罚、建立事实的或历史的档案，促进对法治的尊重。③ 然而，这些目标之间也可能存在张力："记忆和健忘以某种方式仍然占据着主导地位，即人群中的某一部分选择或者被迫对犯罪和暴行问题作出回应。"④ 因此，在越来越广泛兴起的国际刑事司法中，要取得公正、事实和社会调解，除了国际刑事法院和其他相关的起诉方案外，还共存着其他可供选择的机制。

国际刑事法院只是国家刑事司法体系的补充，因此，总起来

---

① United Nations, Rome Statute of the International Criminal Court, 17 July 1998, UN Doc. A/CONF.183./9 (hereafter Rome Statute).
② Rome Statue, overview.
③ McGoldrick, "Criminal Trials," 10 – 11.
④ Simpson, "Politics, Sovereignty, and Remembrance," 60.

说，国际刑事法院不会直接管理司法，除非国家"不愿意或者不能"真正开展调查和提起诉讼。① 作为一种超国家的特别形态，它的重要目标在于促进法律和能力建设措施，以提高国家司法体系的警惕性和有效功能。更重要的是，作为一种"无疆域实体的机构"，如果国际刑事法院真的直接开展审判的话，那也将高度依赖来自国家的合作和司法协助。② 国家的义务包括逮捕并将人送到法院、保护受害者和证人以及保存证据。③ 因此，在许多新型的超疆域界限的组织中，国际刑事法院明显不同于战后时代。它的主要事务权限只限于危害整个国际社区的最严重的犯罪问题：种族屠杀、对人类的犯罪和战争犯罪。④ 如果根据《罗马规约》的修正条款所采用的定义，国际刑事法院也将有权限管辖侵略犯罪。⑤

克服协调那种复杂性的实际障碍的最后解决方案证明了对纽伦堡遗产的支持深度和广度。到 2008 年 1 月为止，共有 105 个国家签署和认可了《罗马规约》。⑥ 非国家行动者对国际刑事法院的参与和贡献也表明了自主性和社会机构方面新的理念与实践。尤其是国际刑事法院联盟这样一个全世界范围内的 2500 个非政府组织的伞状组织，对国际刑事法院的谈判带来了重要的专业技术并产生了重要的政治影响。它的成员继续与国家和非国家行动者协调全球策略，并促进对《罗马规约》的认可、执行和遵守。国际刑事法院还超越了国家体系，体现了全球公民身份。正如尼格·道尔（Nigel Dower）所观察到的："如果思考公民身份的一种方式是根据公民具有某种合法的权利与义务的话，那么，国际刑事法院的建立就是为作为全球法律社区的成员的一个个体相对于另一个个体所

---

① Rome Statute, art. 17.
② Crawford, "Drafting of the Rome Statute," 113.
③ Rome Statute, arts. 85 – 102.
④ Rome Statute, arts. 5.
⑤ Rome Statute, arts. 5 (2).
⑥ International Criminal Court, Assembly of States Parties, "The States Parties to the Rome Statute," http：//www.icc-cpi.int/statesparties.html.

第五章 范式转换与纽伦堡审判：作为国际法主体与目标的个体

具有的义务提供一种形式化规范。"①

纽伦堡原则明显地嵌入在《罗马规约》中。因此，法院的管辖权严格限于自然人的个体犯罪责任。② 法律条款的适应力完全取决于官员的能力（第27款）。军事指挥官可能因为没有进行恰当的控制而应该对下级所犯的罪负有责任（第28款）。强迫可能为被告开脱，而执行上级命令本身也不能成为辩词（第33款）。然而，在其他方面，《罗马规约》越来越不同于纽伦堡模式。根据"没有法律就没有犯罪"（nullum crimen sine lege）的法律原则，除非一个人所实施的行为是在其起诉的犯罪时间内在国际刑事法院管辖权范围的一种犯罪，否则，不能根据《罗马规约》来判断一个人负有犯罪责任［第22款（1）］。为了预先防止追溯既往的任何建议，个人可能并不能因为发生在《罗马规约》实施之前的行为而被国际刑事法院判定负有犯罪责任［第24款（1）］。这些条款试图减轻纽伦堡遗产提出的一些问题，这与从大量司法中得出的越来越强调严格合法性是一致的。③ 与国际军事法庭的法官构成不同，国际刑事法院法官是由2/3多数缔约国大会选拔出来的［第36款（6）］。与国际军事法庭不同的还有，国际刑事法院不实行缺席审判（in absentia）（第63款），最高的刑罚就是无期徒刑［第77款（1）（a）］，而且也还有更多的上诉条款（第81~84款）。考虑到这些与其他一些不同，用一个学者的话来说，纽伦堡只是"行动的开始而不是直接的先例"。④

结论：国际法范围内竞争性的全球化与自主性

纽伦堡所阐述的概念与理念引入了个体形式与集体形式的自主

---

① Nigel Dower, *An Introduction to Global Citizenship* (Edinburgh: Edinburgh University Press, 2003), 66.
② Rome Statute, art. 25.
③ Cassese, *International Criminal Law*, 22.
④ Simpson, "Politics, Sovereignty, and Remembrance," 51.

性之间在国际法范围内的新的基本张力。从这个意义上说，在国际刑事司法的垂直体系与国际法的更广泛的水平体制之间仍然存在不一致或者冲突。① 尽管个人价值、个人尊严以及责任性概念等都已经在全球社会范围内受到普遍接受，这一重要的张力今天依然存在。在有关加强国际人权执行方面的争论中，多年来这些斗争都是非常明显的。在国际刑事司法之外，这种斗争在不断提议建立一个更一致和更有效的人文主义干预治理的法律框架方面表现得也很明显。② 在这些讨论中，"保护的责任"已经作为一种强有力的和扩展的规范要求而出现了，如果不是作为一种完全脆弱的国际法惯例原则的话。③ 纽伦堡原则及其必然的个人保护在主权国家体系范围内仍然不太稳定，但这并没有削减其所具有的法律的、历史的和社会的重要意义。相反，这已经证明了国际法的刚性，与全球治理的其他领域如贸易相比较，国际法已经明显地抵制了全球化挑战与机会。

另外一个增加的复杂因素是，国家与非国家行动者在其获取自主性能力方面是不同的。一方面，为他们自己或者为他们寻求保护并促进其利益的那些人，某个个体和非国家的集体拥有要求和主张个体或个人的自主权利的政治自由和资源。其他的个人或团体，尤其是在独裁专制的国家里的个人或团体，在实现或者主张个人自主方面依然处在边缘化状态。另一方面，强大的国家有能力抵制来自个人自主性的表达方面的跨国压力，包括全球机构。例如，正如赫德托夫特第八章中所指出的，美国对国际刑事法院的抵制和阻碍已经进一步点燃了关于当代美国霸权和帝国的争论。然而，值得注意的是，美国的影响在罗马谈判中最终受到了打击和压制，大约60

---

① Broomhall, *International Justice*, 59.
② 例如，请参看 United Nations, *A More Secure World: Our Shared Responsibility*, Report of the Secretary-General's High Level Panel on Threats, Challenges and Change, 2004, http://www.un.org/secureworld/report3.pdf.
③ International Commission on Intervention and State Sovereignty, *The Responsibility to Protect* (Ottawa: International Development Research Centre, 2001), http://www.iciss.ca/menu-en.asp.

第五章 范式转换与纽伦堡审判：作为国际法主体与目标的个体

个"具有相似意向和目标的"国家商议好了共同的外交姿态，并提出了它们建立独立的和有效的法院的进步观点。这样，国际刑事法院最重要的经历就是那么多国家联合起来建立了一个空前的司法体系。这一机构反映了国家主权所包含或暗含的具有启迪性的内涵，而且它强调了在国际法和全球机构范围内有必要存在更加正规化和更加强大的个人自主范围。国际刑事法院谈判可能对美国决定大量治理事务以及在多边环境中表达其偏好的相对作用和能力产生了比较广泛的影响。戴维·维普曼（David Wippman）认为，"尤其对美国来说，罗马代表了国际上制定法律时相对与众不同的形式，在制定国际法律过程中，在没有美国同意的情况下，其他国家同样可以建立国际机构和国际法律规则来限制美国的权力。"[①] 实际上，与最初谈判中美国强硬的反对姿态相比，近些年来，美国在国际刑事法院的言辞语调已经软化了许多。尽管对完全的美国参与的期望仍然是不确定的，但是，美国愿意让联合国安全理事会将达尔富尔危机提交给国际刑事法院表明，美国可能最终采取了一种更加建设性的姿态，承认了国际刑事法院的合法性作用与存在。

总之，国际法范围内个体形式的自主与集体形式的自主之间存在的基本张力反映了对全球化和全球性的更广泛参与和争论。正如纽伦堡审判所体现出来的，个人自主性与国家集体自主性在定义应该以什么样的规则进行治理方面相互竞争。作为全球化的一个特征，这种斗争涉及个人自主性作为人类的一种固有特征被认可和接受的程度，并因此涉及国家在多大程度上必须与全球机构分享捍卫这一跨国理想的责任。实际上，通过加入国际刑事法院程序并与之合作从而阻止和起诉国家层面的国际犯罪，国家就拥有了表达和支持这些个人自主性的新维度的独特能力。因此，用实践的术语

[①] David Wippman, "The International Criminal Court," in *The Politics of International Law*, ed. Christian Reus-Smit (Cambridge: Cambridge University Press, 2004), 187.

来说，国家是国际刑事法院与个体关系中（the ICC-individual relationship）的重要中介。如果我们从进步的角度来解读这三个并列的维度，那么，国际刑事法院同时促进了个体形式的自主性和集体形式的自主性。国家充分地重申了其作为公平正义的一线保护人和管理者的主权，同时还通过国际刑事法院作为全球层面的集体自主性的独特表达而采取一致行动。

国际刑事法院是纽伦堡遗产的一个重要制度实现，反映了国际法的形式结构和规范结构中全球道德性的广泛进步。同样地，其最终的建立标志着在更广泛的全球化和全球性背景下取得的重大历史进步。国际刑事法院是更广泛全球化背景下一个重要制度特征，"表明了努力寻求以法律、权利和责任重新组织人类活动并保护人类"[1]。作为具有决定意义的全球化时刻，纽伦堡审判代表了重要的规范与法律的范式转换，它最终为国际刑事法院提供了基础。纽伦堡建立了个人自主性和个人责任的新变量，超越了国家的国际法并将个人与整个全球社区联系在一起。尽管纽伦堡遗产的充分影响有些延迟，但是，纽伦堡审判对以前关于国家主权和个人自主性的极神圣的全球规范提出了基本的挑战，并因此将现代国家体系的前期与1945年后时代区分开来。

(周红云译，中央编译局)

---

[1] David Held, "From Executive to Cosmopolitan Democracy," in *Taming Globalization: Frontiers of Governance*, eds. David Held and Mathias Koenig-Archibugi (Cambridge: Polity, 2003), 185.

第六章 全球化时刻：联合国十年发展规划和北非国家

亚辛·埃斯德*

我们必须启动一项大胆的新计划，让我们的科学发展和工业进步惠及欠发达地区的进步和增长。全世界过半人口正生活于近乎悲惨的境地。他们的食物短缺。他们是疾病的受害者。他们的经济活动既原始又停滞。不管对他们还是对更繁荣的地区来说，他们的贫困都是一大阻力、一个威胁。人类历史上第一次拥有了减缓这些民族的苦难的知识和技能。美国在工业和科技发展方面可谓冠绝群雄。我们能拿来用于帮助其他民族的物质资源是有限的。但我们在技术知识方面的不可限量的资源却是不断增加、不可耗尽的。我想，我们应该让我们储存的技术知识惠及那些爱好和平的民族，帮助他们实现美好生活的梦想。

——哈里·杜鲁门总统就职演说，
1949 年 1 月 20 日

---

* 作者感谢阿迪亚巴·巴萨伊斯（Abdejjabar Bsaies）、罗蒂夫·鲍扎尼（Lotfi Bouzaiane）、威廉·科尔曼（William Coleman）和芒基·巴罗尔（Mongi Bahloul）等教授对本文初稿的指正。

但外太空的奥秘决不能使我们的注意力和精力从我们身边人面临的残酷现实那里移开去。找不到迎战贫穷、文盲和疾病的手段，政治主权不过是一种废物。找不到未来的希望，自决亦不过是一句口号。正因如此，我的国家，即已经将它的资本和技术与其他国家分享以便帮助它们自立的国家，现在已正式提议将20世纪60年代这个十年定名为"联合国发展十年"（United Nations Decade of Development）。在这个决议的框架之下，联合国促进经济增长的现有努力才可以壮大起来、协调一致。区域性的调查和培训机构现在才能够将许多地方的人才会聚到一起。新的研究、技术援助和试点计划，才能够揭开欠开发土地和原生态水源中的财富。而且，发展才能够成为一项合作的而非竞争的事业——不管制度和信仰如何不同，我们要让所有的民族都在事实上和法律上成为自由的、平等的民族。

——约翰·肯尼迪总统在联合国大会上的讲话，
1961年9月25日

我们谈论全球化的方式已经让某些人以为它是一种全新的、确实无法阻止的现象，它标志着与过去一切事件的截然断裂，并将自己的形式强加给了所有的社会。照此看来，让地中海南岸国家自行摆脱这股横扫一切的力量，或者在全球化大潮面前开辟出自主性的空间，所有这类努力都只能是白费力气。不过，进一步的审视发现，全球化并不仅仅是一种最近的、由交通工具的革命、信息通信技术的进步和跨国企业的崛起所带来的现象。全球联系之扩展的这个最近阶段，是在第二次世界大战期间开始发育的。其框架是在20世纪40年代末随着布雷顿森林体系的建立而形成的，并得到了当时已在英国和美国之间讨论不休的经济发展理论的滋养。因此，当代全球化也许可被视为早在20世纪40和50年代即已开始搭建的发展意识形态的顶点。当代有关全球化的话语，

第六章 全球化时刻:联合国十年发展规划和北非国家

尽管断断续续地表现为这样一个过程,即世界上所有的国家在追求它们的自由和繁荣理想时都随意认可的过程,但它实际上是一个与战后时期之初的思想有关的霸道的过程。全球化被视为遵循着同一个统一化的逻辑,并重复了20世纪40、50和60年代的发展话语的论点。同样,它的支持者设想了一种同质化的国际体制,在其中,生活在不同环境下的大部分人都被怂恿去相信这一点,即西方的增长和发展模式是走向繁荣的唯一道路。和这种陈旧的话语一样,全球化正在推动整个世界赞同这一观念,即其他试图从社会和政治上管制经济的途径都是不可能的、不值得期待的。一种功能全部发挥的全球经济是超出了任何国家的管制的,倘若这个国家希望选择另一种经济过程观并将自身权威凌驾于其上的话。

地中海南岸国家为最终确保自身的自主性而遵循的、20世纪中期的经济中心发展模式已告失败。本章通过回顾30多年的发展历程,审视了战后非殖民化时期所经历的希望和失望。因受到美国的强大支持、联合国的持续推动,发展事业最终被引到了将新近独立、欠发达的国家整合进世界经济的方向。我们的出发点是约翰·肯尼迪总统1961年9月25日在联合国大会上的讲话,那时他将20世纪60年代定性为"联合国发展十年"。肯尼迪的讲话本身意义重大,这并非因为"发展十年"是一种成就,因为它并不是。毋宁说,是因为这个讲话让我们可以反思当代的全球化话语是如何紧随战后时期发展意识形态的觉醒而至的。发展思想主导欠富裕国家的论辩至少达三个十年之久,而且在每个十年中,各民族的政治、经济和文化自主性都遇到了不同的问题。发展或者欠发展的历史将各个社会用其历史、文化和知识传统所维持的复杂联系等问题暴露无遗。

在支撑起哈里·杜鲁门总统的对外援助计划并促使肯尼迪总统给予发展中世界以承诺的西方意识形态中,当代全球化同样有其源头。这些发展动议发源于这样一种战略,它构成了一种高度概念化的、理性化的关于新世界经济秩序的观点的萌芽。① 这种观点最近随着迅速发展的全球化秩序的出现终于瓜熟蒂落了。在此过程中,发展和欠发展的议题似乎已被抛于一边,留下了一个悬而未决的问题,即如此之多的穷人是否真的会被置之不理。

美国为了对抗欠发达所发动的"全球化"事业,在战后初期有着清晰的意识形态动力。为遏制苏维埃的扩张主义,杜鲁门政府采取了四个步骤。首先,美国官员们发展了一种核威慑力量。其次,他们试图通过马歇尔计划重建西欧。再次,美国寻求建立一种以布雷顿森林协议及其执行机构为基础的新世界经济秩序,这些机构是:国际货币基金组织、世界银行、关税及贸易总协定。最后,杜鲁门政府给欠发展国家提供经济援助,其目的是弘扬西方发展模式,这种模式是抵抗社会主义和共产主义诱惑的最好的盾牌。美国和其他西方国家想要利用发展援助来掌控非殖民化运动,依此确保一旦有国家实现独立,其本国的领导人不会发动一场社会主义革命。最后一个步骤有助于解释美国为什么会容忍如此之多的冷战初期冒出来的专制政权。

1949年开始,美国官员们就建议新近解放的发展中国家说,它们可以在10年内做到工业化国家在过去300年里费九牛二虎之力才能做到的事情。西方人——尤其是美国人——往往容易将他们自己的社会的经济和政治演变与世界其他地方必然要走的普遍道路混淆起来。这个自由主义发展论的神话传播给了第三世界的民族,后者开始相信,通过工业化国家所许诺的技术援助和资金支持,它们可以很快"追赶"并进入一个幸福感提高、繁荣得到保证的时代。它们空相信了一场。

---

① 按照罗纳德·普鲁瑟(Ronald W. Pruessen)所说,这种战略的起源可追溯至1943年,那时富兰克林·罗斯福(Franklin D. Roosevelt)总统在卡萨布兰卡会议上就已开始思考发展改革的问题。

第六章 全球化时刻：联合国十年发展规划和北非国家

正如索尔（Saul）在本书第二章所说，如果全球化一词是指"贸易（商品和资本）的扩张以及欧洲人向地球其他部分迁移的队伍壮大"，那么，19世纪最后25年就是一个更早的全球化时代。[①]工业化国家内部交易的增加与它们进入如今被称作"全球南方"的地区是同步发生的。通过打乱欠发展社会的社会经济平衡、维持它们的欠发展现状，人群和资本出口的这些移动进一步加强了欧洲对这些社会的控制。因被迫重新定位其生产以便满足地中海中心的需求之故，殖民地经济对世界资本市场的需要作出了响应，但迎合它们自身内部的国内需求的能力却元气大伤。世界农业体系为响应欧洲的工业增长出现了转变：本土粮食作物的耕种下降了，诸如摩洛哥和突尼斯这些地方的手工艺生产日渐衰落并最终消失了。传统经济让位于强调初级产品大规模生产的生产结构，因为这些初级产品可以换取各种各样的制造业商品。从国内的、粮食导向的农业向着眼于出口的农业和自然资源经济的这种转变，首先迎合的是霸权帝国中心的需求，正如埃及棉花产量激增、黎巴嫩桑蚕业发展迅速所表明的。由大地主（突尼斯、摩洛哥）所掌控的资本主义财产关系在殖民时期的发展，加剧了本地手工艺人和工薪阶层的困境，并因此打破了传统的社会分层模式。

总之，19世纪末的帝国主义在开发一个全球市场方面第一次取得了经济上的成功，但它不是基于供给和需求的法则，而是权力和实力的关系。虽然引进了现代化，但工业资本主义破坏了殖民地国家经济的自主性，开创了一个让国家自身的欠发展得以确立并固化的过程。[②]

正如一些观察家所假定的，在西方帝国入侵之前，一些国家

[①] Philippe Norel, *L'invention du marché: Une histoire économique de la mondialisation* (Paris: Les Editions du Seuil, 2004).

[②] Gérard Chaliand, *Mythes révolutionnaires du tiers-monde* (Paris: Les Editions du Seuil, 1976), 26.

并不是那么"落后"或完全隔绝于现代性和资本主义之外。早在 19 世纪之前,某些国家已经引进了旨在为现代化和工业化打下基础的重大改革。然而,殖民化遽然打断了这些努力,扼杀了一切有可能和帝国中心形成竞争的产业的萌芽。诸如此类的例子包括穆罕默德·阿里(Mohamed Ali)统治下的埃及、卡雷丁(Khaireddine)统治下的突尼斯,以及奥斯曼帝国。倘若欧洲列强的军事力量和"自由贸易"武器没有扼杀自主性,这些政权的经济政策也许已在经济上自力更生的社会里带来了现代化的转型。①

独立斗争的兴起标志着欧洲殖民的失败,后者通过强行统一和土地占领曾征服了如此之多的社会。许多本地的精英接受了普遍的启蒙价值观,而这种价值观曾被西方人吹嘘为反对边缘国家的人权践踏行为的武器。最终殖民者认识到,只要有可能在未来确保开放市场,从政治上对付自由的民族兴许更加有利可图。然而,在停止实行正式的帝国主义之后,欧洲的都市人发现自己正面临美国的要命的竞争,后者在第二次世界大战之后一心一意想拥有世界的超级霸权地位。② 美国的领导人相信,直接的殖民早已过时且代价不菲。他们试图在全世界范围内建立一个自由贸易体系,可以给他们提供他们所需要的自然资源以及他们的产品所需要的市场。独立一变成现实,为第三世界国家的发展疾呼的声音首先就来自美国,这并不仅仅是一种巧合。③

相应的,肯尼迪 1961 年的讲话标志着殖民主义让位于一项新的全球事业,这项事业由一个国际机构即联合国所启动,以一个据

---

① Samir Amin, *La nation arabe* (Paris: Editions de Minuit, 1976), 31.
② Samia El Machat, *Les états-Unis et la Tunisie: De l'ambiguïté à l'entente* (Paris: L'Harmattan, 1996), 35, 95.
③ Ronald W. Pruessen, "A Globalization Moment: Franklin D. Roosevelt in Casablanca (January 1943) and the Decolonization/Development Impulse," *Empires and Autonomy: Moments in the History of Globalization*, edited by Stephen M. Streeter, John C. Weaver, and William D. Coleman, UBC Press, 2009.

第六章 全球化时刻：联合国十年发展规划和北非国家

说是自由市场经济化身的大国即美国为支撑。这项事业的目标是让全世界所有的民族国家都采用以自由资本主义和代议制民主为基石的经济和政治制度。世界上所有的国家都将依靠跟随同样的经济和政治发展道路并因此抹去它们的异质性而获得成功。"欠发展"概念的使用自然而然地意味着将既有的发展模式采用为基准或者有赖于实现的理想目标。在讨论发展时经常用到的生物学隐喻和其他形容词，就暴露了西方意识形态的狭隘视野。许多有关欠发展的描述开篇都是谈论"原始"社会、"落后群体"、"形成中的民族"。许多国家被武断地认定为正处于"病态发展"（mal développement）的状态，而其他国家则被想当然地假设为"正走上发展的道路"。最后，还有一些"发展中国家"、"新兴"国家、"发达而先进的"国家。按照这种增长模式，所有的欠发展国家都被视为远远落后于工业化国家。发展因此被当做一种"追赶"。通过追随先进资本主义国家已走过的演进"道路"，利用它们提供的技术和资本，穷国就可以消除它们的弱小地位。

在此背景下，非殖民地化时代就代表了一个关键时刻。精英们希望用来支撑起曾在殖民主义下受到压制的文化和宗教价值的、刚刚获得的自主性，在使用时就必须有所节制，以便迎合发展事业的要求。为推动紧随独立之后的发展，欠发展国家的政治领导人使出了浑身解数，将延误之类的比喻用作动员群众的口号。他们警告自己的国民说，追赶并"加入"已经扬帆起程的"大军"至关重要。加快增长的步伐是当务之急。这样一来，对经济调整的追求就使得推迟政治制度的重建、经济自足的谋取、中小学和大学之类的社会体制的夯实、被压制过的文化活动的复兴都变得冠冕堂皇了。总之一句话，对经济调整的追求令建设一个完全自主的民族国家的努力一再被推迟。只有经济增长被视为发展所必需的。于是，当西方人提起欠发展国家的义务时，它们的政治领导人可以随口强调经济发展，哪怕这种发展是以牺牲民主的建设和人权的认知和尊重为代价的。

第一个发展十年，1961～1970 年：坚定信心

独立之后，马格里布国家（摩洛哥、阿尔及利亚和突尼斯）都面临着同样的问题：我们在战胜欠发展方面该怎么做？"经济增长"是工业化国家的答案。它们坚持认为，只有依靠经济增长，这些国家才能够追赶并缩小与完全发达的西方国家业已拉大的差距。在工业化国家有可能提供的金融和技术帮助下，实现这个目标被认为 10 年时间已足够。1960 年，美国经济学家瓦尔特·罗斯托（Walter Rostow）建议，欠发展国家可以遵循西方已经走过的同样的主要经济增长阶段，以起飞过程为始，以高消费社会为终。这种经济为本的发展观掩盖了社会文化和其他非经济要素的重要性。罗斯托将 1783 年确定为英国工业化的起飞之年，并坚持认为帮助欠发展国家唯一要做的事情就是创造和模拟让英国得以起飞的条件。持这类观点的并非罗斯托一人。许多西方历史学家加入了政治学家和经济学家试图从历史视角探明经济发展要素的阵营。例如，1963 年，历史学家保罗·巴洛克（Paul Bairoch）研究了1790 年前后的法国和英国经济，这两个国家的经济大体上就是在这一时期起飞的。他力图证明，这两个国家是在经历一段农业生产力提高的时期之后，方才走上工业化大踏步前进的道路的。如此一来，农业现代化就被视为有着多重的效应，并因此被视为一个将进步传导给整个经济的扩散者。巴洛克忽视了社会和文化要素，理由是尽管"经济要素并不是我们考虑到的唯一要素，但它们也足以解释发展和欠发展的问题了"①。

这种发展概念假设了全世界人口都具有相同的需求。用一位批评家的话来说，"照此而言，欠发展就意味着既缺乏关键的物质商品，又缺乏填补这个鸿沟的可能性"②。出于这样的理解，发展似

---

① Paul Bairoch, *Révolution industrielle et sous-développement* (Paris-La Haye: Les Editions Mouton, 1974), 71–98.

② Yves Benot, *Le sous-développement* (Paris: Les Editions Maspero, 1976), 14.

第六章 全球化时刻：联合国十年发展规划和北非国家

乎就成了满足一切人的需求并实现这个目标的关键。殖民阻碍了发展，因为它对一些阿拉伯国家融入世界市场形成了阻力。① 例如，在阿尔及利亚这样的极端例子中，殖民化剥夺了人民一切形式的自由并控制了他们的经济资源，从而延误了发展。在这个意义上，与发展和后来的全球化的合理性相比，殖民化妨碍了经济进步，并因此与经济自由的原则背道而驰。所以，非殖民化是迈向进步并让欠发展国家更接近发展的一大步。

延误的命题则假设欠发展可以用内生要素来获得真正的解释：从传统社会向现代社会转变会带来发展。因此，抛弃一切传统文化和社会实践就成了当务之急，因为它们扮演的是发展绊脚石的角色。按照这种模式，西方教育在帮助欠发展民族努力赶上发达国家方面将起到至关重要的作用。由此，已无必要叨扰过去或告诉国民他们的民族遗产是什么，因为这种知识（包括相关的元素）只会给发展道路设置另一种障碍。一旦你接受西方模式是最发达的，那考虑别的东西都嫌多余。在经济学领域大行其道的有关普遍性的主张，认为除了西方的合理性就再无别的合理性。现代性的鼓吹者除了西方的经济合理性，就看不到任何别的经济合理性，不管这种经

---

① 通过进出口与 GDP 之比，你可以估计一个国家融入世界经济的程度，或者用专业的话来说，你可以检验出一个国家经济的开放程度。根据《2006 年世界发展指标》的数据，马格里布三国 1965～1970 年出口与 GDP 之比为 20%～30%，反之，2001～2004 年为 38%～45%。至于进口与 GDP 之比，突尼斯和摩洛哥 1965～1970 年为 15%～20%，这一数字在 2001～2004 年期间上升到了 37%～49%。阿尔及利亚的情况需要单独分析。第二个标准是债务负担与 GDP 之比。突尼斯和摩洛哥 1971～1980 年大约为 37%，但 2001～2004 年，摩洛哥上升到了 45%，突尼斯上升到了 65%。通过比较两个时期的这些数据，马格里布各国融入世界经济显然发生在 20 世纪 60 年代之后。见 World Bank, *World Development Indicators 2006*, World Bank Group, http://devdata.worldbank.org/wdi2006/contents/Section2.htm, 以及 Agnès Chevalier and Véronique Kessler, "Croissance et insertion internationale du Maghreb: Questions sur l'avenir des relations avec l'Europe," in *Maghreb: Les anées de transition*, eds. Bassma Kodmani-Darwich and May Chartouni-Dubarry (Paris: Masson, 1990), 257–267。

济是社会主义的还是资本主义的。① 跟着其他观念或合理性走,就是有害的,应遭到唾弃。

尽管获得独立的时间不同(突尼斯和摩洛哥是 1956 年,阿尔及利亚是 1962 年),所处的环境也各异,但马格里布国家的非殖民化条件大体上都能解释这些国家所作的选择的不同,以及各自经济政策的巨大差异。国家社会主义在阿尔及利亚被宣传为一项伟大的事业,这项事业还包括倡导一种基于南北平等关系的新国际秩序,提倡不结盟。在阿尔及利亚,分配政策严重偏向于富人而不利于穷人,它让我们理解了为什么社会主义模式会在独立之前就风靡一时。摩洛哥早已进入西方阵营,因此自由主义则在那里风行。尽管实质性的战略重心未出现大的变化,但这些国家也以不停在与美国和法国的关系上摇摆不定而名噪一时。最后,突尼斯还以其比其他两国都要庞大的公共部门而闻名,且它选择了亲西方的一贯立场,为的是确保它的领土和主权完整不受邻邦威胁。

尽管马格里布三国在选择其经济模式时所选择的道路各不相同,但它们的经济仍然与它们旧的宗主国法国有着密切的联系。作为穷国,它们的文盲率很高,能够承担重任的本地精英也奇缺,尤其是在 20 世纪 60 年代,那时有如此之多的法国管理者和教师应召而去这三个国家帮助它们建立经济和文化发展进程并确保法语语言的未来,就是明证。② 民族独立的主要目标,因此就必须从恢复正

---

① 即使是社会主义,也是以唯物主义和 19 世纪的进步意识形态为基础的。这种意识形态极力想挑战资本主义的普遍主张。然而,从屈服于西方思想的角度而言,社会主义和资本主义是一对伴侣,它不能完全满足那些寻求替代物的国家,这种替代物种不仅能够确保它们的经济发展而且能够实现它们的自主认同感。事实上,"经济学"一词来源于利奥·瓦尔拉斯(Leon Walras)的著作,他声称经济学研究是一门精密科学。如果我们考虑一下相信除了资本主义没有别的合理选择的莱昂内尔·罗宾斯(Lionel Robbins)的著作,我们就能够说,这种趋势是被新古典学派推动起来的。

② 从 1962 年以来,共有 6 万多名援助人或技术援助者在阿尔及利亚服务。这种合作在缓解国内技术缺乏方面帮助很大。

第六章 全球化时刻：联合国十年发展规划和北非国家

式主权的范围进一步扩大到全面控制各自的民族疆域和自然资源。其设想是，掌握了这些资产，这些国家就能够重新拿到它们一切"所有物"，包括使用它们的"母语"，而不是西方语言，以及马科雷克（Machrek）① 近东阿拉伯各国的语言。②

虽然殖民化的终结也许会给马格里布的人民带来和平和自由，但发展还是面临许多阻力：高文盲率，具有专业或精明的生意头脑的人才匮乏，本地市场不足。为保证全体国民健康和福利所需的住所、食物和教育，需要付出艰苦的努力。从经济方面看，国家似乎必须花大力气积累资本，以便为国内的工业基础设施打下基础。在许多人看来，显然国家，只有国家，能够起牵头作用。正是由于在发达国家中国家在创建福利国家方面起了关键的作用，因此在马格里布地区，国家也被视为担当管制经济并在此过程中引进社会改革的必不可少的角色。

马格里布各国独立之后，很快变成了一党制国家。自由宪政党（Neo-Destour Party）——后更名为"社会主义宪政党"（Socialist Destourian Party）——统治着突尼斯，民族解放阵线（FLN，National Liberation Front）控制着阿尔及利亚。1963 年，突尼斯共产党被宣布为非法组织，而在阿尔及利亚，除了民族解放阵线之外，其他所有的政党都被取缔了，反对运动也因此被迫转入地下。一位国王利用库特拉党（Istiqlal）或独立党（Independence Party）与人民力量社会主义联盟之间的争斗，掌握了摩洛哥的政权。由此，在管理非殖民化的过程中，马格里布各国的社会政治组织在独

---

① 马科雷克：埃及、约旦、叙利亚、黎巴嫩、巴勒斯坦、以色列六国的统称。——译注
② 马科雷克的意识形态潮流总是受到重重疑心的迎合，这种疑心由中东各国的干预引发——主要由埃及的纳赛尔引发，他觉得马格里布的斗争应该与更大范围的阿拉伯世界的自主性斗争融合到一起。在马科雷克，对阿拉伯主义的干预是很强的，且深深扎根于一种根源于纳赛尔主义的具体政策体验的集体意识。在马格里布，这一时期是与人们对理解和重构特殊的民族经验的愿望一道来临的。

立演变为专制体制之后陷入了冰冻状态。①

随着专制政体掌控这一地区,执政当局开始监视其国民以及脆弱的工会和公民组织,并全面掌握了大众媒体。10年期的国家控制经济在迅速膨胀的公共部门的统管下开始起步,并成功地建立起了社区福利。马格里布各国还试图实现涉及本国生产的制造业产品的、进口替代的工业化。②诸如此类的发展战略即使在摩洛哥于1956年、突尼斯于1969年设法通过保护性立法来壮大其私人部门之后也失败了。主要受国际投资者和美国商人的鼓动,从发达国家向这些欠发展国家的资本品出口却有了较大的增长,因而推高了后者的经济依赖度。③阿尔及利亚的结局也如此。在这个国家,胡阿里·布迈丁(Houari Boumédienne)总统试图在1965年发动一场农业、工业和文化的三重革命。政府一开始试图大力建设工业基础设施(此项政策被世人称为"让工业走向工业化")。然而,这个战略推高了这个国家对西方的技术依赖,并逐步导致国家进出口状况恶化。对自我管理的农庄和合作社的过多的国家控制,扰乱了农业生产。"文化革命"蜕变成了一场教育的"再阿拉伯化",由于缺乏有资质的非宗教教师,它导致了伊斯兰原教旨主义迅速泛滥。原教旨主义者与其反对者之间的社会冲突,最终让阿尔及利亚付出了数千人的生命代价。在所有的马格里布国家,一党制所固有的官样文章很少给政治多元化和言论自由留有余地。

尽管程度有所不同,但这三个国家都表现得无力建立一种足以产生统一连贯的生产系统的工业政策。从一开始,这些政府就依赖

---

① Paul Balta, "Vie politique au Maghreb," in *L'état du Maghreb*, eds. Camille and Yves Lacoste (Paris: Editions la Découverte, 1991), 356 – 360.

② Eric Berr and François Combarnous, "L'impact du consensus de Washington sur les pays en développement: Une évaluation empirique," Documents de travail 100, Centre d'Economie du Développement de l'Université Montesquieu Bordeaux IV.

③ A. Bedoui, "Etat et développement: Essai d'analyse de la spécificité et des limites du rôle de l'Etat en Tunisie" (Thèse de Doctorat d'Etat, Université el-Manar, 2005), 403.

于西方技术的转让，而不是开发足以提高经济自主性的资本货物和中间产品的生产能力。① 高压的制度气候也妨碍了言论自由，窒息了创新。到 20 世纪 60 年代末，发展事业未屈服于市场力量，倒是拜服于过度管制了大多数交易活动的企业型和发展型国家，并因此拒斥了私人经济部门的自主性。

第二个发展十年，1970～1980 年：犹疑不定

1970 年 10 月 25 日，联合国大会为第二个发展十年勾画了一条新的路径。国内生产总值的平均增长率目标被提高到 6%，而方案中也包括了一个社会维度，即强调要创造一种更公平的收入和财富分配方式。② 以进口替代为基础的发展战略的失败，以及欠发展国家债务的增加，使得为"第三世界"提出的发展模式从经济场域扩大到了政治和文化领域。

可惜的是，"第三世界"一词是个含义模糊的概念，尤其是在涉及全球化的时候。它指的是这样一些国家，它们站在发达的、工业化的、"西方的"国家与苏联及其卫星国的中间。作为一些在总体上既不是自由主义的、资本主义的国家也不是社会主义的、马克思主义的国家，它们试图在一个超越经济因素的发展过程中寻求自主性。它们的立场与其说是刻意建立某种特殊的变革模式，倒不如说是对资本主义和帝国主义展开文化的批判。基于此，第三世界拒绝了线性的发展概念，用政治和文化工具来建立与"西方"（首先指美国、西欧和日本，有时也被称作"自由世界"或"第一世界"）相对的非洲、亚洲和拉丁美洲各国的团结。

---

① 确实，大多数发展中国家选择了进口替代的道路，包括资本品的进口，但少数国家，尤其是阿尔及利亚，急于实现经济独立，因而选择了生产本国的资本品，就像苏联第一阶段的三个五年计划期间发生的情形那样。
② Michel Chauvin, *Tiers-monde: La fin des idées reçues* (Paris: Syros-Alternatives, 1991).

那时广为人知的"第三世界主义"运动引发了一场有关增长模式和发展理论的热烈讨论。甫一开始,欠发展国家的许多人就相信西欧走过的发展道路是不可照搬的。主张第三世界能够在10年或20年里就可以跨过西方国家花了300年才挨过的距离,显然是一种乌托邦。用"延迟"或"后发"等概念来定义欠发展是没有意义的。倒不如说,可以把欠发展看成一种结构化的增长障碍,它是发达资本主义国家控制的后遗症,这种控制扭曲并阻碍了国民经济的统一。这样一来,欠发展就被认作一个必须放在国家层面上来解决的全球问题,必须考虑到每一个国家的特殊环境。这种讨论欠发展问题的学术路径最终在依赖理论那里到达顶峰,这种理论的基石是中心—边缘分析和不平等发展概念。[1]

因对赶超西方的前景持有悲观看法,历史学家保罗·巴洛克推测,即使假定了第三世界能够以超过发达国家的速度增长,要平起平坐也必须花去第三世界270年的时间。[2] 照巴洛克和其他评论家的说法,欠发展的原因不是内生的,而是外生因素,包括国家政策范围之外的经济现象和与国际劳动分工密切联系的经济现象。基于现代化和西方化的发展理论是错误的,因为它们未能认识到经济依赖性、发展机遇的缺乏、文化维度以及社会异化。在这些第三世界理论家的眼里,欠发展并不是很多人所声称的那样起因于本土文化传统所带来的沉重负担,也不能抱怨说是因缺乏西方

---

[1] Arghiri Emmanuel, *L'échange inégal: Essai sur les antagonismes dans les rapports internationaux* (Paris: Maspero, 1975) and *Les Profits et les Crises* (Paris: Maspero, 1974); Pierre Philippe Rey, *Colonialisme, néo-colonialisme et transition vers le capitalisme* (Paris: Maspero, 1971); Samir Amin, *Le Développement inégal: Essai sur les formations sociales du capitalisme périphérique* (Paris: Editions de Minuit, 2001); Samir Amin, *Critique du capitalisme* (Paris: PUF, 2002); Charles Bettelheim, *Planification et croissance accélérée* (Paris: Maspero, 1965) and *La Transition vers l'économie socialiste* (Paris: Maspero, 1968) and *Problèmes théoriques et pratiques de la planification* (Paris, Maspero, 1970).

[2] Paul Bairoch, *Le tiers-monde dans l'impasse* (Paris: Gallimard, 1971), 249.

第六章　全球化时刻：联合国十年发展规划和北非国家

教育或者外来投资不足。倒不如说欠发展是对资本主义西方国家越来越依赖的结果，这些西方国家剥削了第三世界的资源，施行了文化和社会帝国主义的行径。① 这些评论家开始视文化自主性为扭转全球化方向的一条途径。他们不接受这种观念，即西方有权力将其自身的价值观投射为全球的价值观。在他们看来，所有的文化都是正当的，第三世界国家需要的帮助是颂扬它们各自的民族传统。②

与这种批判的解释相一致，发达国家和欠发展国家的二分法变成了广为人知的"第三世界与西方"，而该词又意味着对政治和文化帝国主义的反抗。西方学术界对这种解释绝不是无动于衷。事实上，有关第三世界的争论在西方社会科学家当中催生了数目惊人的文献和并不罕见的深入分析，尤其是在民族学、人类学和历史学当中。一些学者开始指责西方造成了非洲人、阿拉伯人、印度人、南美人、亚洲人以及其他基本上遍及全球的受压迫民族的悲惨处境。同时，第三世界的知识分子也开始挑战旧的解释，提出新的问题，揭露殖民主义的流毒。他们还试图在饱受现代性之苦的民族当中唤醒旧的传统，甚至将本土文化抬高为创造新的文化神话的工具。③

---

① Yves Fuchs, *La coopération, aide ou néo-colonialisme?* (Paris: Editions sociales, 1973); Pierre Jalée, *Le pillage du tiers monde* (Paris: Maspero, 1966).

② 正如伊莎伯特指出的："我们正处于这样一个时刻，伊朗王睡在居鲁士（Cyrus）和大流士（Darius）的床上，伊朗总统因为走尼布甲尼撒二世（Nebuchadnezzar）的老路而被拉下了马，埃及人的象形文字是他们的厄运宣言的映照。法国人想要的东西比高卢的凯尔特人多得多，以色列人在他们的预言活动和希伯来语历史中找到了律令。"见 Bernard Esambert, *La guerre économique mondiale* (Paris: Editions Orban, 1991), 279.

③ 现代性的概念在马格里布和马科雷克地区涵盖了两种不同的现实。在马科雷克各国，现代性与阿拉伯民族性、阿拉伯主义、泛阿拉伯行为、说阿拉伯语有联系。在马格里布，现代性往往和欧洲、欧洲语言有关，但陈旧感经常和这些阿拉伯的东西联系在一起。见 Bassma Kodmani-Darwish, "Maghreb/Machrek histoire d'une relation complexe," in *Maghreb, les années de transition*, eds. Bassma Kodmani-Darwich and May Chartouni-Dubarry (Paris: Masson, 1990), 269–290.

20世纪70年代的经济危机对世界资本主义体系所假想的益处提出了进一步的质疑。① 直到70年代初,发达工业国家的经济表面看仍然运转良好,"增长"触及了社会的方方面面。然而,1968年的抗议活动挑战了这种所谓的成功,表明了仅仅是物质商品的丰裕并不能保证获得幸福,许多人显然不想只靠面包过日子。这些抗议活动实际上代表了一种从精神上对"丰裕社会"模式的排斥,尽管这种模式已变成全世界一切国家的主要参照点。从1970年起,世界的实力平衡开始发生偏移,美国经历了一场经济的萧条,而日本和西欧却增长势头强劲。1973年,石油危机进一步恶化了工业国家的经济问题,它们突然不得不花越来越多的钱去购买能源。石油价格的高涨和"石油输出国组织"(OPEC)的诞生向许多第三世界国家表明了这样一条道理,即初级能源可以被用于降低经济的依赖性并促进增长。这种局面大大有利于适用于整个地区的阿拉伯社会主义国家这种观念的复兴。通过这样一个模式,阿拉伯人民就会掌握生产资料,并确保所有阿拉伯国家的经济发展。为达此目的,本土的一切财富都应为了所有阿拉伯人的利益而被社会化。但是,将纳赛尔(Nasser)② 的埃及作为样板的阿拉伯社会主义是一种国家社会主义,它获得了专制的经济计划的支撑,并因此催生了阿拉伯社会主义共和国联盟,该联盟有一个强大到足以"社会化"整个地区的一切生产资料的中央政府。一切本土的特性都应该受到压制,为的是建立阿拉伯民族的自豪感。与阿拉伯人价值观一致的迅猛的经济发展应该摆在优先位置。"因为阿拉伯民族性据说是每一个阿拉伯人不可或缺的,近东阿拉伯地区的社会主义因此本质上就是阿拉伯的社会主义。而且,由于阿拉伯民族是个整体,因此只

---

① Marshall Sahlins, *Âge de pierre, age d'abondance*: *L'économie des sociétés primitives*, préface de P. Clastres(1972; repr., Paris: Gallimard, 1976),以及 *Stone Age Economics*(Paris: Aldine de Gruyter, 1972)。

② 纳赛尔,1918~1970年,埃及总统,被认为是历史上最重要的阿拉伯领导人之一。20世纪50年代及60年代,他曾是阿拉伯民族主义的倡导者。——译注

第六章 全球化时刻：联合国十年发展规划和北非国家

可能有一种阿拉伯的社会主义，而不是一系列本土的社会主义实验。如此一来，事实上，布尔吉巴（Bourguiba）① 的社会主义是一种虚幻的社会主义。"②

在这个经济危机的 10 年期间，一些西方人也对这种经济体系的组织过程和个人在这个体系中的位置表示过怀疑。然而，在地中海阿拉伯人当中，重点却转向了依靠阿拉伯传统文化寻求自主性。民族文化和知识传统被抬举为加强民族或阿拉伯认同理所应当之所需，这种传统的再发现、获珍视，据说可以让各个阿拉伯国家分崩离析的分歧消弭于无形。在泛阿拉伯主义（pan-Arabism）鼓吹者尤其是近东的鼓吹者眼里，语言和文化被视为阿拉伯民族及其光荣历史的最好表达。对于这些阿拉伯主义鼓吹者来说，回首"前伊斯兰"的巴比伦、迦勒底、罗马、拜占庭时代，似乎是为未来做准备的最好途径。遗址的挖掘复兴了旅游业。当历史学家们在阿拉伯的祖先中搜寻到几乎所有的欧洲人的发明和发现的时候，一种颇为自负的有关阿拉伯过去的神话就诞生了。出于辩解的目的，确证真正的、原生的阿拉伯思想的努力成为众所周知的"阿拉伯思想

---

① 布尔吉巴，指突尼斯前总统哈比卜·布尔吉巴（Habib Bourguiba）。布尔吉巴 1902 年 8 月 3 日生于莫纳斯提尔城。1956 年 3 月 20 日，法国承认突尼斯独立，他出任首任总统，后三次连任。1975 年 3 月被选举为终身总统。1987 年 11 月 7 日因健康原因辞职。2000 年 4 月 6 日因病逝世。——译注

② Olivier Carré, "Evolution de la pensée arabe au Proche-Orient depuis 1967," *Revue Française des sciences politiques* 23, 5 (1973): 1046 – 1079. 我们千万不要忽视这一点，即有一段时期，纳赛尔的埃及被人视作阿拉伯文化的心脏和大脑，并依然是所有阿拉伯人的象征和表达之源。纳赛尔主义首先是对那个动员了部分阿拉伯精英包括来自马格里布地区的精英的人的忠诚，而核心的观念则是阿拉伯民族主义和阿拉伯统一（1958 年 2 月 1 日，在有叙利亚和也门参加的情况下，成立阿拉伯共和国）。纳赛尔的光环因联盟解体和埃及 1967 年被以色列击败而褪色。这场失败标志着纳赛尔主义作为一种泛阿拉伯主义学说的失败。但说一千道一万，他的观点从来也没有在马格里布各国的政治和经济模式中听到真正的回音，尽管在文化层面埃及长期占据领导地位。由于纳赛尔的狂热信徒罕达菲（Khaddafi）打造阿拉伯联盟的企图落空，纳赛尔的政治观点也就无人继承了。

的文化传统"①。当一些知识分子因认为诸如自由、民主、对个人的尊重之类的概念已被欧洲人的传统所玷污因而转向不相信这些普世价值时,用真正的阿拉伯声音来取代东方主义的企图就遇到了再好不过的转机。

第三世界领导人则将人们对他们政府的批评视为没有根据的干预和帝国主义的行径,并用它们来为继续建立专制和腐败政权作辩护。出于反应,摆脱附庸有关第三世界的不切实际的观点的长期禁忌之后的西方评论家们,提出的问题不是"什么是欠发展",而是"什么是发展"。② 一些第三世界主义的捍卫者重新祭起了旧的剥削模式这面大旗:发展等于第三世界财富被掠夺。③ 照这种观点看来,贸易方面的不平等培育了一种为西方霸权承保的经济依赖性。简单说就是,如果发达世界富裕,那只是因为欠发展世界贫穷。不幸的是,将国家粗暴地划分为"富裕国家"和"无产国家",对理解欠发展的原因并无多大帮助。通过将第三世界的艰难和不幸极力解释为外部因素的结果,第三世界领导人就推卸掉了他们自身在各

---

① 显然,无人能否认阿拉伯人的贡献,他们自身也很大程度上依赖于从其他民族的输入。我在这里指的是诸如经济学和社会学这样的领域。例如,伊本·卡尔敦(Ibn Khaldun)就是阿拉伯第三世界主义的代表人物。他被人somewhat作经济学、社会学和经济发展理论之父。我还可以摆出许多科学作品,以及《古兰经》(Qur'an),许多知名的科学家都试图将其每一句诗词视为现代发明的预言。一些伊斯兰教信徒认为,《古兰经》包含了那时(公元16和17世纪)的人不明白的科学真理。那些支持这种看法的人将这话看做对《古兰经》已解开的文本的本质的认识:如果这本书包含的知识是该书面世时的人并不知道的,那显然它就是天启。

② Jean François Revel, *La tentation totalitaire* (Paris: Laffont, 1976) and *Ni Marx ni Jésus: De la seconde révolution américaine à la seconde révolution mondiale* (Paris: Laffont, 1970); Edward F. Denison and Jean Pierre Poullier, *Why Growth Rates Differ? Postwar Experience in Nine Western Countries* (Washington, DC: Brookings Institution, 1967); Pascal Bruckner, *Les Sanglots de l'homme blanc: Tiers-monde, culpabilité, haine de soi* (Paris: Seuil, 1983); Chaliand, *Mythes révolutionnaires du tiers-monde*. Although written in the 1990s, Alain Peyrefitte's *La société de confiance* (Paris: Editions Odile Jacob, 1995).

③ Jalée, *Le pillage du tiers monde*.

自国家的某些病症上的责任。

尽管有这些林林总总的努力，发达国家和全球南方之间的差距并没有缩小。很常见的情况是，欠发展国家在旧的发展模式还来不及产生实效之前就被邀采用某种特殊的模式了。今天，当大多数欠发展国家还必须解决因采用旧的发展模式而引发的认同危机的时候，许多全球化的鼓吹者已大肆赞赏文化和生活方式的同质化了。用一位杰出的法国社会学家的话来说，"每一个国家的历史都滑离了它的文化，它的认同，它的抱负，它的价值。诸如国际货币基金组织、世界银行、世界贸易组织之类的强大机构可以向国家强加经济理据，但由这种理据需求所赋权的私人行动者却对既定国家的政治或社会目标不闻不顾。"①

第三个发展十年及其他，1980年至今：政治重生

当第二个发展十年在1980年走向结束的时候，联合国为发展中世界制定的目标并没有完成，第三世界主义正在偃旗息鼓。一些国家确实以超预期的速度设法实现了增长，从而让它们有可能加入"新兴"国家的阵营。但大多数欠发展国家实际上面临的是一种糟糕的金融局面，外债暴增，经济增长率为负数。发展努力未能触及大众的生活，大众变得甚至比过去更加边缘化了，而收割全球化和现代化收益的则是各个国家内部的精英。

但联合国并未止步。在承认过去20年的发展目标并未实现之后，它仍然宣布了一个"第三个发展十年"计划。这项公告获得了各国政府和媒体的冷遇，因为现在许多人已寄希望于这样的想法，即全球南方国家应肩负起它们自己的发展责任。一些人主张说，建立新国际经济秩序的时机已经到了。鉴于资本主义的批判者

---

① Alain Touraine, *Un nouveau paradigme* (Paris: Fayard, 2005), 39.

未能提出某种切实可行的革命性替代方案,新的口号于是变成了"调整",这意味着中规中矩。它暗指这样的意思,即资本主义的所有其他替代方案都不再值得考虑,关于如何促进发展的争论只会在自由市场经济大获全胜的逻辑下发生。

20世纪80年代变成了"结构调整"的10年,国际金融机构试图执行一系列改革措施,以便迫使发展中国家的经济和金融结构符合新自由主义。照国际货币基金组织、世界银行的说法,经济危机不再会由外部因素引起,而会肇因于某种形式的生产、贸易、社会组织和坏的治理所引发的经济结构不均衡。短期的方案是通过纠正资源和就业之间的失衡而实现稳定,而长期的方案需要重组经济,以便促进私人投资,进一步对外开放市场。随着偿债额攀升、出口下挫,国际货币基金组织和世界银行启动了结构调整计划(SAPs),要求政府削减公共支出,使本国货币贬值以促进出口,同时取消进口壁垒,即使无可能消除但至少减少国家干预以达到经济的更加自由化。

尽管结构调整计划改善了宏观资金账目,但它也在社会层面伤害了许多国家,如提高了已经令人难以忍受的失业水平,降低了生活标准,败坏了教育和卫生服务。为抵消结构调整计划的影响而设计的临时福利计划并没能阻止卡萨布兰卡、开罗和突尼斯爆发社会骚乱。阿尔及利亚尽管实行了同样的改革,但它独立于国际货币基金组织,因而还是受到了改革的社会影响,而这种影响表现在1988年的动乱上。①

北非各国领导人被迫承认了三个发展十年的失败。一些人对经济增长和工业化的前景是如此的悲观,以至于干脆放弃并宣布了"发展

---

① 布迈丁时代(1965~1978年)在阿尔及利亚是以大量的积累为特征的:优先权给了轻工业和基础工业,主导角色则给了国家和公共部门。这种政策有其局限性,导致经济体极端依赖于轻工业以及生产部门绩效平平:投资和经营领域的工业化成本增加造成了一种对技术的高度依赖。基于此,从1980年开始,阿尔及利亚放慢了投资步伐,它花大力气提高现有的工业能力,启动了公共事业的重组以鼓励私人投资,引入了一项限制外债的政策。摩洛哥则表现出了内部和外部经济不平衡,以及经济增长放缓,1981年甚至出现了1.3%的负增长。到1988年,其债务增加到了180亿美元。至于突尼斯,增长率1987年也为负数。

第六章 全球化时刻：联合国十年发展规划和北非国家

的终结"。① 其他的失败征兆包括：脆弱的民族认同、阿拉伯人的分裂，以及国家无力建立统一的、基于共同的价值和规范的社会。是的，摩洛哥、突尼斯、阿尔及利亚都经历了公共赤字的大幅降低，但卫生和教育方面的社会服务变糟了，同时失业率攀升。总之，新自由主义全球化事实上恶化了以往年代已经根深蒂固的不平等。

部分是因为这些失败，北非地区目睹了一场不寻常的意识形态转型，而启动这场转型的则是1979年的伊朗革命。伊斯兰极端主义派别的崛起，不管它们是激进的（阿尔及利亚）还是温和的（突尼斯和摩洛哥），至今都与中东的环境相符合，因而为绝望提供了新的收容所，并吸引了许多受过教育的年轻人，他们或者看不到未来的希望，或者正在寻找可以取代20世纪70年代失灵的世俗或泛阿拉伯意识形态的替代物。② 旧的、以统一的阿拉伯民族为基调的、实质上反伊斯兰教的民族主义模式，让位给了创建一个伊斯兰统一体的空想。据说，这样的统一体曾遭到西方帝国主义政策的压制，后者将穆斯林群体划分成了各个独立的、世俗的国家。在文化层面，民族主义者的阿拉伯现代化运动的衰落，导致阿拉伯民族主义受到排斥。激进的穆斯林不是鼓励人们认同他们的阿拉伯祖先，而是在各个战线发动了反对同西方文化建立错误纽带的前伊斯兰文

---

① François Partant, *La fin du développement: Naissance d'une alternative* (Paris: Les Editions Maspero, Cahier libres no. 373, 1982).

② 在马格里布，穆斯林群体感似乎和一种有别于埃及这样的国家的改革论和谐共处。在埃及，首次激进的伊斯兰运动可追溯到20世纪40年代。随着以西方意识形态模式（不管是社会主义的还是资本主义的）为基础的经济发展走向失败，马格里布地区的伊斯兰化趋势因两个原因而加强，一是转向支持历史上曾经非法的党派执政（如阿尔及利亚的民族解放阵线，在突尼斯是社会主义宪政党），二是提出了宗教合法性的主张，这种主张是在阿尔及利亚和摩洛哥的北非居民的日常生活困境中滋生出来的，突尼斯一定程度上也如此。由于这个原因，"穆斯林兄弟会"的名义在北非是不够有号召力的。"穆斯林兄弟会"运动在时间上不长，在地点上有限。马格里布的激进伊斯兰潮流在策略和理论上有别于这种埃及人的运动。见 Camille and Yves Lacoste, eds., *Maghreb, peuples et civilisations* (1995; repr., Pàris: La Découverte, 2004), 131 – 140; François Burgat, *L'islamisme en face* (Paris: La Découverte, 1995)。

化的战争。极权政体将民主扼杀得如此彻底,以至于对政体及其社会价值观的任何形式的政治抗议,都必须在官方的政治机构外作出。

不管是第三世界主义还是新自由主义,都未能成功地为阿拉伯人或伊斯兰教的后来者带来轮廓分明的文化认同。这种觉醒因这样的广泛认知而倍感沮丧,即快速扩张的西方文明模式正在从文化上强加给每一个人,哪怕在西方化所带来的物质利益并不为大多数人可得的时候。在马格里布地区,当局试图用"饮水思源"、"阿拉伯化"、"纯正性"等口号来重新定义文化认同。① 这些赤裸裸的、企图令大众团结在用来取代民族主义阿拉伯意识形态的宗教替代物周围的伊斯兰原教旨主义努力,用意在于不再像西方文化通常所做的那样将认同扎根于民族。反而是,认同源于对乌玛(umma)这个世界性穆斯林共同体的忠诚。

结 论

第三个发展十年的结构调整计划之所以没有成功,是因为它们未能考虑到公共制度,包括社会政策、教育政策和善治在确保市场的有效运行方面扮演的关键角色。我们再次体会到了20世纪60年代的教训:发展不只是经济增长,它必须嵌入社会政策和制度的内部,以便社会进行调整并缓冲经济冲击。结构调整政策的相对失败,引发了一场政治关切回归到发展问题的讨论。在有些人看来,全球化只不过是一条让基于新增长模式的支配关系合理化的途径。② 当调整的年代结束时,几大历史事件引导出了全球化。

在苏联1989年垮台之后,美国成了当之无愧的世界霸主。美

---

① 在马格里布,阿拉伯化有两重作用:一是社会整合、民族团结和认同的黏合要素;二是确保北非各国摆脱法国的影响,并与中东各国保持等距离交往。阿拉伯化在阿尔及利亚步伐越来越快,这部分是因为这个国家对维护自身的统一有着巨大的渴望,哪怕要牺牲柏柏尔语也可以。

② F. Nahavandi, "Développement et globalisation," in *Globalisation et néolibéralisme dans le tiers-monde*, ed. F. Nahavandi (Paris: L'Harmattan, 2000), 9 – 27.

第六章 全球化时刻：联合国十年发展规划和北非国家

国政府开始提倡一种"新世界秩序"，人们后来将此称为"华盛顿共识"。最初，"华盛顿共识"拥护一系列据认为对拉丁美洲发展至关重要的政策改革。讥讽者所戏称的"十诫"要求国家放松干预经济，允许市场力量和私人部门主导经济发展。尽管它最初的提倡者经济学家约翰·威廉姆森是为一个处在特定历史环境下的特殊地理区域而设计出这些原则的，但这套公式不久就被套用到了所有的欠发展国家，在这些国家，它变得和新自由主义、市场原教旨主义无甚差别。正如我们看到的，这种"千篇一律"的方法从20世纪50年代起就激起人们将焦点对准了发展问题。就像威廉姆森后来所说："我对华盛顿共识的看法可以被视为这样一种尝试，即概括曾经在两个十年结束时被广泛看做发展的支撑要素的政策，那时，经济学家们已坚信快速经济发展的关键不在于一个国家的自然资源，甚至不在于它的物质或人力资本，而在于它追求的系列政策。"① 不幸的是，最大限度减少国家干预、允许"市场"统治一切的计划并不能减少贫困，也不能成功地引来长期的、公正而民主的发展。20世纪90年代最主要的进步之一是承认了这一事实，即从共产主义或欠发展经济向资本主义经济的转变需要建立合适的制度基础。在政治制度尚且脆弱之时，执行富有效益的经济政策往往会以社会制度的牺牲为代价。

不久，2001年9月11日发生了对世界贸易中心的袭击，它将美国从对恐怖主义的自满中惊醒了过来。袭击发生后，对国内安全的关切变成了华盛顿的首要考虑。伴随着乔治·布什政府开始从根本上修正美国与世界其他地方尤其是伊斯兰国家的关系，出现了第二个版本的"华盛顿共识"。10年内，在意识形态伊斯兰教的旗帜下，一场具有政治属性且带有暴力倾向的强大运动就全球化了，而这场运动完全抛弃了作为一种宗教的伊斯兰教本应具有的普遍价值

---

① John Williamson, "What Should the World Bank Think about the Washington Consensus?" *The World Bank Research Observer* 15, 2 (2000): 254.

和人类价值。反西方宗教原教旨主义及其极端主义支流的滥觞，可归因为现代性的失灵、独裁和腐败政权的倒退的文化和社会政策、贫困、挫折感（人口的增长进一步加剧了这种挫折感），以及世俗反对团体遭到清算。

2004年初，布什政府在八国集团峰会上散布了一份改革中东的计划。"大中东倡议"（Greater Middle East Initiative）在第三世界那些人看起来太眼熟了：推动民主和善治，建立知识社会，扩大经济机会。照这个公式算来，民主和善治构成了发展得以启动的框架。[1] 可惜的是，正如一位观察家指出的，经济发展和自由民主并不总是相伴相随，专制政体也有可能从经济增长中受益，同时逃避改革的压力。[2] 更糟糕的是，在某些情况下，经济增长能够巩固和加强这些政权的专制和残暴特征。阿拉伯和伊斯兰世界的民主化步伐缓慢，这对于欧洲尤其是美国来说十分沮丧，但它再一次让我们记住了从几个发展十年中得到的教训：鼓励经济增长很少会——假如会的话——导致民主和多元化。而且，许多领导人已经学会了如何利用这条发展政策的游戏规则来为自己赢得优势。他们操弄制度，无限期地推迟民主，同时声称已有高度的自由。马格里布各国独裁者如今还将原教旨主义威胁当做反民主的论据：他们说，民主改革将会导致宗教激进主义无往不胜。

战后时期的独立年代许诺了一个经济、政治、文化和社会自主性的时代。但接下来的经济模式——资本主义、第三世界主义、结构调整计划——都未能保住北非各国与全球经济的融合。发展机构、民族主义政权、专制政权，都没有理解这些政策的社会后果，以及这种失败所导致的、伴随糟糕的社会状况而来的一党专制统治。在更近一些的经济、文化和政治全球化浪潮中，这些国家的局

---

[1] *Al-Hayat*, 13 February, 2004.
[2] Bruce Bueno de Mesquita and George W. Downs, "Richer but Not Freer," *Foreign Affairs* 84, 5 (2005): 77.

势在关键方面依然延续了几个发展的十年。自主性是以反抗政治生活自由化的形式到来的。在独立年代，倘若发展议程成为最优先考虑，这种抗拒还可以说是必要的。但在更近一些时候，这种抗拒就只能被当做一种对西方主导的全球化以及以民主、人权和善治的形式所强加的西方价值观的反对。政治领袖们认为，民族国家是在全球化洪流面前捍卫和维护社会团结和平等的唯一工具。但真正的问题依然悬而未决，即到底指哪种洪流——全球资本主义还是全球伊斯兰教？

（曹荣湘译，中央编译局）

第七章 彩虹蛇：土著居民的世界观与自主性的构建

莱韦·科斯塔

全球化与自主性对世界各地的土著居民有着特殊的意义，这些土著居民曾经并且一直遭受着全球性殖民化的支配。与本书致力于通过有选择性的片段来表达这种思想同步，下面的论述也致力于探究那些土著居民眼中的全球化与自主性的意义及其潜在影响。本章运用了澳大利亚土著居民历史上三个截然不同的事件，其中一个事件是他们在国会大厦前的场地上建立大使馆，文章是在对这些土著人如何建构与重构他们的世界这一问题进行阐述的基础上来定位这些土著居民的。重现这些事件的目的在于提醒我们，人们对于自然世界的不同理解方式将对他们集体性的自主实践活动产生重大的影响。我们将会看到，群体对于自主性这一问题的理解是由两个因素的交互作用决定的，其中一个因素是他们自己特殊的宇宙观或者说世界观，另一个因素是他们生活于其中的社会与自然环境。在欧洲殖民者到来以前，这些土著居民就已经拥有了自身的宇宙观，这些宇宙观塑造了他们的社会秩序以及他们对于人类自由的见解，这些宇宙观也使得这些社会秩序与见解具有权威性。但是，当殖民主义来到他们生活的世界时，这些宇宙观遭到了严峻的挑战。不过，这些挑战并没有使他们被欧洲人的理念完全同化，而是说，他们的世

第七章 彩虹蛇：土著居民的世界观与自主性的构建

界观使得他们在处理与欧洲人的关系上遭遇了压力，同时他们也作出了对具有破坏性的殖民化力量的反应。在灾难面前寻求生存的过程中，一种自主的观念在帝国主义时代后期以及后帝国主义时代终于出现了，这种观念的形成在很大程度上要归功于这些土著居民中日益兴盛的一种意识，这种意识激发了他们与世界上其他地方的土著居民的联系，也激发了他们对这些其他土著居民的认知。

地球是如此的炽热以至于能够灼伤那些在光秃秃的土地上行走的人们的脚丫。东南风正在吹起——炎热，干燥，尘土飞扬。整个国家一片火热，动物正在消瘦，河水正在干涸。太阳，这个生命的必需物，现在开始毁灭生命……鲜花已经死亡，狐蝠飞向江河，栖息于水坑旁边的大树上。当彩虹蛇看到狐蝠——它们梦中的伙伴——惨死在大树上之时，它知道该是它发力之时了。

自主性与具有启示作用的世界

贯穿本章始终的关于彩虹蛇的故事是为了叙述季节的变化及其对世界的影响，澳大利亚北部地区的亚拉林人（Yarralin）认为这（指世界）就是他们的家园。它促使读者注意我们居住于其中的多变的自然环境及其哲学意蕴与人类行为的可能结构两者之间的复杂关系。

《牛津英语字典》将自主定义为"所有权或自我统治的权利；行动的自由"。虽然这一定义经常用来指国家与机构，但是，通过依赖于一种类似于个人的理念这样一种抽象与统一的主观性概念，其首要的含义是指某些有目的的行动、意图与计划。不过，与自主有关的其他词语，如自动的，则暗示着另外一种维度。该概念来源于生理学，意指诸如循环系统与呼吸系统这样一些无意识且不受控的过程。哲学家约翰·塞尔（John Searle）认为，人类赋予了这些自动的过程以功能的意义。正如我们已经意识到这些生理系统如何发挥作用一样，人类也赋予了其他系统以目的与价值。循环与呼吸系统的功能使我们的生命得以延续；生命是美好的；因此，我们的社会秩序应该提升我们生命的质量。

如本书序言所说，我们可以将这个过程看成是一个为集体的自主建立准则的过程。法律、规则、规范以及那些反映人类对自身世界理解程度的价值等，确实都是虚构的产物。因此，一种关于世界状况的先在假定——这种假定具有深厚的文化支撑——本身就暗示了我们的自主权。这种方法促使我们去面对基本的主体间性的画面，在这幅画面中，自主性是不可避免的。因为人类可以而且确实采用了特殊的方法来构建他们生活于其中的世界，赋予它以意义，并认同这些安排，所以诸如财产、金钱、主权或家庭这些社会建构物最终出现了。这样一种分析也意味着人类的认同性、利益以及行动的意义等是从属于社会建构物的；他们内生于社会环境，在这些环境下形成了利益与认同性，因为他们依赖于集体的意图。

在"制定的规则"中我们可以进一步发现这种解释，这些规则以游戏或者行动的预期的方式创造了"可能的前景"。除非有构建它们的规则，否则就不可能有国际象棋这种游戏。众多领域的学者认为，各种特殊的社会与政治观念依赖人们的认知或者契机。这些哲学上的洞见激发了下面我对澳大利亚土著居民三个截然不同的历史时期的分析：接触宇宙论之前的时期、19世纪英国殖民地时期以及二战以后的非殖民化时期。结果我发现自主性的建构强烈地受到作为一个总体的特定群体对世界的认知的影响。这里所谓的对世界的认知不仅指对现实的自然的看法，而且也指我们所知晓的在自己的群体中允许以及应该行动的方式。因此，本章强调的是在宏大的历史背景中不同时期反复出现的人类自主性的特征。对世界的认知，包括我们稍后将论述的"全球性"，这种认知为我们提供了关于世界的实践上和日常生活中的知识，正是这些知识促使我们实践某些形式的自主性并使其合法化。我们对世界的认知就像一个蓝图，在这个蓝图上，人类能够对自己进行定位，通过这个蓝图，人类能够应付困难、反抗压迫以及重建认同，最终规划好他们的生活。

采用这种方法也可以使我们沟通社会学上关于领域行为世界中的理论与实践，最终达至一种能够合乎全球人类状况的关于人类经验的新的综合。20世纪60年代后期，社会学家彼得·伯格（Peter Berger）与托马斯·拉克曼（Thomas Luckmann）就提醒学者们，应该注意人类日常活动与生活方面的知识生产问题。他们认为，这种探究问题的思路在很大程度上是对那种过分注重于意识形态的分析方法的矫正，在这种方法中，知识得到理论升华总是世界历史动力（world-historical forces）的结果，比如有关阶级的定义正是如此。我们真正需要理解的是主体感知印象与意义的客观化过程，通过这种过程，"主体间的常识世界得以构建"。全球化激发我们重新思考观念建构过程这一问题，并且审视这一过程在为建构合法性和赋予行动以意义的程式中的作用。当代自主性的各种形式既受到全球性的组织机构的影响，也受到全球公共领域的普及及其得体表述的影响。在这里，诸如新自由主义的理念与生态危机相互交锋，再加上每个人的经历的影响，从而使得我们所谓"日常的"与"实践的"这样一些词语的意义变得让人难以理解。

本文所展示的是，在我们对整体概念的认识和诠释中，社会秩序的合法化是根基所在，人的动机是意义所在。本章所考察的对世界的三种不同的认知——宇宙论的、现代性的以及本土意识的——使得我们可以更好地理解土著居民对自主性的看法。我们认为，那些本土居民生活在困难的自然环境中，面对着欧洲帝国全球性的扩张，遭遇到的是家长式作风的政策，他们面临的问题是如何在全球化的结构与后皇权秩序中定位他们这个群体。尽管三个时期的世界情形截然不同，但是，土著居民的经历向我们展示了这样一个道理：自主性依赖于他们的世界观所提供给他们的可能的条件。

现在彩虹蛇正年轻力壮，它躁动不安，浮出水面，展开大嘴，它发出闪电，喷洒唾液。它的唾液就是雨水，包括无数的蝌蚪。第一场雨是警示那些可以发出闪电的人们。那些可以发出闪电的妇女将会以越来越高的频率发出闪电，他们是被彩虹蛇唤醒的人们。雨水带来了来自地球的蒸汽；这些蒸汽最终会聚成可以变成雨水的乌云。来自西北部的风开始怒吼——这些早期的雨唤醒了物种。各种幼虫，以及青蛙变成了雨水的主宰：它们呼唤彩虹蛇能施与更多的雨水。随着雨水的增多，洪水开始泛滥，它预示着，彩虹蛇已经成年。

宇宙论与自主

宇宙论的作用是为一个共同体定位其在世界的身份与地位，在很大程度上它为那些困惑中的共同体定义了人类在宇宙万物中的位置。这种宇宙论告诉共同体的成员，在广阔的各种可能性中，他们是谁，他们与造物主的其他作品的关系如何。

——弗莱亚·马修（Freya Mathews）《生态自我》

对于很多澳大利亚土著居民来说，彩虹蛇的传说就起到了这样一种作用，因为它在行动与变化的过程中，时间、空间以及所有的存在物都被统一了起来。

创世的神话对于学者们试图理解土著居民的世界观具有长久的吸引力。比如，在研究土著人信仰的过程中，L. R. 希亚特（L. R. Hiatt）发现了"一种类型学，一种转瞬即逝的组曲"，它涉及人们对彩虹蛇映像的变化，澳大利亚土著哲学家们用此来解释世界的起源与现实世界的基本属性。在广袤的大陆上，彩虹蛇传说包括了土著人对人类自身很难体验的两个区域的解释：天空与地下。"先有彩虹，然后出现蛇。彩虹蛇的观念将两者统一起来，这种统

第七章 彩虹蛇：土著居民的世界观与自主性的构建

一不仅使得与他们日常生活紧密联系的两个区域有了想象中的联系，而且也为在他们以后出现的存在物找到了外部的理论根据。"

在对与欧洲接触以前的土著澳大利亚人进行研究的过程中，人类学者罗纳德（Ronald）与凯瑟琳·伯恩特（Catherine Berndt）这样描述神话中的领域："对于从那时起的人类来说，这些是他们的先例……它们是过去的存在，是神圣的存在；但是，就它们已经不可现而言，在某种程度上它们并非就是过去的存在。"恰恰相反，宗教传统常常是彼此相隔遥远的不同部落之间进行相互交往的基础。这种被普遍分享的关于世界起源的叙事强化了罗纳德称之为"集体事业"的社会认同与团结。

伊恩·基恩（Ian Keen）通过对七个土著居民社区进行比较人类学研究发现，宇宙论"形成了该地区的法律秩序，并为社会秩序提供了根基"，这包括对物质世界的基本解释与构建社会世界的"规则与实践"的说明。对于那些生活在澳大利亚西部金伯利地区（Kimberley region）的土著居民［加里因人（Ngarinyin）、伍南伯人（Wunambal）、沃罗拉人（Worrora）］来说，在神奇的造物时代，造物主将万物的始祖带到了现实世界。万物的始祖可以采取各种形式，尤其是云的形式造就万物，在这些云向各地散播的过程中，它们遭遇到各种其他的存在物，与它们结合形成了实体的图形，慢慢地，这些实体的图形逐步地变成了物理意义上的空间，在其中人们发现了食物与水。万物之祖还统治着伍南伯人的异族婚姻机构，实施诸如岳母与女婿之间应该回避等法律。

生活于西澳大利亚沙漠地区的贫图皮人（The Pintupi）也持有类似的信仰。按照人类学家弗雷德·迈尔斯（Fred Myers）的看法，贫图皮人依赖于一种"关于存在的本体维度，万物的出现是在此维度之外，在此维度之中所有的生命形式都是不合理的，但是，人们必须学会去发现这种维度"。正如梅耶斯所说，"以虚构的方式构建的世界必须被现象学地理解为指定的'存在之物'的条件，它是那些规范贫图皮人行为框架的种种存在之物或可能存在之物所孕育的果实。"对于贫图皮人来说，人类不能创造任何东西，甚至他们的孩子也不是他们自身的结果。这种思想被认为是起源于自主精神某种形式的独立转化。对于贫图皮人来说，ngurra 这个词意指不同的国家、阵营与地方，或者指那些依赖于国家的人们，也就是他们自己。因此，贫图皮人是在一个社会秩序的框架内认识自身的存在，这种社会秩序强调在一个神话编制的世界图景中人的社会性的展示。

位于澳大利亚中心区域的阿伦特族人（The Arrente people）是展示宇宙论如何构建土著居民的社会秩序的另一例子。按照语言学家 T. G. H. 斯特豪（T. G. H. Strehlow）的说法，在这个共同体内，人们认为，"自主性"是父系部落时期某些神秘的力量赋予的，这些力量与他们自己领土上某些神圣的地方有关；因此在那里中央集权从来没有出现，也没有争夺领土的大规模的战争。因此，"男人与女人们生活在一个自由且平等的状态之中……年长的男性告诫下一代要服从宗教律令，使他们成为一个自由且自主的人"。

正如这些研究证明的那样，宇宙论向土著居民解释了世界的起源，发展一套对造物说的成熟的解释也有助于向我们揭示这样一些参数：这些参数为哪些社会行为是可接受的和有意义的提供了标准。自由在人类联盟、创造和选择的情境下软弱乏力，而在宇宙秩序是显而易见的。然而，这样一种有序的世界观为那些生活在澳大利亚沙漠周围的土著居民的行为提供了解释，否则这些行为是不可能的。

弗雷德·迈尔斯观察到："在贫图皮人那里，西方人认为的自主与权威是'外在于'他们自身所处的社会的，这些只能作为史前的古董投射在幻想与风景画中。这种投射于自身所处的社会领域之外的做法克服了阻止某些形式的社会合作的两个障碍：①前狩猎社会人们彼此之间相互的义务与告知，在这样的社会，人们之间相互帮助是必需的；②建立在平等与个人自主性之上的价值观念，在

第七章 彩虹蛇：土著居民的世界观与自主性的构建

这些价值观念的主导下，任何人都不打算告诉其他人应该做什么。"

> 雨水变得浑浊，形成旋涡，这是彩虹蛇在行动。人与动物一不小心就会被这些旋涡吞噬，被溺死或者被彩虹蛇吃掉。

现代性与自主

19世纪澳大利亚的殖民化恰逢新教基督徒的觉醒。土著澳大利亚人经历了各种伴随着殖民化而来的现代性，那种被视为新基督教徒典型特征的人道主义观念在这些土著人中间也成为普遍的观念，他们用这些观念来抵制殖民主义者。他们明确地表达并发展了自主的观念，自主允许他们反抗帝国主义。历史学家已经为福音主义的兴起以及它所包含的人道主义使命提供了几种解释，包括由于天主教的成就而给新教徒带来的警示，以及面对着科学主义的日益兴盛而觉得必须对信条进行重新解释的迫切感等。19世纪福音主义兴起的一个重要动力是很多基督教徒热切希望结束可恶的奴隶制度以及造就一个"仁慈的帝国"。

在这种福音主义的注脚中，"一个经过改造从而获得新生的基督教英国可以领导全球"。人道主义观念能够获得广泛支持是建立在各种出版物迅速传播的基础之上的，这些出版物是由那些传教士团体为国内的圣会而准备的。传教士活动的全球性扩张也需要"社会与家庭生活领域的开放，这些领域以前一直由部落的规则与习俗而不是固定的宗教典则规范着"。虽然土著居民的生活受到广泛的管制，但是，帝国主义者们不仅希望控制他们更多的领土，而且试图支配他们的经验。

福音主义关于人道主义的世界观促进了一种特殊的自主观念。人道主义者们试图发现一种普遍的原则，在该原则的主导下，奴隶制度是不可接受的，他们作为上帝的子民应该得到解放。因此，传教士们的观念也进行了转换。相信所有的基督教徒应该亲如兄弟是理所应当的，因为对于很多的福音主义者来说，解放的逻辑"使得他们有义务帮助那些饱受殖民主义迫害的人，虽然这些人并非实际的奴隶，但是他们的处境如同奴隶一样糟糕"。

基督教人道主义者，特别是土著居民保护协会最终说服了殖民当局于 19 世纪 30 年代初期在澳大利亚东南部建立了土著居民保护区。贝恩·阿特伍德（Bain Attwood）这位历史学家，致力于研究澳大利亚东南部土著居民中的幸存者对第一波欧洲殖民者的最初反应，他指出，在持续不断的边境冲突与流行病的传播之后，那些零散的土著居民共同体在狭小的保护区内重新整合，这些保护区由传教士们经营着。很多土著居民开始习惯与殖民者打交道，部分原因是这样可以使得他们的孩子有机会接受教育，"这是在白人社会获取职位与权力的首要源泉"。福音主义者相信，他们在保护区内提供的社会好处能够使得土著居民的道德与精神得到提升。但是，对很多土著居民来说，即使不是绝大多数，传教士们的活动与保护区的政权是侵略性与破坏性的，因为在他们试图同化这些部落的人们，将"真理传播给这些生活于黑暗之中的人们"的过程中，土著居民的传统受到了压制。

阿特伍德通过对维多利亚时代一个名为罗摩雅克（Ramahyuck）（1862~1908 年）的摩拉维亚教徒使团（Moravian mission）近距离的观察揭示了这些传教士们通过全方位努力试图"在时间与空间观念上改变这些土著居民"。从 19 世纪中期到晚期，整个使团都是按照理性主义与功利主义的原则建立与管理的，这些原则由皇权世界的僧侣与知识分子所创立。维多利亚时代的使团方案确立了有形的界限与规则，这些界限与规则实践着欧洲人的个性观、性爱观以及家庭观。使团也在学校教育与工作中贯彻严格的程序观，从而灌输给这些土著居民一种规则与责任的观念。

很多土著居民开始懂得，传教士们的教义对权力与权威提供了

第七章　彩虹蛇：土著居民的世界观与自主性的构建

一种与那些殖民者截然不同的解释。阿特伍德发现，有三个因素促使这些土著居民政治化，这种政治化是由于这些土著居民遭遇到传教士们的教义后而形成的。首先，基督教依赖于一种普世的兄弟观念；其次，基督教主张一种更高的统治观念，在这种观念中，殖民主义者与土著居民是平等的；最后，它为现在的种种不正义提供了一种千年解放说。

许多澳大利亚土著居民从这些基督教教义的文本提供的正义中获得了安慰。莫纳·伯顿（Mona Burton），一位自认是"纯种"的土著居民，温文尔雅地鼓励那些白人们阅读"哥林多后书的第十章第七节，其中说道，你们是从外在于自身来观察世界吗？如果任何人认为他自己是救世主的障碍，并且他自己反复这样告诉自己确实是这样，那么最后他真的将成为救世主的障碍，对于我们也是一样"。戴维·乌奈庞（David Unaipon），也许是第一位出版专著的土著作家，他认为，基督教的到来使他由衷地感到了祝福，他认为自己进入了一个"全新的精神世界"。在随后的几年，无数的土著居民领袖在讲道坛发表了他们的政治言论，这其中包括丹·布莱迪（Don Brady）、塞德里克·约瑟夫（Cedric Jacob）以及道格拉斯·尼科斯（Doug Nicholls），在成为南澳大利亚州州长之前，道格拉斯·尼科斯已经在好几个领域颇有建树。

人道主义者的保护政策使得整个澳大利亚东南部的土著居民深信他们可以与英国王室发生直接的联系。很多人认为这是对他们的优待，是对他们主权的承认，在一个涵盖整个欧洲的更加广阔的社会秩序中，这些保护措施为他们重建自己的认同性提供了手段。但是此后，像诸如将他们的保留地开放给白人移民者之类的殖民行为使得他们有了一种被出卖的感觉，激发了他们新一轮的反抗。从保护区与使团到英国王室，到处都充满了他们抗议白人殖民者入侵的请愿行动以及对当局的谩骂。

1846年2月17日，弗林德斯岛（Flinders Island）（在塔斯马尼亚岛东北海岸外）上的原住民，沿着塔斯马尼亚岛（Tasmania）

的海岸线［以后被称为范迪门的土地（Van Diemen's Land）］，向英国女王维多利亚请愿以寻求保护。弗林德斯岛并非这些原住民的传统家园，而是政府为那些土著居民批准的一块保护地，这些土著居民有的是在殖民剥夺过程中侥幸存活下来的，有的是范迪门的土地上多年暴乱中因官方特赦而存活下来的。新南威尔士州州长为这些土著居民建立了避难所——土著居民之家，以此作为一种妥协的策略，并诱使那些存活下来的土著居民离开他们的故土。由于已经同意不再回到殖民主义者为他们首选的那个海岛，这些土著居民发现他们正生活在一个与他人隔绝的压抑环境之中。请愿者用这样的术语来描述他们与英国王室的关系的起源："作为陛下的请愿者，我们是你们的自由的孩子，我们不是被你们强迫的囚犯，而是我们自愿放弃我们的故土。"

在此后的70年中，整个澳大利亚东南部的土著居民以"实现最高贵的维多利亚女王陛下"的愿望为凭借，不断地向当局请愿。有案可查的最著名运动是由威廉姆·库珀发动的，在整个20世纪30年代，他不断地进行斗争，试图向英国女王提交请愿书。像在他以前的那些请愿一样，他的请愿书也是呼吁当局在语言运用以及政策制定上要讲道德。在他的请愿书中，他提出的问题是，那些白人移民者们既没有认识到他们没有践行自己的义务，也对这些义务是否应该履行毫不在乎。在此我们可以看到，为了获取那些白人所有的自主权，这些土著居民中的政治领袖开始依赖于一种能被殖民主义者理解的世界观，其中包括那些被信仰基督教的当局所认可的普遍的义务观念与责任观念。他们对这些特殊的公民权利与社会正义的主张表明，作为一个完整的群体，他们希望自己能够被既存的正当秩序所接纳。

阿特伍德试图重新还原人道主义者们所做的这些政治努力，以此来提升作为一个整体的土著居民的群体意识。那些被迫离开使团的土著居民心中产生一种强烈的歧视意识与被压迫意识。而那些试图保护他们传统的土地的土著居民则发展出了一种与他们共同体之外的其他土著属于同类的普遍主义意识。这些共同的经历转而塑造了这些土著居民对于他们自己历史的认知，也重新塑造了他们的信仰或者神话，他们用这些信仰或者神话解释他们现在将走向何方。希瑟·古德尔（Heather Goodall）认为，这些主张也展示，在承认欧洲人以及殖民主义存在的新的背景下，土著居民们持续性地索取他们自己的权利。尽管他们以前的宇宙世界观已经遭到了严重的破坏，但是，他们能够通过变通的方式去适应那些为白人们所熟悉的关于整体性与宇宙主义的新阐释。

到19世纪末，伴随着"帝国的玩世不恭"，这种普遍主义已经黯然失色，而种族主义却在抬头。它与移民者们心中萌生的那种试图脱离母国的干涉而独立处理自己事务的愿望结合在一起。尽管人道主义者被搁置在一旁，但是新教基督徒及其全球性的人道主义项目对土著居民思考他们的政治问题有着持久的影响，尤其是在讨论殖民主义者的哪些行为应该被限制这一问题上。不仅如此，它还为殖民地制定了新的统治规则，这些规则在一个主张新型自主的全球道德秩序下对土著居民进行了重新的定位。基督教是一种关于拯救的原教旨主义，它给人安慰与刺激，促使人们对他者的关心，在这个过程中，也揭示了那些白人移民者的伪善。通过反驳殖民主义者毫无限制的扩张的正当性，使团与保护区挑战了这些殖民主义者。土著居民保护区使得他们可以重构以及发展新型且更加广泛的身份认同，包括他们普遍认为与英国王室是一种直接且正式的本土关系等。最后，通过对土著居民普及教育，人道主义者也为土著居民更加有效地参与殖民地的政治提供了可能性。在一个欧洲人主导的全球秩序中，人道主义者的世界观为土著居民重建他们的身份与地位提供了帮助。

> 几个月以后，彩虹蛇的影响显著扩张：洪水开始泛滥，天空一度阴霾，雨水遮蔽了太阳的光芒。狐蝠潜入水底，与彩虹蛇一起起舞，青蛙不再呼唤雨水。彩虹蛇开始漫步，它正在变得"衰老而疲倦"。

土著居民与自主性

20世纪特别是二战后，企图以欧洲文明建构世界秩序的想法越来越不靠谱。移民者殖民地获得了独立，这些殖民地的精英们发展了一种解放的观念。世界性的大战与大萧条使欧洲的民族国家元气大伤，在这种情况下，维系帝国的中央集权是不可能的。全球性的通信网与交通网缝合了那些以前处于离散状态的认同性，并使得人们分享了彼此的体验，日益增多的全球性机构不仅使得这些新的沟通网络发挥作用，而且也表达了它们对全球性问题的日益关切。

随着整个世界的变化，土著居民的自主性不仅变得可能，而且这一问题也被提上日程。更多的原住民被卷入资本主义的体系中，随着诸如大规模的采矿业以及移民者社区等新的形式的入侵，土著居民的经济进一步遭到了破坏。不过在很多移民者殖民地，战后有两个相关的措施最有影响。第一，发展。诸如加拿大在1951年通过了印第安法修正案，澳大利亚在20世纪60年代也进行了相关的改革，这些措施主要是确保自由权与公民权的正式扩张从而保护土著居民。第二，得益于这些新的政治权利，澳大利亚土著居民加入反殖民主义政治的新潮流中，他们认为，他们同样受到全球性力量的支配，这些力量不仅在其他移民国家起作用，而且在那些资源丰富的国家也起作用。全球性的去殖民化现象为土著居民提供了一个观察世界的新的方式。在这种方式下，那些在殖民主义进程中被边缘化的各群体看到了他们遭受的委屈，于是他们反抗，团结在一起，而那些殖民主义者却声称，他们之所以被边缘化，是文化差异使然。

土著居民帐篷大使馆，这个于1972年1月26日在澳大利亚首都堪培拉的国会大厦前的草坪上建立的大使馆，体现了这种新的世界观，也代表了澳大利亚土著居民寻求自主性的一种全新模式。示威的参与者们——那些年轻而又激愤的城市土著居民，他们在呼吁一种全球秩序的同时实际上也在重新构想一种全球秩序。这些澳大

第七章 彩虹蛇：土著居民的世界观与自主性的构建

利亚的土著居民们要求重新定位他们与国家之间的关系，主张在诸如请愿、示威、占领等新式政治行动中能够表达他们自己的声音。而且，他们知道，他们行动的目的在于为所有的人，无论是土著居民还是非土著居民提供一种新的全球秩序。

帐篷大使馆的建立是澳大利亚保守党政府不够重视20世纪60年代土著居民争取地权这一事件的自发反映。1971年，在第一个关于土著居民土地权的法律纠纷中，联邦法院最终裁定，根据澳大利亚的法律，原告（阿纳姆地区东北部的尧古人）不享有任何形式的土地权。但尴尬的是，政府官员们感到有必要制定新的政策。恰恰在1972年帐篷大会前，他们同意给某些经过审查的传统土著居民群体以土地租赁权。不过，那些年轻的城市土著居民领袖们拒绝当局的这种让步，通过声称"我们是大地的孩子，可是我们却没有任何属于自己的土地"，他们指控政府正在将"土著居民们降到与动植物类似的层次"。

1969年美国印第安人占领恶魔岛（Alcatraz）的运动为澳大利亚土著居民的抗议运动提供了灵感上的主要资源。帐篷大使馆的一位示威者后来回忆说："印第安人已经占领了监狱岛，我希望全世界将焦点聚焦于我们的困境。"事件的一个主角罗伯特·西凯斯（Roberta Sykes）将帐篷大使馆的逻辑归结于"揭露在澳大利亚征用土著居民土地这一问题上全世界都保持沉默的阴谋……我们有责任向外界的人们详细诉说我们的苦衷。我们知道，我们的成就需要我们这个没有任何资源可用的群体运用大量的想象力与创造力"。

帐篷大使馆的行为具有根本的影响。在澳大利亚国庆日的深夜，四个土著居民男子在象征着澳大利亚权力的位于澳大利亚首都堪培拉的国会大厦前的开放场地上安营扎寨。他们的营地最初只不过是"一个遮阳伞，一张布告"。凯里·弗里（Gary Foley），四位男子中的一位毫不气馁地说道："这就是一个使馆：昨天总理的发言立刻使得我们变成了这块土地上的外国人，因此，像其他国家一样，我们也需要一个使馆。"随着土著居民从悉尼、墨尔本以及伊尔卡拉地区和阿纳姆地不断赶来，示威者的人数激增。

图片展示了抗议者们谦卑而平易近人的性格，因为土著居民与他们的支持者们坐在地上，他们一起生火，做饭，用餐，晚上每六人一个帐篷就寝。当那些试图与示威者的领导进行谈判的政治家们从国会大厦中出现时，他们西装革履的形象与那些光着脚丫的和平示威者的形象两者之间形成了鲜明的对比。由于没有任何法律禁止这种暂时的露营，因此政府也没有权力解散他们。因此，抗议者们赢得了时间向全世界展示土著居民是怎样被迫在如此狭小的空间中集体生活。他们向世界展示澳大利亚政府声称的平等主义的绝对失败，帐篷大使馆的抗议重新勾画了澳大利亚人关于土著居民生活的公众想象的轮廓。正如格雷格·科万（Greg Cowan）已经指出的那样，"通过展示各种支持者，同时配合场地与材料"，帐篷大使馆"象征着一系列营造场地的尝试"。

帐篷大使馆的抗议也刺激了关于土著居民自我表达的重新思考，这种思考有助于巩固土著居民新型的自主模式。这种模式包括了一种主体间性的觉醒与团结，这种主体间性的觉醒与团结来源于被剥夺的感受与文化差异。经过澳大利亚东南部那些更加激进的城市土著居民的构思，并且制定相关的法案，帐篷大使馆保持着更高层次的关注，特别是那些倡导采用更正统的斗争方法的土著居民激进分子。斐斯·班德勒（Faith Bandler），这位岛上妇女，在土著居民与托勒斯海峡岛居民事务委员会中担任重要领导，她声称帐篷使馆"使每个人走到了一起，加强了黑人之间联系的纽带"。

帐篷大使馆事件冲击的不仅仅是澳大利亚。正如一位研究该事件的历史学家指出的那样，帐篷大使馆的访问者"包括苏联外交团，加拿大申诉委员会的一个代表以及爱尔兰共和军的一个干部，这位干部为帐篷大使馆捐赠了一块亚麻布手帕"。几位抗议运动的组织者也力图建立一个永久性的国际基地来促进全球性的土著居民的斗争。比如土著居民信息中心，就充当着土著居民政治与文化大使馆的角色，它从那些同情土著居民的其他政府以及欧洲左翼社会

第七章 彩虹蛇：土著居民的世界观与自主性的构建

运动那里获得支持。

现在，土著居民认为他们已经准备好并且迫切需要引导国际关系。范围更加广泛的土著居民再形成运动给国际性机构带来了更大的压力，最终导致了一场持续进行的对土著居民给予普遍承认并保护其权利的运动。作为全球政治史的组成部分，帐篷大使馆事件揭示了土著居民自主的方式，该方式是在20世纪70年代进行重新构思的。作为借助媒体的力量而创造一种新的土著居民身份认同的方式，它将土著居民的社会现实与国家权力的象征两者放置在一起。不过，这种自主行动发生在这样一个社会环境中，这就是大家都意识到帝国主义与殖民主义正在尝试吞并全球。关于土著居民的结论是，他们必须重新制定他们的政纲以挑战当下占统治地位的世界观——即民族国家依旧是世界的标准秩序。

> 太阳声称，它正在燃烧彩虹蛇。与此同时，东风兴起，打碎了彩虹蛇的背脊。彩虹蛇燃烧已近，脊梁已断，它退回江河。东风净化了天空，天气转冷。澳洲野狗吃着它们的树叶，袋鼠与火鸡变得肥胖；世界的中心从水下转向陆地，从雨水到阳光，从江河资源到陆地资源。当整个国家已经不再被雨水笼罩，而是有干燥之地时，白色的北美枫香树已经开花，狐蝠返回。随着太阳照耀大地，地球有了温度，四季开始循环，冷空气已经消失。

结　　论

基于全球性的视野，我们应该怎样思考土著居民的自主问题？一套全面的政治哲学是它的唯一答案吗？正如托马斯·L.弗里德曼以及其他学者不断建议的那样，共产主义理想大厦的坍塌使得我们有理由以一元化的眼光来定位我们的世界。人类在地球轨道上拍到的第一张地球照片意义有多大？全球性的理念需要人类的知识多到至少要懂得地球是围绕太阳运转，地球是由各种矿物组成的球形实体等这种后哥白尼时代的世界观吗？迄今为止的争论将这种突破（指后哥白尼时代）以前的时代以及这些时代的世界观排除在外，而简·阿尔特·舒尔特关于超地域性的讨论则促使了对那些地理学上的唯物主义者的观点的严厉批评。

毋庸置疑，全球化与自主性要重视人类的相互作用这一看法是非常重要的。但是，本章揭示的是，在思考全球化与自主性问题时，也应该重视文化与哲学上的承诺这一问题。这种文化与哲学上的承诺成为连接下列两者之间的桥梁：一方面是对整体性或全球性的一种特殊的认知，另一方面是人类的行为与自主性结构。在各种新型的自主性实践活动中，那些使得人们之间的相互交换成为可能、可感、可求的世界观得以形成，这些新式的自主性实践活动是人类最基本的行为逻辑。

在这个意义上，我们可以说，与其他群体相比，土著居民的行为更经得起考验。他们被迫接受欧洲的现代性强加给他们的世界观，而在澳大利亚土著居民的古典阐释中，人类的自主性是对社会与自身秩序进行某种神话性解释的结果。实际上，探究土著居民的经历可能对我们理解这一问题也有帮助，即我们认为的自主性是如何与我们对全球秩序所作的主导型阐释紧密相连，同时这也有助于揭示为什么在那些稀散的群体部落这种联系（即自主性的形式与世界观之间的联系）更加难以观察到。世界观使得人类的某些特定行为是可能的，具有意义的，它们具有价值或者显得有必要。流星预示着灾难可能是当代人世界观最有力的事例，同样，在当代的世界观下，越来越多的人在寻求自主性，并且呼唤行动。世界观也使得某些形式的自主性是多余的，无效且不可被接受。像早期的帝国主义者与殖民主义者一样，当代的自由主义者与新保守主义者也在不断地证明这一点。

（朱昔群译，中央编译局）

第八章 全球化与美国帝国:
全球性转折的关键时刻

乌尔夫·赫德托夫特

1986年10月11~12日,冰岛,雷克雅未克海边,霍夫迪楼。一个寒冷、风雨交加的周末——空气是阴冷的,而此居所因闹鬼而出名。主人公:两个敌对的超级大国的首脑——罗纳德·里根和米哈伊尔·戈尔巴乔夫。场景:一个看上去温和的、非正式的和偶然计划的两位领导人之间的"峰会前会议",用来讨论两国之间的关系,特别是核军备竞赛的情况,以及为稍后的正式峰会作准备。

尽管会议没有达成任何协议,但是,它应当被视为我们通常称之为冷战的超级大国对抗中的关键性时刻,以及美国努力克服最后的两极性约束来推进其全球霸权野心以彻底地将全球化纳入美国帝国主权建设中的关键性时刻。这看上去似乎是不合逻辑的,而且在多个方面是不成功的。但是,两国元首两天的碰面实际上以一种近乎理想型(ideal-type)的方式,包含、浓缩了过去两个超级大国"非对称性体制"之间显著冲突的历史。[①] 它同时也以苏联向美国

[①] Henry Kissinger, *Diplomacy* (New York: Simon and Schuster, 1994),第790页。除了 Kissinger 的著作之外,关于此类的论述主要见于以下著作中:Michael Mandelbaum and Strobe Talbott, *Reagan and Gorbachev* (New York: Vintage Books, 1987); Jason Manning, "Reykjavik," *The Eighties Club: The Politics* (转下页注)

利益和权力妥协的形式预示了它们最终的结果。正如杰克·马特洛克（Jack Matlock）——1988~1991年美国驻苏联大使，曾经敏锐指出的："雷克雅未克是一个具有转折性的峰会；它是一个突破——它可能是我们曾开过的最重要的峰会。在那里所形成的决定……最后形成了（美苏）《中程核武器条约》（INF）。所以视其为一个失败将是非常肤浅的。"② 对于此评价，亨利·基辛格（Henry Kissinger）在一次典型的兼有现实主义和欺骗性的声明中对其进行了响应："戈尔巴乔夫迅速结束军备竞赛，或者至少是扩大北大西洋联盟（the Alliance）紧张的最后机会，在雷克雅未克消逝了。"③ 基辛格，正确地指出了这个时机的重要性，但是他这样做是以一种虑及以下可能性的方式进行的，即如果戈尔巴乔夫是一个机敏的政治家，那么由于所谓的"美国谈判地位的脆弱性"，此会议或许已经导致了一个"军备竞赛的结束"。④ 国务卿乔治·舒尔茨则较少地倾向于拐弯抹角地说话："关于战略防御计划——'星球大战'（SDI），我们应当让他们一无所得，而且让他们认为他们得到了很多。（回顾过去,）我知道这个妖魔（genie）已经逃出了瓶子：戈尔巴乔夫在雷克雅未克作出的让步，实际上，将永远不能收回。我们已然窥知了苏联的底线。"⑤ 保罗·尼茨（Paul Nitze），美国军方首席谈判官，也同意道："它是我们在25年中所获得的最好的苏联的建议。"⑥

（接上页注①）*and Pop Culture of the 1980s*, 2000, http：//eightiesclub. tripod. com/id322. htm; and George P. Schultz, *Turmoil and Triumph：My Years as Secretary of State*（New York：Charles Scribner's Sons, 1993）。

② Manning,"Reykjavik."
③ Kissinger, *Diplomacy*, p. 790.
④ Kissinger, *Diplomacy*, p. 791.
⑤ Jason Manning,"Reykjavik," *The Eighties Club：The Politics and Pop Culture of the 1980s*, 2000, http：//eightiesclub. tripod. com/id322. htm.
⑥ Jason Manning,"Reykjavik," *The Eighties Club：The Politics and Pop Culture of the 1980s*, 2000, http：//eightiesclub. tripod. com/id322. htm.

第八章 全球化与美国帝国：全球性转折的关键时刻

1986～1990：克服两极性约束

虽然几乎不是由于苏联方面外交的不胜任，但是这就是苏联方面所做的事。苏联所作的让步——包括"将所有的战略性武器削减50%，完全撤除美国和苏联部署在欧洲的中程导弹，严格遵循反导条约（ABM Treaty）……当场核定的美国条款……放弃先前苏联关于任何条约均须包括法国和英国导弹在内的要求……将苏联部署在亚洲的导弹限制到100枚弹头……承认将人权作为未来超级大国谈判的一个合法部分"，以及更多的内容等——拥有了一个更加现实和必要的基础。① 这就是两超级大国之间军事和经济力量的不对称性不断扩大，其产生主要是因为里根时代早期巨大的军备竞赛。对此，基辛格以一种较少带有欺骗性和更加胜利的语气，嘲笑地进行了论述。"当美国的战略构筑，特别是战略防御计划，提出了停滞的和不堪重负的苏联经济所不能迎接的科技上的挑战时，从安哥拉到尼加拉瓜，一个复活的美国正在将苏联的扩张主义转变为代价昂贵的僵局或是不光彩的失败。同时，当西方正在发起超级计算机微型芯片革命时，新的苏联领导人只能眼睁睁地看着他的国家滑向科技落后的深渊。"② 将经济上、科技上和军事上的优势资源结合起来，用于美国20世纪80年代的战略——这就是所谓的第二次冷战。③ 它是这样一个战略，基辛格的母语为其设计了一个适合的术语——Todrüstung。此战略包括使敌国疲于军备竞赛直至灭亡，首先，通过迫使其将巨大的经济资源从国内建设转移到军事使用上来，这将耗

---

① Jason Manning, "Reykjavik," *The Eighties Club*: *The Politics and Pop Culture of the 1980s*, 2000, http://eightiesclub.tripod.com/id322.htm.
② Kissinger, *Diplomacy*, p.787; Strobe Talbott, *Deadly Gambits*: *The Reagan Administration and the Stalemate in Nuclear Arms Control* (New York: Vintage Books, 1985).
③ Fred Halliday, *The Making of the Second Cold War* (London: Verso, 1983).

尽其用于生产、基础设施建设和大众消费的资源；其次，通过对敌国的军事部门施加巨大的和持续的竞争压力，而这最终将凸显以下方式之不足，即首先将排他性的财政及组织优先权给予保持超级大国地位的措施。80 年代早期，苏联经济的两个主要部门之间消极的相互配合不断衰弱，开始明显地影响到其外交及安全政策的制定。

这一战略背景及美国战略的成功为基辛格关于两个"不具比较性的体系"之间竞赛的描述赋予了新的含义。到 80 年代中期，两个超级大国不再简单地在政治、经济或意识形态结构上不具可比性，而且更加重要的是，在经济、政治、科技及军事力量上都不具可比性了。乔治·凯南和哈里·S. 杜鲁门总统 40 年代的反共战略已经成功地实现了。对敌国的"遏制政策"已然完成；现在对敌国的"反制政策"及其最终消逝成为一个问题。①

"邪恶帝国"被列为超级大国的权利存在于，而且仅存在于一个特质中：大量的核弹头安装于指向欧洲及美国目标的洲际及中程导弹上。虽然此军事潜力与华沙条约国家广泛的常规武装力量一起，可能会在第三次世界大战中造成巨大的破坏，但是，相对于美国及其欧洲盟国的军事能力，它尚力不能及。70 年代的限制战略性武器谈判（SALT）已经发挥作用。它们曾再次使西方超级大国的政治和军事精英能够预测甚至是最大规模的战争。或者，用基辛格有些委婉的话说，"军备谈判正在成为给虚弱的苏联体系施加压力的一个工具"②。

到 80 年代中期，由于从获得了新的力量的地位出发进行谈判

---

① 参见 George Kennan, "The Sources of Soviet Conduct," *Foreign Affairs* 25（July 1947）：566 - 582；Thomas Bodenheimer and Robert Gould, *Rollback! Right-Wing Power in US Foreign Policy*（Cambridge, MA：South End Press, 1989）。当时，在遏制政策的倡导者与反制政策的支持者之间存在着激烈的战略性争论——前者属于"温和派"，后者属于"激进的保守派"。然而，从历史发展的角度看，将这两种政策视为扫除美国霸权扩张道路上的苏联障碍的斗争中相连贯的阶段，似乎是更加明智的。

② Kissinger, *Diplomacy*, p. 790.

第八章 全球化与美国帝国：全球性转折的关键时刻

非常有利，这些"军备控制"谈判不再能够对美国造成影响。而毋宁说，它开始视其为"一个包括深奥的精巧之点的深奥的问题——即使往最好处着想，此问题也将花费数年才能解决"①。美国 80 年代早期的包括一项未来战略防御计划威胁在内的军备计划，设有不断地对苏联人增加无情压力的目标——它远不是任何的外交策略或苏联人所津津乐道的任何空想的和平共存。该目标是：使苏联的核潜力——他们仍然拥有的仅有的讨价还价的筹码——"虚弱和过时"，正如里根对其所选用的措辞那样，出于公共宣传之目的，即使总统，也要以一种扫除世界所有核武器的理想主义愿望的方式来陈述这一威胁。②

然而，实际上，里根正"建议消除一切曾经迫使苏联自行解体的种种迹象"③。因此，在雷克雅未克，成为占绝对优势的美国的主要攻击对象的戈尔巴乔夫，不认为他自己被里根的理想主义的花言巧语所诱惑而立即作无条件的投降："请原谅，总统先生，但是我并不十分接受您关于分享战略防御计划的想法。您甚至不愿意分享石油装备、自动机械设备或者奶制品设备，虽然分享战略防御计划将是第二次美国革命。"④ 这段陈述也揭示了当时苏联国内可怕的经济与科技困境。下面的例子是为了回应戈尔巴乔夫关于里根是否不再赞同"（您）提出的关于中程导弹的零选择（zero option）"的疑问，里根所作的具有说服力的讲话，它充分说明了雷克雅未克会议的不对称性："不，我非常赞同，但是此问题仅用于全球性的解决。如果是在全球范围内实现零选择，那么它将是特别成功的（fabulous）。但是如果中程导弹仅是在欧洲范围内得到消

---

① Kissinger, *Diplomacy*, p. 790.
② "Reagan Proposes US Seek New Way to Block Missiles," *New York Times*, 24 March 1983: A20.
③ Kissinger, *Diplomacy*, p. 778.
④ CNN 交互电视节目（CNN Interactive）, The Reagan-Gorbachev transcripts, Reykjavik, Iceland, 11 - 16 October 1986, *Cold War*, episode 22, "Star Wars," 2004, http://www.cnn.com/specials/cold.war/episodes/22/documents/reykjavik.

减……我就不会赞同。毕竟,您(在亚洲)的导弹能够从那里射到欧洲,而且,它们能够被突然运往其他地方。"①

坦率地说:我们现在要求,您消除您所有的核武器;只有那样才会令我们感到满意。此段陈述暗示了1981年零选择危机的重演,但是有一个或两个重要的区别。当时苏联拒绝移除其部署在欧洲的 ss - 20 导弹时,美国部署了"潘兴"和巡航导弹,从而在"欧洲剧场"获得了额外的优势,它不仅压制了苏联的所有威胁,而且形成了潜在致命性的首次打击能力。因此,在雷克雅未克,里根能够以一个并未部署的(并未开发的)系统(SDI)——它能够使苏联所有的核能力失效,并使它作为一个与美国相匹敌的超级大国在国际上已经获得的地位与声望都付之东流,而再一次威胁苏联,从而增加赌注,打出王牌。里根的要求归根结底是一个相当重大的非此即彼的选择:或者你自行拆除核潜力(全球性的零和博弈),或者我们通过进一步发展并随即实施战略防御计划使其失效。② 戈尔巴乔夫的反应,事实上是微弱的,明显地表明了苏联地位的衰弱:"但是你们也同样在南朝鲜拥有核武器,舰载前沿基地武器系统,就不必提及其他核武器了……我们已经选择了将英国和法国的战略性

---

① CNN 交互电视节目(CNN Interactive),The Reagan-Gorbachev transcripts,Reykjavik, Iceland, 11 - 16 October 1986, *Cold War*, episode 4。

② Frances Fitzgerald, *Way Out There in The Blue*: *Reagan*, *Star Wars and the End of the Cold War* (New York: Simon and Schuster, 2000); Richard Pipes, "How to Cope with the Soviet Threat: A Long-Term Strategy for the West," *Commentary* 78, 2 (1984): 13 - 14. 从苏联的角度看,由于最近零选择冲突的先例及令其不安的美国/北约的确认真的现实,使战略防御计划(SDI)威胁的可信度毋庸置疑地增加了。另一方面,战略防御计划,不像潘兴或巡航导弹,并不是一个可操作的系统,而只是处于其发展的早期阶段。这样一个事实不应当导致如下错误的结论,即它完全是一个能够被戈尔巴乔夫机敏的政治谈判者所识破的美国的恐吓(Bluff)。恰好相反,一定程度上虚假的星球大战武器在美国谈判武器库(negotiating arsenal)中的效力凸显了苏联在军事与经济方面地位的不稳定性。因此,尽管战略防御计划如此,苏联领导人只是需要这最后一击去认识到,事实上体系的不可比较性、"权力的不平衡性",以及苏联地位的脆弱性是如此明显,从而不能被忽视。

兵工厂搁置一旁，这是我方的一个让步。我们也没有对前沿基地（武器）系统提出争议。为什么美国没有作出任何回报性的举措？"①

这就是一个已经被打败了的却极力想保留颜面的男人所讲的话。借用基辛格的无情的表述，里根正在使"苏联的领导者们明白，他们非常鲁莽地于 60 年代所开始进行的军备竞赛或者将耗尽他们的资源，或者将促使美国战略性的突破"②。既然没有救命稻草可抓，而且在苏联的一再让步之后，最后所要做的保全面子的事是牢固地坚守住最低的现实需求，即美国放弃所有使用 SDI 技术的计划。换句话说，美国须忘却它最有力的（虽然仍然是假想中的）谈判筹码——最重要的是，它从其对手那里换回了所有的让步。所以，一方面，"戈尔巴乔夫不能这样回国并告诉他的人民，他已经同意消除所有的弹道导弹却允许美国人发展一个基于太空的防御系统"③。另一方面，里根根本不可能被说服去做一个关于 SDI 的预算。实际上，鉴于他所处地位以及承载着美国利益的意识形态信念的力量，为什么他要这样做？

因此，虽然雷克雅未克会议失败了，但是结局已被洞见。几乎所有的苏联所作的让步都被包含进了次年在莫斯科签署的《中程核武器条约》中，包括销毁所有的中程导弹，尽管"苏联拥有近三倍于美国潘兴导弹的中程导弹"④。在几年之内，戈尔巴乔夫放弃了勃列日涅夫主义及将东欧作为苏联势力范围的权利。⑤ 美国帝国主权与全球化相融合——老布什称之为"新世界秩序"的最后一个重要的障碍正在被移除。美国不断克服两极性，并不断为下一阶段的全球化——彻底重建一个在美国领导下的全球秩序创造必要

---

① CNN 交互电视，The Reagan-Gorbachev transcripts, Reykjavik。
② Kissinger, *Diplomacy*, p. 778.
③ Manning, "Reykjavik," p. 3.
④ History Central, "World History 1986 – 1987," 2000, http：//www.multied.com/dates/1986.html.
⑤ 参见 Kissinger, *Diplomacy*, 第 794 页。

的条件。① 为了清楚地说明它是怎样走出这么远的,对新帝国主义、国际秩序和全球性转变作某些反思是必要的。

美帝国与全球性秩序

加拿大历史学家萨米尔·索尔(Samir Saul)曾简要地指出,"全球化本身不是帝国主义或帝国,但是它为帝国主义或帝国获得全球维度创造物质条件。"他指出,"帝国主义与帝国在历史上和概念上都早于全球化",而且,"虽然全球化是一个正在进行中的积累过程,且或多或少地渊源于遥远的过去,但是它只是在最近才作为一个可以被辨别的事实显现出来。渐渐地,更大范围的相互关联性使世界统一到也许可视其为一个单一单元(single unit)的程度。由于帝国主义的控制及帝国的统治在地理上的扩展,使那些原本没有联系的地区之间建立起了双向联系,或者改变了它们之间原有的联系"②。

帝国(在殖民的意义上)与全球化不是同一个概念,而且不

---

① 当然,还有其他的历史和国内的因素影响到苏联的解体。见 Alexander Dallin and Gail W. Lapidus, eds., *The Soviet System: From Crisis to Collapse*, rev. ed. (Boulder, CO: Westview, 1991) 和 Geoffrey Hosking and Robert Service, eds., *Reinterpreting Russia* (New York: Oxford University Press, 1999)。然而美国和俄罗斯之间的核军备竞赛仍然在继续,并且其后的协定与条约(如 2002 年的关于削减进攻性战略武器的《莫斯科条约》)都跟随一条可预见的不断扩大美国优势的轨道(在 1999 年美国退出《全面禁止核试验条约》并继续进行导弹防御系统的试验),而同时试图强加《反弹道导弹条约》于俄罗斯。Walter LaFeber, *America, Russia and the Cold War, 1945–1996* (New York: McGraw-Hill, 2001); James Putzel, "The 'New' Imperialism and Possibilities for Coexistence" (Discussion Paper 2, Crisis States Programme, LSE, Development Studies Institute, London, 2004); Angela A. Stent, "Russia: Farewell to Empire?" *World Policy Journal* 19 (Fall 2002): 83–89.
② "全球化与自主性项目" 2003 年春季举办的一场实质性讨论。本节第一段遵循我在《全球化的驱动力:方式、参与者与进程》一文中的分析,见 *Jorden runt igen-Nya bidrag till en gammal globalhistoria* [Around the world again—New contributions to an old global history], ed. Arne Jarrick and Alf Johansson (Stockholm: Almqvist and Wiksell, 2004), 134–135。

第八章 全球化与美国帝国:全球性转折的关键时刻

应当将它们混为一谈。殖民帝国与领土、地缘政治分裂,以及多元竞争性政治秩序的存在密不可分。相反,全球化则包含着超领土(supraterritorial)的因素,① 它与全球物质与观念上的趋同相联系,建立在经济与科技进步的实力上。在这二者之间,横着连接民族国家与国际体系的油灰。② 在这个意义上,全球化能够为新帝国政治秩序的构想提供条件性的背景。③ 在此章节,术语"新帝国"和"新帝国主义"通常指以下述方式超出某国主权的正式范围投射权力与利益的总能力,即其他政治体、自治体被引导或强迫作出与新帝国主权的利益与偏好相一致的选择,通过适应新帝国主权的议程从多个方面去适应它,而且,这些政治体、自治体通常更多地会选择走这条道路,因为此条道路被视为不算太邪恶的道路,或是被视为最有利于保护和防卫民族利益的道路。④ 其含义是,新帝国主义立基于以一种主权方式行为的能力,它超越一国直接的和合法的主权空间的边界——虽然它对某一统一体在高压政治与外交斡旋之

---

① Jan Aart Scholte, "What is Globalization? The Definition Issue-Again"(工作论文系列,全球化和人类状况研究所,麦克马斯特大学,汉密尔顿,安大略省,2003)。
② Ulf Hedetoft, *The Global Turn: National Encounters with the World* (Aalborg: Aalborg University Press, 2003) 和 "The Forces Driving Globalization"; Michael Mann, "Has Globalization Ended the Rise and Rise of the Nation-State?" *Review of International Political Economy* 4, 3 (1997): 472~496, 及 *Incoherent Empire* (London: Verso, 2003); Øyvind Østerud, *Globaliseringen og nasjonalstaten* (Globalization and the nation state) (Oslo: Universitetsforlaget, 1999)。
③ Michael Hardt and Antonio Negri, *Empire* (Cambridge, MA: Harvard University Press, 2000); David Harvey, *The New Imperialism* (Oxford: Oxford University Press, 2003); Michael Ignatieff, *Blood and Belonging* (London: Chatto and Windus, 1993); Robert Kagan, *Paradise and Power: America and Europe in the New World Order* (London: Atlantic Books, 2003); Joseph S. Nye, *The Paradox of American Power: Why the World's Only Superpower Can't Go It Alone* (Oxford: Oxford University Press, 2002); Emmanuel Todd, *After the Empire: The Breakdown of the American Order*, trans. C. Jon Delogu (New York: Columbia University Press, 2003)。
④ 本文所谓自主性指政治体拥有统治、管理、行动以及可能参与或被咨询规则制定的自由与空间,但是仅限于最后的决定权来自一个(或多个)外部的支配性机构的情况下。其含义是,由于这些政治体的主权是有限的或是被压制的,其国家自主性能够被扩展。

间、在硬实力与软实力之间使用一系列不同的手段。

殖民帝国与新帝国主义之间有三点重要的区别。首先，前者立基于领土的征服与统治，而后者为了达到控制和遵从的目的，依赖于一个更加广泛的、通常是更加"间接的"工具调色板。其次，全球化与帝国之间的因果与自反关系颠倒了：殖民帝国主义在经济、地缘政治、科技、制度，以及文化上，为战后的全球化进程创造了许多必要的条件，而今天，则是全球化为帝国政治的新形式提供了基础。再次，鉴于殖民主义由一系列奇特的帝国性质的与民族性质的、国家驱动性质的与次国家性质的政治与文化进程混合而成，在很大程度上，这些进程是不协调的，也不是由任何一个中央机构所策划的（虽然这些进程有着欧洲大国推动的明显迹象），今天的情况则不同了。世界的"单极"结构——权力与美国利益的全球性——不仅使全球化成为一个更加协调的进程，它也日益使全球化与（美国）帝国融合起来。[①] 从二战开始，一种奇特的创造物

---

① "利益"在此章中并不是静态的，更遑论当代国家的本质特征。它们不是一次就全部定型的，而是处于一个被下列各种因素不断解释和修正（adaptation）的过程中，这些因素包括受经济、政治、外交和历史条件制约的政治行动者和机构，国际竞争与合作的"有限理性"，以及由观念认同、制度认同和理解（perceptions）认同所确定的路径依赖等。这些利益是被创建出来的，但不是任意的；它们是可以改变的，但必须有一定限度。在这个（推论的和自反的）（discursive and reflexive）意义上说，它们绝对是真实的，它们一旦被作为政治偏好所界定和追逐，将有明确的结果和后果。反过来，这些结果和后果往往会确定目标、手段，以及适当的限度。换句话说，利益在理论上的可变性并不意味着它们在历史实践中必然发生重大变化。这一观点具有争议的主旨是，处于审视状态中的美国利益在战后时期已经相对固定，但是它们受制于不断变化的部署手段，并且已经进入了改变现实主义和理想主义形态的情形中（下文将进一步讨论）。也可参看 Seyom Brown, *Faces of Power: Constancy and Change in United States Foreign Policy from Truman to Clinton* (New York: Columbia University Press, 1994); Peter Trubowitz, *Defining the National Interest: Conflict and Change in American Foreign Policy* (Chicago: University of Chicago Press, 1998)。关于由一个公正的国际秩序的理想主义原则所体现（informed）的美国利益的新保守主义文献，参看 William Kristol and Robert Kagan, "National Interest and Global Responsibility," in *The Neocon Reader*, ed. Irwin Stelzer (New York: Grove Press, 2004), 57–74。

第八章 全球化与美国帝国:全球性转折的关键时刻

因此而诞生了,它将强有力的民族主义、最终的主权控制,以及"本土安全"(homeland security)政策嫁接到全球霸权野心与自由世界主义的议程中。

在这个加速的或后殖民的全球化时代,我们认真分析全球化与帝国之间的区别,不应当掩盖它们之间存在着非常重要的重合之处。① 全球化不能够再被看做一系列的力量——它们独自受控于美国权力在世界范围内的投射,或是对这种投射设限;它也不能够被看做一个已经被美国权力歪曲和滥用的观念;或是一个"全球化的虚假承诺"的暗示。② 我们首先必须这样分析近代的全球结构:它几乎是由偏好美国政治的代表们所实施的巧妙的政治工程的结果,为了达到他们自己的新帝国主义的目的,其目标一直指向操纵、设计和重构国际秩序。他们已经敏锐地考虑到了各种关键点的实际情况,考虑到了沿着此条道路实用地创造新的"学说"(doctrine)与工具,考虑到了不断地摧毁或绕开各种障碍与限制。③ 由于这个原因,今天的全球化标有 20 世纪美帝国压路机所留下的抹不去的印痕,它在很大程度上是美国自由主义意识形态、偏好及实践的产物——与之相随的是它所需要的各种似是而非的和自相矛盾的论点。④

---

① James Mittelman, *The Globalization Syndrome* (Princeton, NJ: Princeton University Press, 2000); A. G. Hopkins, ed., *Globalization in World History* (London: Pimlico, 2002).

② Susan Strange, *The Retreat of the State: The Diffusion of Power in the World Economy* (Cambridge: Cambridge University Press, 1996); Tom Nairn, "America vs. Globalization," openDemocracy, 2003, http://www.opendemocracy.net; Charles A. Kupchan, *The End of the American Era* (New York: Alfred A. Knopf, 2003).

③ Andrew J. Bacevich, *American Empire: The Realities and Consequences of US Diplomacy* (Cambridge, MA: Harvard University Press, 2002); Stephen Howe, "American Empire: The History and Future of an Idea," openDemocracy, 2003, http://www.opendemocracy.net; Robert Hunter Wade, "The Invisible Hand of the American Empire," open Democracy, 2003, http://www.opendemocracy.net.

④ Johan Galtung, *On the Coming Decline and Fall of the US Empire* (Lund: The Transnational Foundation for Peace and Future Research, 2004).

因此，一方面，指出关于超越人类或国家机构控制的无国界的、实质性的（virtual）和超地域性的世界的论述之间的矛盾关系是有意义的；另一方面，指出与此观点相左的制度性的机制与立法也是有意义的，将此类问题作为一个不彻底的全球化或"不充分的治理"问题来对待将导致分析性和标准性的僵局。① 诚然，世界贸易组织（WTO）的知识产权制度、国家与国际体系中资金与劳动力流动机会之间的不平等，以及贸易保护措施或最惠国种类等，这些旨在阻止与规范（stem and regulate）自由贸易的设计，不利于实现一个支持全球人口数量不断增加的无国界世界的工作方式的乌托邦想象。然而，情形是这样的，即关于全球化应当是什么的圆滑的论述，几乎是无情地与其现实相冲突。相反，现实是，国家间体系同时引起和控制了全球性的进程，在此体系中的政治体都将尽其所能，竭力减少来自全球秩序的威胁，扩大来自全球秩序的机会。这就是需要我们认真审视的，而不是我们似乎已经拥有的这个全球化的实情。

雷克雅未克的解冻说明了这一争论。它使美国所有系统地、实用地去获得全球霸权的努力，以及苏联所有追赶美国并获得这个意识形态敌对方认可的幻想式的政治策略，象征性地凝结为一个时刻、一个地点——此刻与此地曾摇摆于两个半球之间，虽然它们毋庸置疑地属于美国一方（凯夫拉维克空军基地的设立就是一个明证）。这一时刻不能撤回地指向了那个关键的转折点——1990年，以及苏联对那些曾怀抱着的雄心——获得（平等的）超级大国地位的放弃。

因此，当代的单极特征不能从全球化的实际结构中分离出来，也不能从美国的帝国设计中分离出来——正如遏制学说之父

---

① Bruce E. Moon, "The United States and Globalization," in *Political Economy and the Changing Global Order*, ed. Richard Stubbs and Geoffrey R. D. Underhill (Oxford: Oxford University Press, 2000), 349.

第八章 全球化与美国帝国：全球性转折的关键时刻

乔治·凯南于1948年提出的那样，这个设计证明它自己是善于"去掉所有的多愁善感"的。① 基于同样的原因，对于其为达到目标而使用的手段，美国的设计亦是丝毫不动感情的，即便这意味着它要对同样的政治价值采取不同的态度时也是如此。虽然凯南考虑到美国繁荣与霸权的保持意味着中止"思考人权、生活标准的提升，以及民主化"，但是这些标准当前被普遍地——虽然是有所选择的——作为为促进美国的全球利益提供合法性的手段而加以使用。②

直到"9·11"袭击，在此之后，甚至"新保守主义的评论员们已经开始满怀信心与自豪地谈论'新美国帝国'"，这条推理线索很可能被大多数国际关系学者所拒斥，或者，人们最多也仅是在它应用于1945～1971年期间的情况下才接受它。③ 例如，布鲁斯·E. 默恩（Bruce E. Moon）认为，"到二战结束时，美国呈现两个最重要的特点，它们要求有一个候选者（candidate）去捍卫全

---

① 诸如"单极"与"多极"等术语最好是被看做这样的隐喻性术语，即它们被用来表示一种独特的和分等级的全球权力配置模式，而不是科学的概念。人们当然能够概念化这样一个全球秩序，在此秩序中，美国是主导，甚至在某些领域享有霸权，同时它还承认其他的、尽管不那么强大的多个"极"存在。

② John Pilger, *The New Rulers of the World* (London: Verso, 2002), 98. 其含义并不是战后美国的外交政策不需要一个"理想主义"的组成部分，而只是说它在规划、目标和手段上与今天不同。它由美国希望在军事、政治和经济活动领域塑造一个全球秩序（就关于依赖的制度、忠诚度和结构而言）的愿望所界定，它适合于打击共产主义威胁的主要任务。美国外交政策领域中的理想主义的转变，既是为权力政治背景下的利益进行辩护的规范性理由，也是追求长期目标的有用工具。参见 Judith Goldstein, *Ideas, Interests and the American Trade Policy* (Ithaca, NY: Cornell University Press, 1994); Louis J. Halle, *The Cold War as History* (New York: Harper and Row, 1967); Michael Hunt, *Ideology and US Foreign Policy* (New Haven, CT: Yale University Press, 1988); Michael Mandelbaum, *The Ideas that Conquered the World* (New York: Public Affairs, 2002); Robert E. Osgood, *Ideals and Self-Interest in America's Foreign Relations: The Great Transformation of the Twentieth Century* (Chicago: University of Chicago Press, 1953); William Appleman Williams, *The Tragedy of American Diplomacy* (New York: W. W. Norton, 1988)。

③ Wade, *Invisible Hand*, I.

球自由主义……它拥有这样的优势,即为一个霸权提供最强的动机与最强大的能力去促进全球化。"① 由此可见,布雷顿森林体系表达的是,"美国霸权资格与幸运环境的结合,后者足以实现国家需求与体系需求之间的微妙平衡"②。然而,从那以后,美国被假定是已经抛弃了其追求不断增长的国家主义的、单极的和孤立主义政策的全球性角色。此文是一篇关于那些退化了的(decline)、饱含狭隘民族主义的、倾斜的全球性结构的叙述——关于一个强国不合理地和自私自利地利用其优势权力的叙述。

本章所列的参考资料显示,自二战和布雷顿森林协定以后,美国就一贯奉行新帝国政策与行动路线。因此,就美国的政策目标而言,它在战后早期阶段所推行的制度、承诺和手段,像 70 年代放弃布雷顿森林协定(参看下面的单独一节)或者"9·11"后美国外交政策的单边主义(参看最后一节)一样,是可以解释的。③ 但是此资料也显示,首先是目标的这种一贯性和实现手段的变化之间的相互作用,才造成了当我们讨论如下问题时所实际考虑的这种

---

① Moon, "United States and Globalization," 342.
② Moon, "United States and Globalization," 344.
③ 由于篇幅限制,本章不能对这个美国全球政策中的连贯性——被设计的帝国主义,正如它可能被适当地定义一样——进行详尽的解释。参看 Bacevich, *American Empire* and Geir Lundestad, "*Empire*" *by Integration*: *The United States and European Integration*, *1945 - 1997* (Oxford: Oxford University Press, 1998)。但是应当注意的是,此概念首先应当被视为一个政策目标的连贯性;其次,应被视为论证(discursive)性地、行动导向地利用、策划或者制造有利条件的企图,以及只有那时可被视为为美国权力扫除重大障碍的真实动机。第一个含义是那个"连贯性"并不适用于不同的时代的配置手段;第二个含义是这个观点并不意味着一切已经(及能够)成功地被美国的政策制定者们预先计划好了,他们经常不得不求诸"只争朝夕"的信条,同时利用并非他们自己创造的各种机遇;第三个含义是,基于同样的原因,连贯性并没有排除途中的障碍、偶尔的挫折、政治与经济之间的矛盾、外部关系中(如在跨大西洋事务中)的紧张形势、内外政策之间的紧张,以及广泛的政策偏好及其结果中的那些不经意的后果。许多这样的紧张、问题、矛盾及结果都是由全球主义的路线造成的,或者说,它们(试图)的解决已经被此路线所确定了。

第八章　全球化与美国帝国：全球性转折的关键时刻

"加速的全球化",即"证实所有那些怀疑非常著名的'全球化'实际上意味着一个被美国及财团利益（corporate interest）所左右的开放经济体的人们的担忧"①。全球化在其当前阶段，并不是按照理论的设计进行（à la carte），而是根据美国的意愿进行。②

因此，按照凯南的现实主义理论和在雷克雅未克达到顶点的军事逻辑，关键的问题是罗伯特·亨特·韦德（Robert Hunter Wade）所明确表述的——"你如何运用治国方略使你的国家优势得到加强，使你的公民而且仅使你的公民能够消费到远非他们自己生产的产品，而且能够控制住挑战而不必时不时地炫耀武力"。在提出关于行使帝国支配权的过程中如何平衡硬实力与软实力这个有待探讨的问题上，这是一种比较尖锐的方式。③

在探讨此经济、军事与文化影响力的相互作用之前，必须说明以下问题。如果（美国的）目标存在着如此持续不断的连贯性，为什么我们有必要将在雷克雅未克达到顶峰的发展或者其他诸如推倒柏林墙或苏联解体等事件，视作一个全球性的转折——而不简单的是一个连贯的政策过程的自然的和逻辑的延续？

定义全球性转折

为了回答这个问题，需要反思传统的连贯性与断裂性二分法。在真实的历史中，尽管的确有所例外，但发展很少是和平进化或是急剧革命性的。然而，在此案例中，我们主要地、毫无疑问地看到了种种渐近主义过程的某种独特混合，这些渐近主义的过程因为增

---

① Putzel, "'New' Imperialism," 5.
② 这并不是说，其他国家或源于其他国家（英国、中国、德国，甚至丹麦或荷兰）的公司利益被排除于全球化的利益之外——唯一不同的是，美国权力的影响与形态暗示着全球秩序压倒性地和不成比例地倾向于美国偏好。
③ Wade, *Invisible Hand*, 1; Joseph S. Nye, *Bound to Lead: The Changing Nature of American Power* (New York: Basic Books, 1990), *The Paradox of American Power*, and *Soft Power: The Means to Success in World Politics* (New York: Public Affairs, 2004).

量的扩大（incremental quantitative expansion）或是新构成要素的增加（或者两者皆有），最后出现了质量上的新状况，这种新状况经常在关键性事件、意想不到的发展，或不可预测的社会与文化冲突中凸显出来。逐渐建构的真实结果——能够激发那些影响历史传承的社会政治结构和文化生活方式的反作用力与效应的因果关系，这种因果关系本身是相互作用的——经常被察觉为一种突然的断裂。量的发展产生质的变化，这些质变在社会—政治转折点的特定时刻与场合就会彰显出来。[1] 有时，"关键时刻"与"转折点"会合而为一；而在另外一些时候，它们则呈现为时间上相独立、主题上相分离的现象。

我所说的这个渐近的（以及高度策划的）发展与事件的累积在一个戏剧性转折点上，即冷战结束时达到顶峰，成为全球性的转折。这一转折并不是一种断裂，而是一种方向的改变，这一改变或多或少地有些唐突。此全球性转折很明显地不能被视为一种U型转折。我们不是要返回到上述陈旧而熟悉的老路上，虽然这一图景被许多全球化怀疑论者、新中世纪研究家或世界体系理论家们所支持。[2] 而毋宁说，我们应当将其理解为一个不断增长的锐曲线，它使我们沿着一个与原来路径保持90°角的一条轨道行进。这是一个与初始方向非常不同的方向，但是它允许重要的发展从一个方向转移到另一个而无须完全地偏离轨道或摆脱掉轨道。过去——蕴涵着所有变化的初始形态的必要种子——被可辨别地携带进了未来。但是未来——养育和发展了那些种子成为成熟的果实——却被塑造得千差万别，潜藏着新的威胁、机会与目标。旧的秩序已经被已有的新秩序——一个在旧秩序的种种摩擦与对抗中生长出来的新秩序所改造。

---

[1] G. W. F. Hegel, *Science of Logic*, vol. 1 (1812 – 1816; repr., New York: Prometheus Books, 1989).

[2] Paul Hirst and Grahame Thompson, *Globalization in Question: The International Economy and the Possibilities of Governance* (Cambridge: Polity Press, 1996); Niall Ferguson, "Sinking Globalization," *Foreign Affairs* 84, 2 (2005): 64 – 77.

第八章 全球化与美国帝国：全球性转折的关键时刻

将这个隐喻性的陈述应用于全球性转折需要注意以下三点。第一，沿着过去的老路走时，那些极其重要与有影响的指示性时刻能够被识别出来。这条道路也不是一条笔直的道路；在这条路上，重要却极其细微的改变前进方向的情况时有发生。这样的一个时刻曾发生于1971~1973年美国与世界上其他国家之间关系的发展上——布雷顿森林体制结构的修订，完成了国际金融体系对美国意愿的服从。

第二点与国际秩序和全球秩序之间的区别有关。二者之间无差别的观点在此不再成立。几乎一夜之间，1986~1990年之前的国际秩序被90年代的全球美国秩序所取代。而且下述观点也是不合情理的，即全球秩序及其体制是在1990年以后被突然创造出来的，它将自己加之于旧有结构之上并使旧结构的属性和影响失效。这个转折是微妙的和更加复杂的。首先，尽管一些国际体制（例如，世界银行和国际货币基金组织，还有关贸总协定）早期曾试图致力于全球治理，但是在二战之后形成的国际秩序已经符合美国的利益，而且在很大程度已被它所改造。[1] 其次，适当的国际体制与组织（如主权国家与联合国）在1990年以后并未消失，但经历了一次转变与适应的过程。[2]

那么，应当怎样在国际—全球二元背景下看待这个全球性转折呢？我建议沿着三条轴线探索此问题：至上性、超越性和量/质问题。至上性意味着在美国支配的自由全球化与国际秩序之间存在着支配性秩序。这二者之间相当程度的均势平衡在1990年后显著地转向有利于"美国帝国"一方。这种不对称性使美国可以在下述

---

[1] Thomas W. Zeiler, *Free Trade, Free World: America and the Advent of GATT* (Chapel Hill: University of North Carolina Press, 1999).

[2] 即使联合国是国际主义的制度体现，它也是在美国的指导下形成的，而且在其制度结构中（例如，安全理事会的组成及否决权），它仍然留有历史的痕迹：Stephen C. Schlesinger, *Act of Creation: The Founding of the United Nations* (Boulder, CO: Westview Press, 2003)。

情况下废除不侵犯主权国家事务的原则：①为贸易与服务（WTO）全球自由化而创建某项在很大程度上适合与支持美国利益的体制，如知识产权体系；②引入全球性的"全面主宰"的原则与目标；③宣称文明的冲突与反恐战争是下一个（最后的?）要克服的障碍；而且，与此相一致，④实施作为美国未来外交政策指导原则的预防性打击原则与权力。①

超越指 1990 年后美国帝国地缘政治的扩张——与对美国军事角色结构产生深远的质的影响相伴随的量的变化，当前的制度性合作、经济资源的部署，以及美国权力与"公共外交"（public diplomacy）的普遍行动自由。② 随着苏联制约性影响的消逝与两极性的克服，所有其他的国家——未必是自愿的或是没有摩擦的——都受到美国中心及与其相连的金融和军事霸权的吸引。在此过程中，这些国家都不得不承受一个行使其主权能力方面的剧烈变化。③

最后，量/质问题意味着，作为上述空间扩展以及与领土相关的全球性趋势及互通性增强（例如，在利用新通信技术的环境政策领域中、在全球移民模式中，等等）的一个结果，此质是和全球化的深度紧密相连的。这些转变需要新的政策响应和新的制度性

---

① Wade,"The Invisible Hand"; US Department of Defense, *Joint Vision 2020* (Washington, DC: US Government Printing Office, 2000); *USA Patriot Act*, Public Law 107 – 156, *U. S. Statutes at Large 115* Stat. 272 (2001); White House, *National Security Strategy of the United States of America*, 25 September 2002, http://www.whitehouse.gov/nsc/nss.html.

② Charles Wolf and Brian Rosen,"Public Democracy: How to Think about and Improve It"(RAND occasional paper, Santa Monica, California, 6 October 2004).

③ Edgar Grande and Louis W. Pauly, eds., *Complex Sovereignty: Reconstituting Political Authority in the 21st Century* (Toronto: University of Toronto Press, 2005); Ulf Hedetoft,"Sovereignty Revisited: European Reconfigurations, Global Challenges, and Implications for Small States,"in *Global Ordering: Institutions and Autonomy in a Changing World*, eds. Louis W. Pauly and William D. Coleman (Vancouver: UBC Press, 2008), 214 – 233.

第八章 全球化与美国帝国：全球性转折的关键时刻

治理形式。全球性政治场景的转变为1990年后的经济全球化铺平了道路——但是这些转变反过来要求对政治治理进行质的反思和对主权进行重构。

　　第三，也是最重要的一点是，精心准备与有意设计的从国际秩序的相对平衡到全球状况的显著不平衡的转变过程，已经为美国采取了这样的形式，即克服以下三个相关过程或发展之间相互协作的障碍，形成它们相互协作的联系：①"美元外交"的自由，为此，决定性的时刻是全球性标准的放弃；②军事支配，为此，决定性的时刻是雷克雅未克；以及③意识形态与文化霸权，为此，决定性的时刻是"9·11"。① 这些在雷克雅未克达到顶峰的关键性时刻，都代表那些沿着全球性转折曲线的经过之点——这些点使凯南的现实主义与帝国的自大和后结构主义认识论的混合物联结了起来。关于这种混合物，一位白宫的高级助手在与罗恩·苏斯金德（Ron Suskind）的一次会谈时曾这样说道："我们现在是一个帝国，当我们行动时，我们创造我们自己的现实。而那时你们正在学习那个现实……我们将再次行动，创造另外一些你们也能够学习的现实，那就是事物分类的方法。我们是历史的主角……而你们，你们所有人，将被置于学习我们所做的事情的境地。"②

　　顺便提及，诸如此类的自信的陈述很难与尼尔·弗格森（Niall

---

① "帝国"与"霸权"这两个概念往往交替使用。然而，在本章中，"帝国"指某一国家（这里指美国）所表现出的对"外部"进行权力投射的总能力以及影响"核心"与"边缘"之间关系的结构性和实质性后果。帝国需要统治（或占主导地位）。"霸权"指这种范围，在此范围内，与这些（新帝国主义的）关系相匹配的是这种统治关系被被统治者成功地吸收和接受。"霸权"，换言之，仅涉及文化与意识形态，而"帝国"是一个更加全面的概念，它可能会，也可能不会伴有霸权关系。在这种特殊的情况下，从第一层次和第二层次（经济—金融和政治—军事统治）到第三层次（文化霸权）的转变标志着企图将全球化和美国帝国融为一体的最危险（precarious）时刻。

② Ron Suskind, "Without a Doubt," *New York Times Magazine*, 17 October 2004. 也可参看 Ron Suskind, *The Price of Loyalty: George W. Bush, the White House, and the Education of Paul O'Neill* (New York: Simon and Schuster, 2004)。

Ferguson）关于世界强国之美国是一个"自我否认的帝国"的命题相符合。① 当然，许多美国政治家和学者否认存在新帝国政策的事实，这样做有时是为了纯粹的宣传目的。然而，更经常地，他们这样做是为了防止（pre-empt）在殖民帝国的领土统治与具备全球影响的美国体系之间进行历史性类比，后者是极"不正式"的：直接统治仅被用作获得服从的暂时性和最后诉诸的手段。

我已经详尽地论述了一系列事件中的关键性军事时刻，这些事件导致了新的美国政治语言（political discourse）类型。然而，正如许多评论员所指出的，硬实力是维持全球规模的新帝国统治一个必要但不充分的前提。如同逻辑要求及战后发展的历史次序所表明的那样，经济权力先于并支持了军事支配，同时，反过来，军事支配为经济与金融利益的扩张创造了新的条件。在这里，关键的制度性因素毋庸置疑地是布雷顿森林体制——它的发起及执行，当然，70 年代早期宣称它的崩溃与失败也是同样重要的。

1971~1973：克服布雷顿森林体系的制约

对这些事件最普遍的评价是，它们描绘出美国在世界上所处地位的弱化。然而，放弃金本位和平价体制意味着美国政治与工商业界拥有了额外的机动自由。此处的争论与 70 年代早期的并不一样——而只有那时国际金融体系是限制美国利益的。② 而毋宁说，

---

① Niall Ferguson, *Colossus: The Price of America's Empire* (Harmondsworth: Penguin, 2004); William E. Odom and Robert Dujarric, *America's Inadvertent Empire* (New Haven, CT: Yale University Press, 2004).

② Alberto Giovannini, "Bretton Woods and its Precursors: Rules versus Discretion in the History of International Monetary Regimes" (Working Paper Series, no. 4001, National Bureau of Economic Research, Washington, DC, February 1992); Scott Nearing and Joseph Freeman, *Dollar Diplomacy: A Study in American Imperialism* (New York: B. W. Huebsch and Viking Press, 1925); Georg Schild, *Bretton Woods and Dumbarton Oaks: American Economic and Political Postwar Planning in the Summer of 1944* (New York: St. Martin's Press, 1995).

第八章　全球化与美国帝国：全球性转折的关键时刻

此争论是，布雷顿森林体系及其后继体制二者在很大程度上都是由美国偏好决定并符合这一偏好的。两个体制之间的区别反映了两个不同的国际政治与经济环境。[1]

在布雷顿森林体系期间，重建一个可行的国际体制及防止两次战争之间的几十年内所犯的重大错误的再次发生是令人关注的主要事情，众多的世界性货币与金融职能被分配给了美国——在战后时期，只有这个国家能够行使这些职能。美国获得了空前的利益与机遇，但是它也同样面临着在 60 年代里不断显现的各种制约与义务。

对于美国而言，主要的利益在于"以其自有货币实行赤字财政的特权"，这"有效地使（美国）从国外支付的制约中解放出来，从而提升那些被认为根植于美国利益的目标"，但是这些利益与机遇也将国际货币基金组织及世界银行加诸美国利益身上。[2] 与这个全球货币优势联结在一起的义务包括：监测并负责货币的稳定及一个国际经济发展的可持续形式，以避免被任何一个大国所破坏。这个角色建立在所有国家的货币均可自由兑换成美元的基础上，建立在美元可自由兑换成黄金的基础上，建立在各国货币在狭隘的"地带"里盯住美元/黄金本位的基础上，以及建立在授予其他国家谋求国家贸易利益的权利的基础上，甚至采取与美国利益相左的方式。

本杰明·科恩（Benjamin Cohen）正确地总结道，布雷顿森林体系依赖于一个"暗含的讨价还价"，因为"美国的盟友们默

---

[1] Benjamin Cohen, "Bretton Woods System" (text prepared for the *Routledge Encyclopedia of International Political Economy*, 2004), http://www.polsci.ucsb.edu/faculty/cohen/inpress/bretton.html; Barry J. Eichengreen, *Globalizing Capital: A History of the International Monetary System* (Princeton, NJ: Princeton University Press, 1996); Richard N. Gardner, *Sterling-Dollar Diplomacy* (Oxford: Oxford University Press, 1969); Harold James, *International Monetary Cooperation since Bretton Woods* (Oxford: Oxford University Press, 1996).

[2] Benjamin Cohen, *International Monetary Relations in the New Global Economy* (Cheltenham: Edward Elgar, 2004).

认了一个霸权体系的存在,此体系是与美国可以广泛地采取单方面行动以促进美国或集体利益的专有特权相一致的。反过来,美国也容忍(甚至鼓励,如在马歇尔计划和欧洲经济合作组织案例中那样)"它的盟国利用该体系增进其自己的繁荣,即便这在很大程度上会让美国付出短期代价。① 美国也承认,虽然此系统不利于利用货币政策调节国家贸易与货币的失衡,但是国家仍然能够使用资本管制机制,因为资本账户仍然保持在国家主权的范围内。

然而,此谈判并没有在同等的国家之间均匀地分配利益与缺陷。虽然这是一个正式的多边的体制,但是在实质、结构特性(如国际货币基金组织的投票权体制)以及运行模式等方面,它都极大地偏向美国的利益。我们可以在该体制的早期形式(也就是在1944年所形成的形式)中看到这种利益,在1946~1947年期间,我们甚至可以看到更多。在此期间,在没有明显反对的情况下,美国承担起让该体制运行起来的责任,因为最初的条件被证明是不充分的且过分乐观的。实际上,这是一个获得了竞争许可的体系:美国承认其他国家进行贸易及几乎无限制地使用其国家货币的资格,条件是这些国家向美国利益开放它们的市场及货币,以及避免利用传统的"以邻为壑"的货币调整手段。

至少在一段时间里,通过将美国反对苏联的政治斗争与强加并管理自由化经济体制于西半球二者结合起来,该体制达到了世界贸易国在重建和扩大其工业产能中的利益与美国在全球政治—经济上优势中的利益之间的平衡。因此,所有其他的国家(除了第二超级大国及其盟友以外)都服从于美国条款,允许美国顺利地输出其剩余资本到海外,并分享其他国家依靠其本国货币而获得的扩张性成就。

---

① Benjamin Cohen, *International Monetary Relations in the New Global Economy* (Cheltenham: Edward Elgar, 2004).

第八章 全球化与美国帝国：全球性转折的关键时刻

由于这个天才的体制非均衡地不利于那些其他的国家，它们很快就在抱怨因60年代"美元泛滥"（dollar glut）所带来的恐惧感，而较早时期则是以不同语气抱怨美元不足。因为美元成了普遍通用的货币，美国的收支逆差开始出现。反过来，这个结果导致了美元的贬值。当经济重建的第一个阶段结束时，积聚在银行里的巨大美元储备，导致了国家财富严重的持续性缩水。这种缩水对美国的影响相对较小，因为美国主要不是一个贸易国，而是一个资本输出国，在这一过程中，它可以通过印发美元、增加国内生产和发展生产力来弥补其赤字。然而，其后果将更加严重，因为对它有依赖的国家（特别是日本、欧洲和石油输出国组织）不能通过增加出口的方式来弥补这一事实上的贬值，因为它们自己国家的货币增值了。它们也不能使用令其货币贬值的方式来弥补，因为这也会与布雷顿森林体制背道而驰。这些有依赖的国家因而发现它们处于这样一种境地，即负债融资体系开始与它们作对，而且这种不对称性让其越来越难以忍受。

这些国家能够而且它们也的确是这样做的，就是通过要求将其储备的美元兑换成黄金以减少损失。这种要求是这个制度的设计者之前所从未想过的，而且由于美国开始对此体系更多"无私的"成分失去耐心，它的反应是很迅速的。美元—黄金的可兑换选择权于1971年8月被尼克松总统中止了，紧随其后的是"可调整的汇率制度"于1973年初被废除了。[①] 这些举措意味着布雷顿森林体制正式解体，尽管在事实上，其主要的制度性建构与标准化假定一直延续到今天。

真正被改变的是这个体制与其主要推进者、受益者之间的关系。当美国从那些甚至"它自己的体制"都曾给它施加影响的束

---

① 货币挂钩仍然存在，并且作为获得国家贸易优势的手段被使用这一点在1994～2005年期间非常明显，当时中国将人民币与美元挂钩。这个例子进一步说明，这种行为没有使全球超级大国掉以轻心。

缚中解脱出来之后，它获得了几乎是独有的利益，以及仅有的一个残留的限制：在最终诉诸的手段中，甚至美元也必须与世界上真正的标准价值相衡量，即使美元已经失去了可兑换性。基于同样的理由，美国依然谨慎地守卫着美国政府黄金库及其国家黄金储备，从未将其弃之不顾。①

当时，尽管许多评论与分析都集中在增强了的世界各国之间的"相互依赖"，以及美国对其他国家的依赖上，但是证据指出了另外一个不同的方向。② 以美国的视角看，布雷顿森林体制已经达到了它的目的，可以完美谢幕了。尽管会有断断续续的波动，美元继续保持了它作为世界性货币并被绝大多数国际贸易所使用的角色。因为美元得到了美国全球商业不断发展与国家军事支配的支撑。（美国）对制度性体系（国际货币基金组织、世界银行及关贸总协定）的正式职责终止了，使得美国可以自由地以一种更为自私无情的方式去利用这一体系。它通过成功地影响下述对其有利的事项完成了这一做法：国际货币基金组织使用外国资本的条件与限制，世界银行债务清偿协议，关贸总协定/世界贸易组织关于自由贸易、农业及许可性贸易保护主义的协议。③

---

① 对黄金储备的保护不仅仅是一种心理状态，与钞票不同，这是一种黄金——虽然独特，但也是作为世界上所售商品中的一个——和它的价值之间存在直接关系。因此，作为普遍价值衡量手段的美元表现为黄金在实物上体现的同等价值。换句话说，美元必须有一个根本的、具体的衡量手段。事实上，在某种意义上，将黄金作为衡量手段是可能的；事实上也并不需要有特殊的衡量手段存在。

② Robert O. Keohane and Joseph S. Nye, *Power and Interdependence* (Boston: Little and Brown, 1977).

③ Masood Ahmed, Timothy Lane, and Marianne Schulze-Ghattas, "Refocusing IMF Conditionality," *Finance and Development* 38, 4 (2001), http://www.imf.org/external/pubs/ft/fandd/2001/12/ahmed.htm; William D. Coleman, "Agricultural Trade and the World Trade Organization," in *Global Ordering: Institutions and Autonomy in a Changing World*, eds. Louis W. Pauly and William D. Coleman (Vancouver: UBC Press, 2008), 64–84; Rosemary Foot, S. Neil MacFarlane, and Michael Mastanduno, eds., *US Hegemony and International Organizations*（转下页注）

第八章　全球化与美国帝国：全球性转折的关键时刻

最后，布雷顿森林体系的结束使美国摆脱了确保其合作伙伴（主要是欧洲国家）享受繁荣与进步的责任，这些繁荣与进步以美国（非常有限地）或是"免费"发放，或是作为政治忠诚回报的低息贷款或捐赠为代价。用纯粹市场导向的话说，这些合作伙伴已经试图恢复元气。如果以标准经济变量来衡量，这些不对称性表面上看已经有所减弱，而且盟邦们显然已变得更加自立，正从获得竞争条件的状态转变到提升竞争能力的状态。

然而，这个稳定的过程隐蔽了对美国中心的新依赖形式，美国从未像任何其他贸易国那样，致力或者依赖与其他国家进行竞争。当时（20世纪70年代初），美国有其他优先考虑的事情和目标。因此，这也就难怪，在关于美国的国际关系文献中，复杂的相互依赖理论很快被补充进了霸权稳定理论。① 在政治实践中，所谓的华盛顿共识——关于美国类型的新自由主义全球化的制度性认可——得出了同一论点。②

（接上页注③）（Cambridge: Cambridge University Press, 2003）; Peter Sutherland, "The Man Who Built the WTO: An Interview with Peter Sutherland," open Democracy, 2004, http://www.opendemocracy.net; Robert Hunter Wade, "The Rising Inequality of World Income Distribution," *Finance and Development* 38, 4 (2001), http://www.imf.org/external/pubs/ft/fandd/2001/12/wade.htm; Robert Hunter Wade, "What Strategies Are Viable for Developing Countries Today? The World Trade Organization and the Shrinking of 'Development Space'" (Working Paper no. 31, Crisis States Programme, LSE, Development Studies Institute, London, 2003). 对于历史上所呈现的某些不同的景象及 WTO 的角色，有学者视其为众多邪恶中的较小者，参看 Kent Jones, *Who's Afraid of the WTO?* (Oxford: Oxford University Press, 2004)。

① Robert O. Keohane, "The Theory of Hegemonic Stability and Changes in International Economic Regimes, 1967 - 1977," in *Change in the International System*, eds. Ole R. Holsti, Randolph M. Siverson, and Alexander L. George (Boulder, CO: Westview, 1980), 第 131~162 页, 及 *After Hegemony* (Princeton, NJ: Princeton University Press, 1984), 第 32 及以后各页。

② John Williamson, "What Washington Means by Policy Reform," in *Latin American Adjustment: How Much Has Happened?* ed. John Williamson (Washington, DC: Institute for International Economics, 1990)。

帝国与自主性

毫无疑问，许多学者还是希望看到这样一种全球秩序，在此秩序中，相互依赖解释了重要的过程和结果；在此秩序中，美国（在市场、资源及联盟等方面）像其他国家依靠美国一样依赖其他国家。核心的问题是美国权力（投射）能够合理地与其他国家或地区的权力（投射）相比较的程度。本章表明，我们不能通过采用通常应用于评估其他民族国家的标准和变量，如贸易数字、国家债务统计，以及外国直接投资等来把握世界强国美国的本质与强大程度。美国军事、经济、文化和政治制度等方面权力与资源的相互作用，使美国不是只有量上的优势，而是使它具有了质的唯一性。因此，如果我们必须从相互依赖的角度出发思考国际事务的话，那么我们不应该将相互依赖放在与帝国相对立的位置上来考虑这些问题。毕竟，我们所面对的相互关系的形式与程度是极不相等的，其中的全球性操纵自由、制定议程的权力，以及对他国施加压力的可能性等，其分布是极不均匀的。美国并不是在任何方面都是万能的（更不用说无懈可击了）。它也不能离开合作伙伴和盟国单独成事。但是它在协同权力投射（各种权力协作投射）上的能力，既优于又在量上区别于其他任何国家。因此，其他国家，无论愿不愿意，都倾向于美国这个中心，同时试图从顺从或者抗衡此世界领导国中获得尽可能多的利益。①

因此，暗含于超级大国摊牌所引发的变化及布雷顿森林体系正式崩溃提供给美国的特别操纵自由当中的权力转移，根据优势而非相互依赖的增强（尽管仍然有所缩减），被更加适当地概念化了。针对这一论点的论据既不在于美元霸权，也不在于该国的军事支配，而在于它们之间富有成效的、相互的协同；同样的协同也被发现存在于国内政治中，并被概括进了"军事—工业联合体"这一

---

① 作为相关例证，参见有关学者对俄罗斯在当前 10 年之最初 8 年外交政策制定的评论，Angela Stent, "Russia: Farewell to Empire?" *World Policy Journal* 19 (Fall 2002): 83 – 84。

第八章　全球化与美国帝国：全球性转折的关键时刻

概念当中。①

从本质上讲，1971～1973 年间的摆脱金融约束和 1986～1990 年间的跨越世界政治霸权的地缘政治障碍，是美国努力实现帝国兼全球化这一进程的两个方面，这一进程奠定了全球性转折的基础。世界上大多数经济贸易因使用美元而获得的自由，是庞大军备计划或施加政治压力、胁迫及敲诈勒索等手段的一个先决条件。相反，在制度性与非制度性的外交谈判策略的协助与支持之下，那些军事资源则充当了权力保护伞的角色，在其保护之下，美国的经济与金融利益获得了全球性的成果。

80 年代初的事件证明了第一个命题。里根庞大的军备增加之所以成为可能，是因为赤字开支与吸引外国投资者购买美国政府公债的结合达到了一个历史性的水平。而如果没有美元的地位与力量，此开支计划将是不可行的。20 世纪 90 年代美国经济生产与消费的繁荣证明了第二个命题。美国军事的全球扩张及对美国武力能够获得什么的透彻了解，为美国在前共产主义世界和其他地区的投资铺平了道路。这也是越来越多的协作国被吸引到美国中心周围，以及确保美国能够源源不断地获得自然资源，尤其是中东石油的原因所在。

到 90 年代后期，利用全球化实现美国帝国霸权的美国计划已取得相当的进展。对于"无形之手"之经济软领域中的霸权，以及

---

① 世贸组织内有关空中客车公司（欧盟）和波音公司（美国）间的补贴冲突长期存在。美国给予波音公司补贴，并拒绝给予同等看待这两件事情的理由是，波音公司为军队提供重要的技术支持，因此，它具有关乎安全的地位。该案例还表明，尽管这在有些领域可能是真的——正如现实主义者所主张的那样，但是美国的内、外政策之间存在着相对的脱节，这些联系往往是明显的，它们是广泛协同的后果。也可参看 William Hartung and Michelle Ciarrocca, "The Military-Industrial-Think Tank Complex: Corporate Think Tanks and the Doctrine of Aggressive Militarism," *International Monitor* 24, 1 and 2 (2003), http://multinationalmonitor.org, and Robert O. Keohane and Helen Milner, eds., *Internationalization and Domestic Politics* (Cambridge: Cambridge University Press, 1996).

"硬实力"而言,主要的基础部分已经就绪。①。后者依次体现在对陆地、海洋、天空及太空的全面军事控制上,这是在克林顿第二任期内制定的规划。美国帝国与全球结构完全融合依然存在的限制主要涉及全球范围内的意识形态霸权与常规霸权中的文化问题。② 在西方,经过围绕着塞缪尔·亨廷顿的文明的冲突这一命题、自乔治·W. 布什总统任期开始的旗帜鲜明的新保守主义强硬派的抬头,以及伴随着干涉伊拉克而出现的西方内部的分裂等问题的激烈辩论,这个问题已经被阐述得非常清楚了。③ 在世界的其他地方,这个问题表现为以伊斯兰教名义出现的恐怖主义和对强加美国价值于地方认同之上的广泛的文化抵制。"9·11"事件除了显示出美国在"非对称威胁"上的社会(非军事)脆弱性之外,还暴露出了这一漏洞,这就为布什当局提供了一个机会,即通过从新帝国主义统治转轨到新帝国主义霸权上来完成此全球性转折,同时在这个过程中解决一些旧账。④

"9·11"和帝国的实现:克服文化的约束?

"美元"与"炮舰"外交政策之间的协同关系对于美国的全球统治而言,既是必要条件,而且在某种意义上也是充分条件;但对

---

① David H. Levey and Stuart S. Brown, "US Hegemony Has a Strong Foundation," *International Herald Tribune*, 19 – 20 February 2005; Wade, *Invisible Hand*.
② Hedetoft, *Global Turn*, chap. 8; Nye, *Paradox of American Power*.
③ Ivo Daalder and James M. Lindsay, *America Unbound: The Bush Revolution in American Foreign Policy* (Washington, DC: The Brookings Institution, 2003); Philip H. Gordon and Jeremy Shapiro, *Allies at War: America, Europe and the Crisis over Iraq* (New York: McGraw-Hill, 2004); Stefan Halper and Jonathan Clarke, *America Alone: The Neo-Conservatives and the Global Order* (Cambridge: Cambridge University Press, 2004); Samuel Huntington, *The Clash of Civilizations and the Remaking of World Order* (New York: Simon and Schuster, 1996); Irwin Stelzer, ed., *The Neocon Reader* (New York: Grove Press, 2004).
④ White House, *National Security*.

意识形态与文化霸权而言,并非如此。① 不过,当前通过意识形态、文化和标准维度的对接来完成帝国与全球化之间连接的这个阶段并非是必不可少的。然而,从美国的长远愿景看,在实现全面的统治的过程中,它的确是一个合乎逻辑的步骤。关于意识形态要素,并非没有重要的历史先例可循,因此,它不应当被视为新保守主义的共和党人的新发明,而应当被视为整个战后时期的核心构成要素。例如,克服两极性的斗争关键立基于自由与不自由之间的区别之上,进而立基于向被"邪恶帝国"所征服的人们传播自由世界之价值的目标之上。那时与现在的区别主要是:在早期阶段,意识形态显然是从属于军事与政治目标;而现在,借用新保守主义的公开说法,至少是适用于相反的关系。

反对恐怖主义、原教旨主义和其他种类的叛乱,以及向全球传播自由、民主统治和文明的价值观念的理想奋斗目标是,为美国取得经济、政治、外交等领域上的优势提供最可能的生成条件——一种在文化上无摩擦和被普遍接受的美国治下的和平(Pax Americana)。② 这存在两个方面的缺点。首先,由于这一目标假定在世界其他地区进行彻底的政权变化和国家建设,所以它无法通过采用公共外交的软手段实现,而只能通过暴力和战争实现。其次,文化推进,不仅无视其他("外国的")文化规范(cultural norms),而且公开地——通过先发制人原则,并采取措施加以执行的方式——违反国家主权与领土不可侵犯的原则。诸如和平地完成"美国使命"造成了一系列分裂的后果。③

当美国决心将其他文明及其"恐怖主义"描述为威胁西方价值观念的"无赖国家"时,这一行为体现这样的自由,即拥有这样的自由,美国便可以采取单方面的行动。这也暴露了全球统治已

---

① 见 *International Herald Tribune*,2005 年 1 月 26 日头版的文章。
② John Milbank,"Sovereignty, Empire, Capital and Terror," *South Atlantic Quarterly* 101, 2 (2002): 305 – 323.
③ Anne-Marie Slaughter, *A New World Order* (Princeton, NJ: Princeton University Press, 2004).

经达到的程度。因此，当美国最早集中使用软实力，随后又将这些领域出现的问题转变成竭尽全力进行军事戒备与动员问题的时候，它表明，一个霸权完全不受在自由与行动之间保持一致性的束缚。① 随着冷战的结束，除了个别不顺从的国家与统治者外，所有重要的阻挡美国霸业的经济、政治和军事障碍都被清除掉了。而仍然缺乏的是世界人民对自由世界的价值观念和美国"势必领导世界"假设的广泛支持。② 因此，其余要被征服的堡垒就是文明方面的：价值观、忠诚、政治文化，以及美国以外平民的心智。为此，美国现今许多国际关系方面的讨论都被策划成了一场价值与权力的斗争，其中美国/西方被描绘成为处于防御及潜在衰退的地位，或被描绘成一个慈善的"廉价帝国"，如果世界要变成一个民主的地方，这是必要的。③

这一表达文化霸权问题的方式突出了两个重要因素。首先，应该受到谴责的——但不是盲目的，诸如"9·11"事件的暴行，并不能对美国的全球主导构成威胁。根据某人的观点，它们可以被看做受宗教启发的绝望的报复行为，可以被看做获得世界范围的媒体曝光而作的引人注目的政治倡议，或者被看做对西方文明对某些国家及其传统的收入来源、生活方式和宗教信仰入侵的抗议。但它们并不是威胁，这反映在明显的不对称的战争情形中——尖端的、高科技武器装备及与其伴随的经济、政治、文化资源遇到了原始的野

---

① David Halberstam, *War in a Time of Peace: Bush, Clinton, and the Generals* (New York: Scribner, 2001); White House, *National Security*.
② Nye, *Bound to Lead*.
③ 尤其是在"9·11"事件后，作为突出的例外时刻，参见 Giorgio Agamben, *State of Exception* (Chicago: University of Chicago Press, 2005); Fred Halliday, *Two Days That Shook the World* (London: Saqi Books, 2001); Carl Schmitt, *The Concept of the Political* (1932; repr., Chicago: University of Chicago Press, 1996); George W. Bush, "Agenda for America," 2004, http://www.georgewbush.com (accessed 28 October 2004); Kupchan, *End of the American*; Michael Ignatieff, *Empire Lite: Nation-Building in Bosnia, Kosovo and Afghanistan* (London: Vintage, 2003); Mandelbaum, *Ideas that Conquered*.

性和柔弱的公民的抗议。

第二个因素就是要牢记,全球化的病因起源于西方,以宗教的名义实施的恐怖主义是一种反应。"反恐战争"不断地产生对抗指向和致力于毁灭恐怖主义的斗争。此外,遍及世界各地的由经济与政治全球化引起的不满和冲突,美国意识形态的"十字军东征"的实际表现,滋生了他们自己的不满,开启了新的裂缝与战场。①

美国既是全球现代化进程的主要催化剂又是主角。无论是它所引起的经济扩张与"麦当劳化"、领土占领与非正式帝国、核威胁与无处不在的军事存在,还是意识形态对抗与文化输出倡议,它都必然导致政治逆反应、文化上的不满,以及西方的敌对形象。文明进攻矫饰地充当了努力给其他世界的人们带去理性、民主、自由和人道等价值观念的先锋,也使之得以强化。然而,如果没有它声称要消除野蛮状态,这是难以想象的。在这个意义上说,美国代表其自己的原教旨主义。② 美国在全球范围内争取意识形态霸权的斗争,立基于这样的基础之上,即坚信文明化的使命毫无疑问是合情合理的,至少在某种形式上,比高喊"伊斯兰原教旨主义"的战斗口号要强得多。③ 乔治·W. 布什总统的重生基督徒信仰的培养是这一大的意识形态战场的个人反映。

因此,美国外交政策所宣称的目标与其内在逻辑及其采用的手段都是背道而驰的。以迫使非西方人皈依西方普遍主义并接受美国的全球存在为目的的民主价值斗争是不能够和平解决的。现代性所固有的膨胀主义本身创造了对它不满的基础,而其所采取的手段——各种形式的战争——与其所声称的人道主义目标是相矛盾的。尽管冲突很可能包含在最不正常的示威活动中,也不能以军事手段来解决它,而只能通过持续的军事警戒、前所未有的全球性监

---

① Ken Booth and Tim Dunne, eds., *Worlds in Collision: Terror and the Future of Global Order* (Basingstoke: Palgrave, 2002).
② Tariq Ali, *The Clash of Fundamentalisms* (London: Verso, 2002).
③ See various contributions to Stelzer, ed., *The Neocon Reader*.

控和全球环境安全的永久强化等手段来解决。

这种永久性的军事动员把我们带回到霍夫迪楼，带回到帝国统治与扩张手段的有效性，带回到雷克雅未克故事的历史性教训中。正如肯尼思·华尔兹（Kenneth Waltz）曾令人信服地论述的那样，纵使全球核扩散，也不会对美国构成严重威胁。其他民族国家所能够期待的最好结果是获得少许核装置，它们可能起到区域威慑或平衡的效果（如印度和巴基斯坦的情况），但是，它们不能改变全球的权力结构。① 只有俄罗斯对核运载拥有直接的技术条件与洲际手段，而且其他国家所拥有全部的政治、科学及经济资源都不能构成真正的威胁——就此问题来说是合乎情理的。当所有的苏联核武器库都不能，或不敢与美国力量抗衡时，当今世界其他国家还能有谁能够这样做呢？

90年代早期，一些关于"后冷战时代"的鼓舞人心的论调得到扩散，在这些论调中，"后冷战时代"被视为"历史的终结"、普遍民主的时代、一个在多个文明政治实体蕴涵"永久和平"种子的时代，在世界的舞台上，在自由、市场决定的框架中相互作用。② 在那样背景下，新保守主义和新现实主义的演讲者们和智囊团们都普遍鼓吹"反恐战争"和为美国规范性霸权而斗争，这些声音响彻晴空。他们正试图使以永久性战争和无休止警戒为典型代表的现实获得正当性，这种战争与警戒立基于存在一个拥有普遍自由的乌托邦的想象之上，而这种普遍自由将在路之尽头等待着我们。③ 这个东拉西扯创建起来的道德危机世界表明，永久和平是不存在的，存在的只是不确定性，而且完全依赖于邪恶势力掌控的具有破坏力

---

① Kenneth Waltz, "The Nuclear Future" (public lecture, delivered to the Danish Institute for International Studies, Copenhagen, 17 May 2005).
② Francis Fukuyama, *The End of History and the Last Man* (New York: Free Press, 1992); Immanuel Kant, *Zum Ewigen Frieden* [Perpetual peace] (1795; repr., Stuttgart: Reclam, 1984).
③ Halper and Clarke, *America Alone*.

第八章 全球化与美国帝国：全球性转折的关键时刻

的原像，这些邪恶势力策划以重新回归"黑暗时代"来替代自由、秩序和道德。因而，很明显，美国帝国目标的三个不同层次——经济—金融，政治—军事，文化—规范之间，存在着重要的区别。

前两者（以及它们之间的协同）已经达到了这种程度，即美国具有全球主导地位以及美国实际上已经实现了全面主导几乎是不受置疑的。二者形成良好的互补，一个层面上的威胁就能够在另外一个层面上得到处理。伊拉克的例子说明了这一相互作用。伊拉克战争远不是由美国担心恐怖分子与侯赛因政权有联系或是担心大规模杀伤性武器引起的——这些只不过是对外辩解的理由，真正的导火索则是另外一回事。美国认识到以下两者是密不可分的，它期望控制一个充满冲突，但具有战略重要性的地区，以及它极其关注萨达姆·侯赛因已于 2000 年开始以欧元而非美元进行石油交易。①美国的全球主导地位受到这种性质的政治反应的严重威胁，特别是如果该国为其他国家树立了一个仿效的榜样。

相比之下，文化规范的统治问题则按照不同的逻辑进行，而且正如更早、更为正式的帝国已经在更加适中的范围内发现的那样，它很难实现。观念霸权不能被以政治方式随意地命令、强加或操纵。它挑战的是对种族、国家和地方文化自主性之利益的深切信赖，文化自主性是国际秩序的直接产物并为这一秩序正在发生巨大变化作出越来越多的补偿。此外，尽管存在反面的声音，观念霸权并不是一系列独立的自主性的文化或价值导向的目标，它与其他两个层面支配地位（以及有希望成为霸权）的维持结合紧密。②尽管

---

① William Clark, "The Real Reasons for the Upcoming War with Iraq," revised in 2004, with additional commentary in 2005, Independent Media Center, 2003, http://www.ratical.org/ratville/CAH/RRriraqWar.html; William F. Engdahl, "A New American Century? Iraq and the Hidden Euro-Dollar Wars," *Current Concerns* 4 (2003), http://www.currentconcerns.ch/archive/2003/04/20030409.php.
② 作为冷战时期的例子，即"自由欧洲电台"在侵蚀苏联在东方的意识形态支配地位中的角色，是戈尔巴乔夫在雷克雅未克所提出的另一个话题，然而毫无效果。参见 CNN 交互电视，The Reagan-Gorbachev transcripts。

总统一再作出相反的保证（例如，参看乔治·W. 布什的第二次就职演讲，2005 年 1 月），那些自由地和民主地选择执行与美国偏好相左政策的政权，获得热情支持的机会不大。它们也不能指望从华盛顿获得财政援助，尽管它们坚持开放社会的价值观。①

因此，从试图消除对美国帝国文化的抵制来看，现阶段对美国全球权力，如果不是最重要的，也一定（在许多方面）是最严峻的考验。这是一个充满矛盾、挫折、局部胜利甚至倒退的过程，其结论有待商榷。这一进程还为帝国过度扩张理论提供了基础，这一理论比当前国际关系和全球化文献中的许多理论似乎更具有说服力，那些文献往往把其理由建立在不确定的历史推论上，而且往往忽视结构性差异和政治参与者学习历史教训的能力。② 虽然它们的影响不能在任何程度上被准确地设计和策划，但必须承认，强大的文化以多种不可预料的方式传播开来并与地方文化相交融；因此，否认美国文化自二战以来已经取得了相当大的全球性成功，将是愚蠢的。③ 也是由于这个原因，关于美国的全球野心的现实状况与未

---

① 这个故事的反面是，美国利益不能不导致那些对独裁的选择性反应。参见 Stanley Hoffmann, "America Alone in the World," *The American Prospect*, 2002 年 9 月 22 日，http：//www. prospect. org/cs/articles？ article = america_ alone_ in_ the_ world。一个例子是在 2005 年 5 月，数百、也许数千名反对乌兹别克斯坦独裁政权的抗议者和造反分子被杀害，而驻扎该国的美军却袖手旁观，而且来自华盛顿的关于乌兹别克斯坦民主需求的政治声明显著缺位。

② Galtung, *Coming Decline*；Paul Kennedy, *The Rise and Fall of the Great Powers* (New York: Random House/Vintage Books, 1989); Nairn, *America versus Globalization*; Todd, *After the Empire*; Immanuel Wallerstein, *The Decline of American Power: The US in a Chaotic World* (New York: W. W. Norton, 2003).

③ Ulf Hedetoft, "Contemporary Cinema: Between Cultural Globalization and National Interpretation," in *Cinema and Nation*, ed. Mette Hjort and Scott MacKenzie (London: Routledge, 2000), 278 - 297; George Ritzer, *The McDonaldization of Society* (Thousand Oaks, CA: Pine Forge Press, 1993); Alexander Stephan, ed., *The Americanization of Europe: Culture, Diplomacy, and Anti-Americanism after 1945* (Oxford: Berghahn, 2005).

第八章 全球化与美国帝国：全球性转折的关键时刻

来后果，历史上的例子也许不能给我们提供太多知识。我们应当回避决定论而支持这样一种认识，即美国帝国和全球化之间的联结是一个独特的现象，根据这种联结自身的条件，它是完全可以理解的。

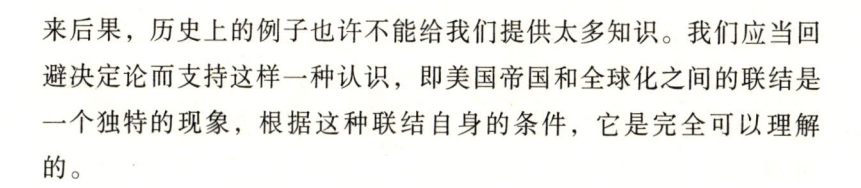

结　语

自 2006 年以来，国际发展已经凸显了美国全球野心所面临的越来越多的风险、自相矛盾和压力。美国经济衰退本身并不是一个帝国衰退的迹象。而毋宁说，帝国的衰退是以下因素结合的结果：金融危机、对美元作为国际货币的全球信心下降（伴随着目前一大部分国际贸易以欧元结算的后果）、能源价格飙升、中国经济迅猛发展，以及俄罗斯在经济和军事上的复兴等。此外，打击具有宗教合法性的恐怖主义和在世界欠发达地区建立稳定、安全的民族国家的政策的后果是可疑的，而且凸显了布什政府新保守主义方案的不稳定性。

与这些发展相伴随的是，全球范围内对下述事务认同的明显降低：美国的文明使命、北大西洋联盟内跨大西洋的争论（如，在阿富汗的间接费用分摊份额），以及许多国家通过尽力保持，如果不是它们的传统主权，那么至少是他们的政治独立与文化自主性，来共同抵制对其历史认同的进一步的侵蚀等。

这些各种各样的发展并不代表美国全球统治的结束，但是它们凸显了作为一个军事、经济、金融超级大国的美国和作为一支地位可疑的意识形态和智力力量的美国之间所存在的日益严重的脱节。随着"9·11"事件淡出人们的视野，三个层次的统治互补不足。为了支持更加现实的目标，可能不得不放弃使全球化服从于美国偏好的做法，而霸权现在似乎只不过是一个遥远的乌托邦式的梦想。鉴于此，基于权力的嚣张与寻求快捷而有效地报复伊斯兰造反派的意图，新保守主义时代的遗留产物实际上可以被证明是一种帝国过度扩张（体制）。在这一点上，尚不能确定的是这一体制的后果将是长期的还是临时的。但是，毫无疑问，当谈到进一步推进统治时，乔治·W.布什的继任者所面临的挑战将是十分艰巨的。

（邵明阳译，北京大学政府管理学院博士后）

缩略词

AD	反倾销税（anti-dumping duties）
AICPA	美国注册会计师协会（American Institute of Certified Public Accountants）
AISI	美国钢铁协会（American Iron and Steel Institute）
ASBJ	日本会计准则委员会（Accounting Standards Board of Japan）
BIT	双边投资协定（bilateral investment agreement）
BMD	弹道导弹防御体系（Ballistic Missile Defense）
BWU	蓝鲸联盟（blue whale unit）
CAP	共同农业政策（Common Agricultural Policy）
CCALMR	海岸带和陆地边缘研究中心（Center for Coastal and Land-Margin Research）
CMS	迁徙物种公约（Convention on Migratory Species）
CNC	国家统筹委员会（Conseil National de la Comptabilité）
CONGO	非政府组织会议（Conference of Non-Governmental Organizations）
CPA	注册会计师（Certified Public Accountants）
CUFTA	美加自由贸易协定（Canada-United States Free Trade Agreement）
CVD	反补贴税（countervailing duties）
CWB	加拿大小麦局（Canadian Wheat Board）

DESA	联合国经社事务部(Department of Economic and Social Affairs of the UN)
DSB	争端解决机构(Dispute Settlement Body)
DSU	关于争端解决的规则与程序的谅解(Dispute Settlement Understanding)
EC	欧洲共同体(European Community)
ECJ	欧洲法院(European Court of Justice)
ECOSOC	联合国经社理事会[Economic and Social Council (of the UN)]
EDC	加拿大出口开发公司(Export Development Canada)
EEA	欧洲经济区(European Economic Area)
EEC	欧洲经济共同体(European Economic Community)
ENGO	环境非政府组织(environmental non-governmental organization)
EU	欧盟(European Union)
FAIR	联邦农业促进改革法(Federal Agriculture Improvement and Reform)
FASB	财务会计准则委员会(Financial Accounting Standards Board)
FfD	发展融资峰会(financing for development)
FSF	金融稳定论坛(Financial Stability Forum)
FSRI	农业安全和农村投资法(Farm Security and Rural Investment)
FTC	自由贸易委员会(Free Trade Commission)
G77	77国集团(Group of 77)
GAAP	公认的会计原则(generally accepted accounting principles)
GATT	关贸总协定(General Agreement on Tariffs and Trade)
GERIM	地中海问题跨学科研究小组(Groupe d'études et de

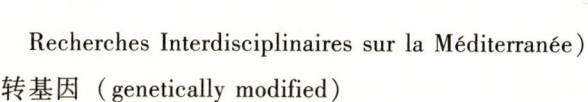

	Recherches Interdisciplinaires sur la Méditerranée）
GM	转基因（genetically modified）
HRA	地方自治（Home Rule Act）
IAASB	国际审计与鉴证准则委员会（International Auditing and Assurance Standards Board）
IASB	国际会计准则委员会（International Accounting Standards Board）
IBRD	国际复兴开发银行（International Bank for Reconstruction and Development）
ICA	国际商品协定（international commodity agreement）
ICC	因纽特人北极圈理事会（Inuit Circumpolar Council）
ICC	国际商会（International Chamber of Commerce）
ICCROM	国际文化财产保护与修复研究中心（International Centre for the Preservation and Restoration of Cultural Property）
ICITO	国际贸易组织临时委员会（Interim Commission for the International Trade Organization）
ICRW	国际捕鲸管制公约（International Convention for the Regulation of Whaling）
ICSW	国际社会福利协会（International Council on Social Welfare）
IDRC	国际发展研究中心（International Development Research Centre）
IFAC	国际会计师联合会（International Federation of Accountants）
IFAD	国际会计发展论坛（International Forum on Accountancy of Development）
IFI	国际金融研究所（international financial institution）
IFRS	国际财务报告准则（International Financial Reporting

	Standards)
IGO	政府间组织（intergovernmental organization）
IIA	国际农业学会（International Institute of Agriculture）
IISD	国际可持续发展研究所（International Institute of Sustainable Development）
ILO	国际劳工组织（International Labour Organization）
ILRF	国际劳工权益基金会（International Labour Rights Fund）
IMO	国际海事组织（International Maritime Organization）
IOSCO	国际证监会组织（International Organization of Securities Commissions）
IP	知识产权（intellectual property）
ISA	国际审计准则（International Standards on Auditing）
ITO	国际贸易组织（International Trade Organization）
IUCN	世界自然保护联盟［International Union for Conservation of Nature and Natural Resources（World Conservation Union）］
IUCN	世界保护联盟（World Conservation Union）
IWC	国际捕鲸委员会（International Whaling Commission）
JICPA	日本公认会计士协会（Japanese Institute of Certified Public Accountants）
MCRI	大型合作研究倡议（Major Collaborative Research Initiative）
MOF	财政部（Ministry of Finance）
MOU	谅解备忘录（Memorandum of Understanding）
NACEC	北美环境协调委员会（North American Commission for Environmental Cooperation）
NACLC	北美劳工协调委员会（North American Commission for Labor Cooperation）

NAFTA	北美自由贸易协定（North American Free Trade Agreement）
NAO	国家行政办公室（national administrative office）
NATO	北大西洋条约组织（North Atlantic Treaty Organization）
NGO	非政府组织（non-governmental organization）
NLCA	努纳乌特土地权利协议（Nunavut Land Claims Agreement）
NMP	新管理程序（new management procedure）
ODA	官方发展援助（official development assistance）
OECD	经济合作与发展组织（Organisation for Economic Co-operation and Development）
PCAOB	上市公司会计监管委员会（Public Company Accounting Oversight Board）
RMP	改进后的管理程序（revised management procedure）
RMS	改进后的管理方案（revised management scheme）
SME	中小企业（small and medium-sized enterprises）
TEC	欧共体条约（Treaty of European Communities）
TEU	欧盟条约［Treaty of European Union (1993)］
TNC	跨国公司（Transnational Corporation）
TRIPs	与贸易有关的知识产权协议（Trade-Related Aspects of Intellectual Property Rights）
UNCITRAL	联合国国际贸易法委员会（United Nations Commission on International Trade Law）
UNCTAD	联合国贸易与发展会议（United Nations Conference on Trade and Development）
UNDP	联合国开发计划署（United Nations Development Programme）
UNEP	联合国环境规划署（United Nations Environmental

	Programme)
UNESCO	联合国教科文组织（United Nations Educational, Scientific and Cultural Organization）
UNIDROIT	国际统一私法协会（International Institute for the Unification of Private Law）
USDA	美国农业部（United States Department of Agriculture）
WEDO	妇女环境与发展组织（Women's Environment and Development Organization）
WHC	世界遗产委员会（World Heritage Committee）
WTO	世界贸易组织（World Trade Organization）
WWF	世界自然基金会（World Wildlife Fund）

参考文献

Abend, Lisa. "Specters of the Secular: Spiritism in Nineteenth-Century Spain." *European History Quarterly* 34, 4 (2004): 507-34.
Abu Manneh, Butrus. *Studies on Islam and the Ottoman Empire in the 19th Century, 1826-1876*. Istanbul: Isis Press, 2001.
Adas, Michael. "A Colonial War in a Postcolonial Era: The United States' Occupation of Vietnam." In *America, the Vietnam War, and the World: Comparative and International Perspectives*, ed. Andreas W. Daum, Lloyd C. Gardner, and Wilfried Mausbach, 27-42. New York: Cambridge University Press, 2003.
Agamben, Giorgio. *State of Exception*. Chicago: University of Chicago Press, 2005.
Ahmad, Feroz. *Turkey: The Quest for Identity*. Oxford: Oneworld, 2003.
Ahmed, Masood, Timothy Lane, and Marianne Schulze-Ghattas. "Refocusing IMF Conditionality." *Finance and Development* 38, 4 (2001), http://www.imf.org/external/pubs/ft/fandd/2001/12/ahmed.htm.
Aksan, Virginia. "Breaking the Spell of Baron de Tott: Reframing the Question of Military Reform in the Ottoman Empire, 1760-1830." *International History Review* 24, 2 (2002): 253-77.
———. *Ottoman Wars, 1700-1870: An Empire Besieged*. Harlow: Pearson Education, 2007.
Albarran, Alan B., and Gregory G. Pitts. *The Radio Broadcasting Industry*. Boston: Allyn and Bacon, 1996.
Albrow, Martin. *The Global Age: State and Society beyond Modernity*. Cambridge: Polity Press, 1996.
Ali, Tariq. *The Clash of Fundamentalisms*. London: Verso, 2002.
Almas, Reider, and Geoffrey Lawrence. "Introduction: The Global/Local Problematic." In *Globalization, Localization, and Sustainable Livelihoods*, ed. Reider Almas and Geoffrey Lawrence, 3-24. Burlington, VT: Ashgate, 2003.
Amin, Samir. *La nation Arabe*. Paris: Editions de Minuit, 1976.

——. *Le Développement inégal: Essai sur les formations sociales du capitalisme périphérique*. Paris: Editions de Minuit, 2001.

——. *Critique du capitalisme*. Paris: PUF, 2002.

Anderson, Benedict. *Imagined Communities: Reflections on the Origin and Spread of Nationalism*. 2nd ed. London: Verso Books, 1991.

Anderson, David M., and David Killingray, eds. *Policing the Empire: Government, Authority, and Control, 1830-1940*. Manchester, UK: Manchester University Press, 1991.

Annan, Kofi. "Two Concepts of Sovereignty." *The Economist*, 18-24 September 1999.

Antunes, Cátia. *Globalisation in the Early Modern Period: The Economic Relationship between Amsterdam and Lisbon, 1640-1705*. Amsterdam: Aksant, 2004.

Appadurai, Arjun. *Modernity at Large: Cultural Dimensions of Globalization*. Minneapolis: University of Minnesota Press, 1996.

——. "Grassroots Globalization and the Research Imagination" *Public Culture* 12, 1 (2000): 1-19.

——. "Deep Democracy: Urban Governmentality and the Horizon of Politics." *Public Culture* 14, 1 (2002): 21-47.

Arbulu, Pédro, and Jacques-Marie Vaslin. "La place de Paris dans la finance internationale du 19ième siècle." *Revue d'Économie Financière* 57 (2000): 29-36.

Armitage, David. "Three Concepts of Atlantic History." In *The British Atlantic World, 1500-1800*, ed. David Armitage and Michael J. Braddick, 11-27. London: Palgrave, 2002.

Arrighi, Giovanni, Beverley J. Silver, and Benjamin D. Brewer. "Industrial Convergence, Globalization, and the Persistence of the North-South Divide." *Studies in Comparative International Development* 38, 1 (2003): 3-31.

Asendorf, Christoph. *Batteries of Life: On the History of Things and Their Perception in Modernity*. Berkeley: University of California Press, 1993.

Attwood, Bain. *The Making of the Aborigines*. Sydney: Allen and Unwin, 1989.

——. *Rights for Aborigines*. Sydney: Allen and Unwin, 2003.

Attwood, Bain, and Andrew Markus. *Thinking Black: William Cooper and the Australian Aborigines' League*. Canberra, ACT: Aboriginal Studies Press, 2004.

——, eds. *The Struggle for Aboriginal Rights, a Documentary History*. St. Leonards, NSW: Allen and Unwin, 1999.

Aubrée, Marion, and François Laplatine. *La table, le livre, et les esprits: Naissance, évolution et actualité du mouvement social spirite entre France et Brésil*. Paris: Lattès, 1990.

Aydınlı, Ersel. "The Turkish Pendulum between Globalization and Security: From the Late Ottoman Era to the 1930s." *Middle East Studies* 40, 33 (2004): 102-33.

Bacevich, Andrew J. *American Empire: The Realities and Consequences of US Diplomacy*. Cambridge, MA: Harvard University Press, 2002.

Bairoch, Paul. *Le tiers-monde dans l'impasse*. Paris: Gallimard, 1971.

——. *Révolution industrielle et sous-développement*. Paris-La Haye: Les Editions Mouton, 1974.

——. *Economics and World History: Myths and Paradoxes*. New York: Harvester Wheatsheaf, 1993.

——. "The Constituent Economic Principles of Globalization in Historical Perspective: Myths and Realities." *International Sociology* 15, 2 (2000): 197-214.

Ballantyne, Tony. "Empire, Knowledge and Culture: From Proto-Globalization to Modern Globalization. In *Globalization in World History*, ed. A.G. Hopkins, 115-40. London: Pimlico, 2002.

Balta, Paul. "Vie politique au Maghreb." In *L'État du Maghreb*, ed. Camille and Yves Lacoste. Paris: Editions la Découverte, 1991.

Bank, Andrew. "Losing Faith in the Civilizing Mission: The Premature Decline of Humanitarian Liberalism at the Cape, 1840-60." In *Empire and Others: British Encounters with*

参考文献

Indigenous Peoples, 1600-1850, ed. M.J. Daunton and Rick Halpern, 364-83. Philadelphia: University of Pennsylvania Press, 1999.
Barfield, Thomas. *The Perilous Frontier: Nomadic Empires and China, 221 BC to AD 1757*. Cambridge: Blackwell, 1989.
Barkawi, Tarak. *Globalization and War*. Lanham: Rowman and Littlefield, 2006.
Barkin, David. "Who Are the Peasants?" *Latin American Research Review* 39, 3 (2004): 270-81.
Baruah, Bipasha. "Earning Their Keep and Keeping What They Earn: A Critique of Organizing Strategies for South Asian Women in the Informal Sector." *Gender, Work, and Organization* 11, 6 (2004): 605-26.
Basham, Diana. *The Trial of Woman: Feminism and the Occult Sciences in Victorian Literature and Society*. London: Macmillan, 1992.
Bastide, Roger. *Les religions africaines au Brésil: Vers une sociologie des interpénétrations de civilisations*. Paris: Presses Universitaires de France, 1960.
Bayart, Jean-François. *Le gouvernement du monde: Une critique politique de la globalisation*. Paris: Fayard, 2004.
Bayly, C.A. "The British and Indigenous Peoples, 1760-1860: Power, Perception and Identity." In *Empire and Others: British Encounters with Indigenous Peoples, 1600-1850*, ed. M.J. Daunton and Rick Halpern, 19-41. Philadelphia: University of Pennsylvania Press, 1999.
—. *The Birth of the Modern World, 1780-1914: Global Connections and Comparisons*. The Blackwell History of the World. Malden, MA: Blackwell, 2004.
Bayly, C.A., Steven Beckert, Matthew Connelly, Isabel Hofmeyr, Wendy Kozol, and Patricia Seed. "On Transnational History." *American Historical Review* 111, 5 (2006): 1441-64.
Beauchamp, Ken. *History of Telegraphy*. London: Institution of Electrical Engineers, 2001.
Beck, Ulrich. *Power in the Global Age: A New Global Political Economy*. Malden, MA: Polity, 2005.
Beckwith, Christopher. *The Tibetan Empire in Central Asia: A History of the Struggle for Great Power among Tibetans, Turks, Arabs, and Chinese during the Early Middle Ages*. Princeton, NJ: Princeton University Press, 1987.
Bedoui, A. "État et développement: Essai d'analyse de la spécificité et des limites du rôle de l'État en Tunisie." Thèse de Doctorat d'État, Université el-Manar, 2005.
Bektas, Yakup. "Displaying the American Genius: The Electromagnetic Telegraph in the Wider World." *British Journal for the History of Science*, 34, 2 (2001): 199-232.
Benevolo, Leonardo. *The Origins of Modern Town Planning*. London: Routledge, 1967.
Bennison, Amira. "Muslim Universalism and Western Globalization." In *Globalization in World History*, ed. A.G. Hopkins, 74-97. London: Pimlico, 2002.
Benot, Yves. *Le sous-développement*. Paris: Les Editions Maspero, 1976.
Bentley, Jerry H. "Cross-Cultural Interaction and Periodization in World History." *American Historical Review* 101, 3 (1996): 749-70.
Benton, Lauren A. *Law and Colonial Cultures: Legal Regimes in World History, 1400-1900*. Cambridge: Cambridge University Press, 2002.
Berger, Mark. "Decolonisation, Modernisation and Nation-Building: Political Development and the Appeal of Communism in Southeast Asia, 1945-1975." *Journal of Southeast Asian Studies* 34, 3 (2003): 421-48.
—. *The Battle for Asia: From Decolonization to Globalization*. New York: Routledge Curzon, 2004.
Berger, Peter L., and Thomas Luckmann. *The Social Construction of Reality: A Treatise in the Sociology of Knowledge*. Garden City, NY: Doubleday, 1966.

Bergerud, Eric M. *The Dynamics of Defeat: The Vietnam War in Hau Nghia Province*. Boulder, CO: Westview Press, 1991.
Berik, Gunseli. "Mature Export-Led Growth and Gender Wage Inequality in Taiwan." *Feminist Economics* 6, 3 (2000): 1-26.
Bermudez, Armando Andres. "Notas para la historia del espiritismo en Cuba." *Etnología y Folklore* 4, 1 (1967): 5-22.
Berndt, Ronald M., and Catherine H. Berndt. *The World of the First Australians*. Adelaide: Rigby Press, 1985.
Berr, Eric, and François Combarnous, "L'impact du consensus de Washington sur les pays en développement: Une évaluation empirique." Documents de travail 100, Centre d'Economie du Développement de l'Université Montesquieu Bordeaux IV.
Bettelheim, Charles. *Planification et croissance accélérée*. Paris: Maspero, 1965.
—. *La Transition vers l'économie socialiste*. Paris: Maspero, 1968.
—. *Problèmes théoriques et pratiques de la planification*. Paris: Maspero, 1970.
Bigart, Homer. "A 'Very Real War' in Vietnam." *New York Times*, 25 February 1962.
Birchal, Sérgio de Oliveira. "The Transfer of Technology to Latecomer Economies in the Nineteenth Century: The Case of Minas Gerais, Brazil." *Business History* 43, 4 (2001): 48-67.
Blanchard, Eric. "Gender, International Relations, and the Development of Feminist Security Theory." *Signs* 28, 4 (2003): 1289-1312.
Blondheim, Menahem. *News over the Wires: The Telegraph and the Flow of Public Information in America, 1844-1897*. Cambridge, MA: Harvard University Press, 1994.
Bodenheimer, Thomas, and Robert Gould. *Rollback! Right-Wing Power in US Foreign Policy*. Cambridge, MA: South End Press, 1989.
Booth, Cherie. "Prospects and Issues from the International Criminal Court: Lessons from Yugoslavia and Rwanda." In *From Nuremberg to The Hague: The Future of International Criminal Justice*, ed. Philippe Sands, 166-92. Cambridge: Cambridge University Press, 2003.
Booth, Ken, and Tim Dunne, eds. *Worlds in Collision: Terror and the Future of Global Order*. Basingstoke: Palgrave, 2002.
Bourne, Henry Richard Fox. *The Aborigines Protection Society: Chapters in Its History*. London: P.S. King and Son, 1899.
Boxer, C.R. *Portuguese India in the Mid-Seventeenth Century*. Delhi: Oxford University Press, 1980.
Brandon, George. *Santería from Africa to the New World: The Dead Sell Memories*. Bloomington: Indiana University Press, 1993.
Braude, Ann. *Radical Spirits: Spiritualism and Women's Rights in Nineteenth Century America*. Boston: Beacon Press, 1989.
Brecher, Jeremy, and Tim Costello. *Global Village or Global Pillage: Economic Reconstruction from the Bottom Up*. Boston: South End Press, 1994.
Brecher, Jeremy, Tim Costello, and Brendan Smith. *Globalization from Below: The Power of Solidarity*. Cambridge, MA: South End Press, 2000.
Brigham, Robert K. *Guerrilla Diplomacy: The NLF's Foreign Relations and the Viet Nam War*. Ithaca, NY: Cornell University Press, 1999.
—. *ARVN: Life and Death in the South Vietnamese Army*. Lawrence: University Press of Kansas, 2006.
Bright, Charles. *Imperial Telegraphic Communication*. London: King, 1911.
Brittain-Caitlin, William. *Offshore: The Dark Side of the Global Economy*. New York: Farrar, Straus and Giroux, 2005.

参考文献

Brook, Timothy. "Time and Global History." Paper presented at the fourth meeting of the Globalization and Autonomy Research Project, Munk Centre, University of Toronto, September 2005.

Broomhall, Bruce. *International Justice and the International Criminal Court: Between Sovereignty and the Rule of Law*. New York: Oxford University Press, 2003.

Brown, Seyom. *Faces of Power: Constancy and Change in United States Foreign Policy from Truman to Clinton*. New York: Columbia University Press, 1994.

Bruckner, Pascal. *Les Sanglots de l'homme blanc: Tiers-monde, culpabilité, haine de soi*. Paris: Seuil, 1983.

Bucaille, Maurice. *La Bible, le Coran et la Science*. Paris: Seghers, 1976

Bueno de Mesquita, Bruce, and George W. Downs. "Richer but Not Freer." *Foreign Affairs* 84, 5 (2005): 77-86.

Bulletin Financier BBL [Bulletin for international fiscal documentation], January - February 1993.

Burgat, François. *L'islamisme en face*. Paris: La Découverte, 1995.

Burke, Gerald. *Towns in the Making*. New York: St. Martin's Press, 1971.

Burns, James MacGregor. *Roosevelt: The Soldier of Freedom*. New York: Harcourt Brace Jovanovich, 1970.

Bush, George W. "Agenda for America," 2004, http://www.georgewbush.com (accessed 28 October 2004).

Cable, Larry E. *Conflict of Myths: The Development of American Counterinsurgency Doctrine and the Vietnam War*. New York: New York University Press, 1988.

Cañizares-Esguerra, Jorge. *How to Write the History of the New World: Histories, Epistemologies, and Identities in the Eighteenth-Century Atlantic World*. Stanford, CA: Stanford University Press, 2001.

Carey, James W. *Communication as Culture: Essays on Media and Society*. New York: Routledge, 1989.

Carlson, Linda. *Company Towns of the Pacific Northwest*. Seattle: University of Washington Press, 2003.

Carr, Barry. "Globalization from Below: Labour Internationalism under NAFTA." *International Social Science Journal* 51, 159 (1999): 49-60.

Carré, Olivier. "Evolution de la pensée arabe au Proche-Orient depuis 1967." *Revue Française des sciences politiques* 23, 5 (1973): 1046-79.

Caspersz, Donella. "Globalization and Labour: A Case Study of EPZ Workers in Malaysia." *Economic and Industrial Democracy* 19, 2 (1998): 253-86.

Cassese, Antonio. *International Criminal Law*. New York: Oxford University Press, 2003.

Castells, Manuel. *The City and the Grassroots: A Cross-Cultural Theory of Urban Social Movements*. Berkeley: University of California Press, 1983.

———. *The Rise of the Network Society*. Cambridge, MA: Blackwell, 1996.

Castells, Manuel, and Martin Ince. *Conversations with Manuel Castells*. London: Blackwell Publishing, 2003.

Castoriadis, Cornelius. *Philosophy, Politics, Autonomy*. New York: Oxford University Press, 1991.

Catton, Philip E. *Diem's Final Failure: Prelude to America's War in Vietnam*. Lawrence: University Press of Kansas, 2003.

César Macías, Julio. *La guerrilla fue mi camino: Epitafio para César Montes*. Guatemala: Editorial Piedra Santa Arandi, 1999.

Cevdet, Ahmed. *Tarih*. 12 vols. Istanbul, 1858-83.

Chaliand, Gérard. *Mythes révolutionnaires du tiers-monde*. Paris: Les Editions du Seuil, 1976.
—. *Revolution in the Third World*. Rev. ed. New York: Penguin, 1989.
Chamoux, Jean-Pierre. "After Privatization: Neocolonialism?" In *Globalism and Localism in Telecommunications*, ed. E.M. Noam and A.J. Wolfson, 343-50. Amsterdam: Elsevier, 1997.
Chan, Anita, and Zhu Xiaoyang. "Disciplinary Labor Regimes in Chinese Factories." *Critical Asian Studies* 35, 4 (2003): 559-84.
Chandler, Alfred D. *The Visible Hand: The Managerial Revolution in American Business*. Cambridge, MA: Harvard University Press, 1978.
Chapkis, Wendy, and Cynthia Enloe, eds. *Of Common Cloth: Women in the Global Textile Industry*. Amsterdam: Transnational Institute, 1983.
Chauvet, Marcelle, and Fang Dong. "Leading Indicators of Country Risk and Currency Crises: The Asian Experience." *Federal Reserve Bank of Atlanta Economic Review* 89, 1 (2004): 25-37.
Chauvin, Michel. *Tiers-monde: La fin des idées reçues*. Paris: Syros-Alternatives, 1991.
Chesterman, John. *Civil Rights: How Indigenous Australians Won Formal Equality*. St. Lucia, QLD: University of Queensland Press, 2005.
Chevalier, Agnès, and Véronique Kessler. "Croissance et insertion internationale du Maghreb: Questions sur l'avenir des relations avec l'Europe." In *Maghreb: Les anées de transition*, ed. Bassma Kodmani-Darwich and May Chartouni-Dubarry, 257-67. Paris: Masson, 1990.
Christie, M.F. *Aborigines in Colonial Victoria, 1835-86*. Sydney: Sydney University Press, 1979.
Claessens, Stijn. "The Emergence of Equity Investment in Developing Countries: An Overview." *The World Bank Economic Review* 9, 1 (1995): 1-17.
Clapham, Andrew. "Issues of Complexity, Complicity and Complementarity: From the Nuremberg Trials to the Dawn of the New International Criminal Court." In *From Nuremberg to The Hague: The Future of International Criminal Justice*, ed. Philippe Sands, 30-67. Cambridge: Cambridge University Press, 2003.
Clark, Gregory R., ed. *Quotations on the Vietnam War*. Jefferson, NC: McFarland, 2001.
Clark, Ian. *Globalization and Fragmentation: International Relations in the Twentieth Century*. New York: Oxford University Press, 1997.
Clark, William. "The Real Reasons for the Upcoming War with Iraq," revised in 2004, with additional commentary in 2005. Independent Media Center, 2003. http://www.ratical.org/ratville/CAH/RRriraqWar.html.
Clinton, William J. "Remarks at Vietnam National University in Hanoi, 17 November 2000." *Public Papers of the President: William J. Clinton*. http://www.presidency.ucsb.edu/ws/index.php?pid=1038&st=&st1=.
Cloete, Henricus, *Theses Philologico-Juricae*. Lugduni: Batavorum, 1811.
CNN Interactive. The Reagan-Gorbachev transcripts, Reykjavik, Iceland, 11-16 October 1986, *Cold War*, episode 22, "Star Wars," 2004. http://www.cnn.com/specials/cold.war/episodes/22/documents/reykjavik.
Cohen, Benjamin. "Bretton Woods System." Text prepared for the *Routledge Encyclopedia of International Political Economy*, 2004. http://www.polsci.ucsb.edu/faculty/cohen/inpress/bretton.html.
—. *International Monetary Relations in the New Global Economy*. Cheltenham: Edward Elgar, 2004.
Cohen, Joshua, and Joel Rogers, eds. *Can We Put an End to Sweatshops?* Boston: Beacon Press, 2001.

参考文献

Coleman, William D. "Agricultural Trade and the World Trade Organization." In *Global Ordering: Institutions and Autonomy in a Changing World,* ed. Louis W. Pauly and William D. Coleman, 64-84. Vancouver: UBC Press, 2008.

Coleman, William D., and John W. Weaver, eds. *Property Rights: Struggles over Autonomy in a Global Age.* Vancouver: UBC Press, under review.

Comaroff, Jean, and John L. Comaroff. *Of Revelation and Revolution.* Vol. 2, *The Dialectics of Modernity on a South African Frontier.* Chicago: University of Chicago Press, 1997.

Cooney, Paul. "The Mexican Crisis and the *Maquiladora* Boom: A Paradox of Development or the Logic of Neoliberalism?" *Latin American Perspectives* 28, 3 (2001): 55-82.

Cooper, Chester L. *The Lost Crusade: America in Vietnam.* New York: Dodd, Mead, 1970.

Cooper, Frederick. *Colonialism in Question: Theory, Knowledge, History.* Berkeley: University of California Press, 2005.

Cottrell, P.L. *British Overseas Investment in the Nineteenth Century.* London: Macmillan, 1975.

Cowan, Greg. "Nomadic Resistance: Tent Embassies and Collapsible Architecture, Illegal Architecture and Protest." Koori History Website. http://www.kooriweb.org/foley images/history/1970s/emb72/embarchit.htm.

Cox, Robert W. "Global Perestroika." In *Socialist Register 1992,* ed. Ralph Miliband and Leo Panitch, 26-43. London: The Merlin Press, 1992.

Crabtree, Adam. *From Mesmer to Freud: Magnetic Sleep and the Roots of Psychological Healing.* New Haven, CT: Yale University Press, 1993.

Crawford, James. "The Drafting of the Rome Statute." In *From Nuremberg to The Hague: The Future of International Criminal Justice,* ed. Philippe Sands, 109-56. Cambridge: Cambridge University Press, 2003.

Crawford, Margaret. *Building the Workingman's Paradise: The Design of American Company Towns.* New York: Verso, 1995.

Crosby, Alfred W. *Ecological Imperialism: The Biological Expansion of Europe, 900-1900.* Canto ed. Cambridge: Cambridge University Press, 2003.

Curtin, Philip D. *The World and the West: The European Challenge and the Overseas Response in the Age of Empire.* Cambridge: Cambridge University Press, 2000.

Daalder, Ivo, and James M. Lindsay. *America Unbound: The Bush Revolution in American Foreign Policy.* Washington, DC: The Brookings Institution, 2003.

Dalai Lama XIV. *The Spirit of Tibet: Universal Heritage.* Ed. A.A. Shiromany. New Delhi: Allied Publishers, 1995.

Dallek, Robert. *Franklin D. Roosevelt and American Foreign Policy, 1932-1945.* New York: Oxford University Press, 1979.

Dallin, Alexander, and Gail W. Lapidus, eds. *The Soviet System: From Crisis to Collapse.* Rev. ed. Boulder, CO: Westview, 1991.

Damazio, Sylvia. *Da elite ao povo: O espiritismo no Rio de Janeiro.* Rio de Janeiro: Bertrand, 1994.

Darby, Phillip. "Colonial and Postcolonial Globalizations: A Critical Introduction." In *Globalization and Violence.* Vol. 2, *Colonial and Postcolonial Globalizations,* ed. Paul James and Tom Nairn, ix-xxxi. London: Sage, 2006.

Darwin, John. *After Tamerlane: The Global History of Empire.* London: Penguin Books, 2007.

Davis, Lance E., and Robert A. Huttenback. *Mammon and the Pursuit of Empire: The Political Economy of British Imperialism, 1860-1912.* Cambridge: Cambridge University Press, 1986.

Davison, Roderic. "Foreign and Environmental Contributions to the Political Modernization of Turkey." In *Essays in Ottoman and Turkish History,* ed. Roderic Davison, 73-95. Austin: University of Texas Press, 1990.

———. "Britain, the International Spectrum, and the Eastern Question 1827-1841." *New Perspectives on Turkey* 7 (1992): 15-35.

Dean, Robert D. "Masculinity as Ideology: John F. Kennedy and the Domestic Politics of Foreign Policy." *Diplomatic History* 22, 1 (1998): 29-62.

Debeir, Jean-Claude. "Le problème des exportations de capitaux français de 1919 à 1930: Substitutions et concurrences." *Relations internationales* 6 (1976): 171-82.

de Costa, Ravi. "Identity, Authority and the Moral Worlds of Indigenous Petitions." *Comparative Studies in Society and History* 46, 3 (2006): 669-98.

Denison, Edward F., and Jean Pierre Poullier. *Why Growth Rates Differ? Postwar Experience in Nine Western Countries*. Washington, DC: Brookings Institution, 1967.

Deringil, Selim. *The Well-Protected Domains: Ideology and the Legitimation of Power in the Ottoman Empire, 1876-1909*. London: I.B. Tauris, 1998.

Desideri, Ippolito. *An Account of Tibet: The Travels of Ippolito Desideri*. London: Routledge, 1932.

De Villiers, C.C. *Geslagsregister van die Kaapse Families: Geheel Omgewerkte Uitgawe Hersien en Angevul de C. Pama*. 3 vols. Kaapstad: A.A. Balkema, 1966.

de Vries, Jan, and A. Van der Woude, *The First Modern Economy: Success, Failure and the Perseverance of the Dutch Economy*. Cambridge: Cambridge University Press, 1997.

Diacon, Todd. *Stringing Together a Nation: Cândido Mariano da Silva Rondon and the Construction of a Modern Brazil, 1906-1930*. Durham, NC: Duke University Press, 2004.

Diamond, N. "Why They Shoot Americans." *Nation* 206 (5 February 1968): 166-67.

Didier, Hugues, trans. "Récit de João Cabral (1628)." In *Les Portugais au Tibet: Les premières relations Jésuites (1624-1635)*. Paris: Chandeigne, 2002.

Dillenz, Walter. "Broadcasting and Copyright." Paper presented at the "Regional Forum on the Impact of Emerging Technologies on the Law of Intellectual Property for Asia and the Pacific," Seoul, Korea, 30 August–1 September 1989. WIPO Publication 681 (E), 1990, WIPO Archives, Geneva, E 2319F630 WIPO.R.

Dirlik, Arif. "Place-Based Imagination: Globalism and the Politics of Place." In *Places and Politics in an Age of Globalization*, ed. Roxann Prazniak and Arif Dirlik, 15-52. Lanham, MD: Rowman and Littlefield, 2001.

———. *Global Modernity: Modernity in the Age of Global Capitalism*. Boulder, CO: Paradigm, 2007.

Donnell, John C. *Viet Cong Recruitment: Why and How Men Join*. Santa Monica, CA: RAND, 1967.

Dorland, Gilbert N. *Legacy of Discord: Voices of the Vietnam War Era*. Washington, DC: Brassey's, 2001.

Dosal, Paul J. *Power in Transition: The Rise of Guatemala's Industrial Oligarchy, 1871-1994*. New York: Praeger, 1995.

Dow, Coral. "Aboriginal Tent Embassy: Icon or Eyesore?" 4 April 2000, Parliament of Australia, Parliamentary Library. http://www.aph.gov.au/library/pubs/chron/1999-2000/2000chro3.htm.

Dower, Nigel. *An Introduction to Global Citizenship*. Edinburgh: Edinburgh University Press, 2003.

Downey, Gregory J. *Telegraph Messenger Boys: Labor, Technology, and Geography, 1850-1950*. New York: Routledge, 2002.

Doyal, Len, and Ian Gough. *A Theory of Human Need*. New York: Guilford Press, 1991.

Drayton, Richard. "The Collaboration of Labor: Slaves, Empires, and Globalizations in the Atlantic World, ca. 1600-1850." In *Globalization in World History*, ed. A.G. Hopkins, 99-115. New York: Norton, 2002.

Drescher, Seymour. "The Long Goodbye: Dutch Capitalism and Antislavery in Comparative Perspective." *American Historical Review* 99, 1 (1994): 44-69.
Dunne, Tim, and Nicholas J. Wheeler. "Introduction: Human Rights and the Fifty Years' Crisis." In *Human Rights in Global Politics*, ed. Tim Dunne and Nicholas J. Wheeler, 1-28. Cambridge: Cambridge University Press, 1999.
Dunning, John H. *Studies in International Investment*. London: George Allen and Unwin, 1970.
—. "Changes in the Level and Structure of International Production: The Last One Hundred Years." In *The Growth of International Business*, ed. Mark Casson, 84-139. London: George Allen, 1983.
—. "The Role of Foreign Direct Investment in a Globalizing Economy." *Banca Nazionale del Lavoro Quarterly Review* 48, 193 (1995): 125-44.
During, Simon. *Modern Enchantments: The Cultural Power of Secular Magic*. Cambridge, MA: Harvard University Press, 2002.
Easterly, William. "How Did Heavily Indebted Poor Countries Become Heavily Indebted? Reviewing Two Decades of Debt Relief." *World Development* 30, 10 (2002): 1677-96.
Edelman, Nicole. *Voyantes, guérisseuses et vissionnaires en France, 1785-1914*. Paris: Albin Michel, 1995.
Edelstein, Michael. *Overseas Investment in the Age of High Imperialism*. New York: Columbia University Press, 1982.
Efendi, Esad. *Üss-ü Zafer*. Istanbul: n.p., 1927.
Eichengreen, Barry J. *Globalizing Capital: A History of the International Monetary System*. Princeton, NJ: Princeton University Press, 1996.
Ejército Guerrillero de los Pobres. *Articles from Compañero, the International Magazine of Guatemala's Guerrilla Army of the Poor, EGP*. San Francisco, CA: Solidarity, 1982.
Elkins, Caroline. *Imperial Reckoning: The Untold Story of Britain's Gulag in Kenya*. New York: Henry Holt, 2005.
Elliott, David W.P. "Hanoi's Strategy in the Second Indochina War." In *The Vietnam War: Vietnamese and American Perspectives*, ed. Jayne Susan Werner and Luu Doan Huynh, 66-94. Armonk, NY: M.E. Sharpe, 1993.
—. *The Vietnamese War: Revolution and Social Change in the Mekong Delta*. Armonk, NY: M.E. Sharpe, 2003.
El Machat, Samia. *Les États-Unis et la Tunisie: De l'ambiguïté à l'entente*. Paris: L'Harmattan, 1996.
Elphick, Richard. *Khoikhoi and the Founding of White South Africa*. Johannesburg: Ravan Press, 1985.
Emmanuel, Arghiri. *Les Profits et les Crises*. Paris: Maspéro, 1974.
—. *L'échange inégal: Essai sur les antagonismes dans les rapports internationaux*. Paris: Masporo, 1975.
Engdahl, F. William. "A New American Century? Iraq and the Hidden Euro-Dollar Wars." *Current Concerns* 4 (2003), http://www.currentconcerns.ch/archive/2003/04/20030409.php.
Erdem, Hakan, "Recruitment of 'Victorious Soldiers of Muhammad' in the Arab Provinces, 1826-1828." In *Histories of the Modern Middle East: New Directions*, ed. Israel Gershoni, Hakan Erdem, and Ursula Wököck, 189-204. Boulder, CO: Lynne Rienner, 2002.
Esambert, Bernard. *La guerre économique mondiale*. Paris: Editions Orban, 1991.
Escobar, Arturo. *Encountering Development: The Making and Unmaking of the Third World*. Princeton, NJ: Princeton University Press, 1995.

—. "Culture Sits in Places: Reflections on Globalism and Subaltern Strategies of Localization." *Political Geography* 20, 2 (2001): 139-74.

Evans, Julie, Patricia Grimshaw, David Philips, and Shurlee Swain. *Equal Subjects, Unequal Rights: Indigenous Peoples in British Settler Colonies, 1830-1910.* Manchester: Manchester University Press, 2003.

Evans, Peter. "Fighting Marginalization with Transnational Networks: Counter-Hegemonic Globalization." *Contemporary Sociology* 29, 1 (2000): 230-41.

Fahmy, Khaled. *All the Pasha's Men: Mehmed Ali, His Army and the Making of Modern Egypt,* Cambridge: Cambridge University Press, 1997.

Fairfield, John D. "Scientific Management of Urban Space: Professional City Planning and the Legacy of Progressive Reform." *Journal of Urban History* 20 (1994): 179-204.

Faux, Jeff. "A Global Strategy for Labour." *World Social Forum,* 2002. http://www.globalpoli-cynetwork.org (accessed 26 January 2005).

Fearon, James, and Alexander Wendt. "Rationalism v. Constructivism: A Skeptical View." In *Handbook of International Relations,* ed. Walter Carlsnaes, Thomas Risse-Kappen, and Beth A. Simmons, 52-72. London: Sage, 2002.

Feis, Herbert. *Europe the World's Banker, 1870-1914: An Account of European Foreign Investment and the Connection of World Finance with Diplomacy before the War.* New York: A.M. Kelley, 1964.

Ferguson, Niall. *Colossus: The Price of America's Empire.* Harmondsworth: Penguin, 2004.

—. "Sinking Globalization." *Foreign Affairs* 84, 2 (2005): 64-77.

Fernandez, Jorge Alberto. "Redesigning the Strategy of the Frente Autentico del Trabajo in the *Maquiladoras.*" *Labor History* 43, 4 (2002): 461-63.

Fernandez-Arias, Eduardo, and Peter J. Montiel. "The Surge in Capital Inflows to Developing Countries: An Analytical Overview." *World Bank Economic Review* 101, 1 (1996): 51-77.

Fernandez-Kelly, Maria. *For We Are Sold, I and My People: Women and Industry in Mexico's Frontier.* Albany: State University of New York Press, 1983.

Ffrench-Davis, Ricardo, and Helmut Reisen, eds. *Mouvements des capitaux et performances des investissements: Les leçons de l'Amérique latine.* Paris: Organisation for Economic Co-operation and Development, 1998.

Findley, Carter. "The Advent of Ideology in the Islamic Middle East (Part I)." *Studia Islamica* 55 (1982): 143-69.

Fishlow, Albert. "Lessons from the Past: Capital Markets during the 19th Century and the Interwar Period." *International Organization* 39, 3 (1985): 383-439.

Fitzgerald, Frances. *Way Out There in The Blue: Reagan, Star Wars and the End of the Cold War.* New York: Simon and Schuster, 2000.

Flandreau, Marc, and Chantale Rivière. "La grande 'retransformation'? Contrôles de capitaux et intégration financière internationale, 1880-1996." *Économie Internationale* 78 (1999): 11-58.

Foley, Gary. "The Aboriginal Embassy, January-July 1972." The Koori History Website. http://www.kooriweb.org/foley/images/history/1970s/emb72/embassydx.html.

Foot, Rosemary, S. Neil MacFarlane, and Michael Mastanduno, eds. *US Hegemony and International Organizations.* Cambridge: Cambridge University Press, 2003.

Fortna, Benjamin. *Imperial Classroom: Islam, the State and Education in the Late Ottoman Empire.* Oxford: Oxford University Press, 2002.

Fox, Gregory. "The Right to Political Participation in International Law." In *Law and Moral Action in World Politics,* ed. Cecilia Lynch and Michael Loriaux, 77-107. Minneapolis: University of Minnesota Press, 2000.

Freestone, Robert. "An Imperial Aspect: The Australasian Town Planning Tour of 1914-1915." *Australian Journal of Politics and History* 44 (1998): 159-76.
Freidel, Frank. *Franklin D. Roosevelt: A Rendezvous with Destiny*. Boston: Little Brown, 1990.
French, John D. "Towards Effective Transnational Labor Solidarity between NAFTA North and NAFTA South." *Labor History* 43, 4 (2002): 451-59.
Frey, Marc. "Tools of Empire: Persuasion and the United States' Modernizing Mission in Southeast Asia." *Diplomatic History* 27, 4 (2003): 543-68.
Frieden, Jeffrey A. *Global Capitalism: Its Fall and Rise in the Twentieth Century*. New York: W.W. Norton and Company, 2006.
Friedman, Thomas L. *The Lexus and the Olive Tree*. New York: Anchor Books, 2000.
—. "It's a Flat World, after All." *New York Times Magazine*, 3 April 2005.
Fuchs, Yves. *La coopération, aide ou néo-colonialisme?* Paris: Editions sociales, 1973.
Fukuyama, Francis. "The End of History?" *National Interest* 16 (Summer 1989): 3-18.
—. *The End of History and the Last Man*. New York: Free Press, 1992.
Gabaccia, Donna. "A Long Atlantic in a Wider World." *Atlantic Studies* 1, 1 (2004): 1-27.
Gaddis, John Lewis. *Strategies of Containment*. Rev. ed. New York: Oxford University Press, 2005.
Gaiduk, Ilya V. *Confronting Vietnam: Soviet Policy toward the Indochina Conflict, 1954-1963*. Washington, DC: Woodrow Wilson Center Press, 2003.
Galbi [Ge'erbi], "Pingding Xizang beiwen" [An epigraphic record of the pacification of Tibet]. In *Qing zhengfu yu lamajiao* [The Qing government and lamaism], ed. Zhang Yuxin. Xuchang: Xizang renmin chubanshe, 1988.
Galtung, Johan. *On the Coming Decline and Fall of the US Empire*. Lund: The Transnational Foundation for Peace and Future Research, 2004.
Garner, John S., ed. *The Company Town: Architecture and Society in the Early Industrial Age*. New York: Oxford University Press, 1992.
Gardner, Lloyd C. *Economic Aspects of New Deal Diplomacy*. Boston: Beacon Press, 1971.
Gardner, Richard N. *Sterling-Dollar Diplomacy*. Oxford: Oxford University Press, 1969.
"General Report of the Commission of Jurists at the Hague, 1922: Part 1, Rules for the Control of Radio in Time of War," in *American Journal of International Law* 17 (1923): S242-S60.
Gerassi, John, ed. *Venceremos: The Speeches and Writings of Che Guevara*. New York: Macmillan, 1968.
Gereffi, Gary, and Mei-Lin Pan. "The Globalization of Taiwan's Garment Industry." In *Global Production: The Apparel Industry in the Pacific Rim*, ed. Nora Hamilton, Lucie Cheng, and Edna Bonacich, 126-46. Philadelphia, PA: Temple University Press, 1994.
Gereffi, Gary, and Miguel Korzeniewicz. "Introduction: Global Commodity Chains." In *Commodity Chains and Global Capitalism*, ed. Gary Gerrefi and Miguel Korzeniewicz, 1-14. Westport, CT: Praeger, 1994.
Gibson, James L. *The Perfect War: The War We Couldn't Lose and How We Did*. New York: Vintage Books, 1988.
Giddens, Anthony. *The Consequences of Modernity*. Stanford, CA: Stanford University Press, 1990.
—. *Runaway World: How Globalization Is Reshaping Our Lives*. 2nd ed. New York: Routledge, 2003.
Gilly, Adolfo. "The Guerrilla Movement in Guatemala (Part 2)." *Monthly Review* 17 (June 1965): 7-41.
Gilman, Nils. *Mandarins of the Future: Modernization Theory in Cold War America*. Baltimore, MD: Johns Hopkins University Press, 2003.

Gilpin, Robert. *Global Political Economy: Understanding the International Economic Order.* Princeton, NJ: Princeton University Press, 2001.

Gilroy, Paul. *The Black Atlantic: Modernity and Double Consciousness.* Cambridge, MA: Harvard University Press, 1993.

Giovannini, Alberto. "Bretton Woods and Its Precursors: Rules versus Discretion in the History of International Monetary Regimes." Working Paper Series, no. 4001, National Bureau of Economic Research, Washington, DC, February 1992.

Giumbelli, Emerson. *O cuidados dos mortos: Acusação e legitimação do espiritismo.* Rio de Janeiro: Arquivo Nacional, 1997.

Göçek, Fatma Müge. *Social Constructions of Nationalism in the Middle East.* Albany: SUNY Press, 2002.

Goldstein, Judith. *Ideas, Interests and American Trade Policy.* Ithaca, NY: Cornell University Press, 1994.

Goodall, Heather. *Invasion to Embassy: Land in Aboriginal Politics in New South Wales, 1770-1972.* St. Leonards, NSW: Allen and Unwin, in association with Black Books, 1996.

Goodwin, Doris Kearns. *Lyndon Johnson and the American Dream.* New York: Harper and Row, 1976.

Gordon, John Steele. *A Thread Across the Ocean: The Heroic Story of the Transatlantic Cable.* New York: Walker and Company, 2002.

Gordon, Philip H., and Jeremy Shapiro. *Allies at War: America, Europe and the Crisis over Iraq.* New York: McGraw-Hill, 2004.

Gott, Richard. *Rural Guerrillas in Latin America.* 2nd ed. Harmondsworth, UK: Penguin, 1973.

Gough, Ian. "Lists and Thresholds: Comparing the Doyal-Gough Theory of Human Need with Nussbaum's Capabilities Approach. WeD Working Paper 01, ESRC Research Group on Wellbeing in Developing Countries, Bath, United Kingdom, 2003. http//www.bath.ac.uk/econ-dev/wellbeing/research/workingpaperpdf/wed01.pdf

Grande, Edgar, and Louis W. Pauly, eds. *Complex Sovereignty: Reconstituting Political Authority in the 21st Century.* Toronto: University of Toronto Press, 2005.

Grewlich, Klaus W. "Toward an International Competition Policy in Global Telecommunications." In *Globalism and Localism in Telecommunications,* ed. E.M. Noam and A.J. Wolfson, 351-59. Amsterdam: Elsevier, 1997.

Grossman, Gene M., and Elhanan Helpman. *Innovation and Growth in the Global Economy.* Cambridge, MA: MIT Press, 1991.

Guevara, Che. "Vietnam Must Not Stand Alone." *New Left Review* 43 (May-June 1967): 79-91.

Gunning, Tom. "Phantom Images and Modern Manifestations: Spirit Photography, Magic Theater, Trick Films, and Photography's Uncanny." In *Fugitive Images: From Photography to Video,* ed. Patrice Petro, 42-71. Bloomington: Indiana University Press, 1995.

Gunson, Niels. "British Missionaries and Their Contribution to Science in the Pacific Islands." In *Darwin's Laboratory: Evolutionary Theory and Natural History in the Pacific,* ed. Roy M. MacLeod and Philip F. Rehbock, 283-316. Honolulu: University of Hawaii Press, 1994.

Haas, Peter M. "Introduction: Epistemic Communities and International Policy Coordination." *International Organization* 46, 1 (1992): 1-35.

Hacking, Ian. "Telepathy: Origins of Randomization in Experimental Design." *Isis* 79, 3 (1988): 427-51.

参考文献

Haefele, Mark H. "Walt Rostow's Stages of Economic Growth: Ideas and Action." In *Staging Growth: Modernization, Development, and the Global Cold War*, ed. David C. Engerman, 81-103. Amherst: University of Massachusetts Press, 2003.
Halberstam, David. *The Best and the Brightest*. New York: Random House, 1972.
—. *War in a Time of Peace: Bush, Clinton, and the Generals*. New York: Scribner, 2001.
Hall, Catherine. "William Knibb and the Constitution of the New Black Subject." In *Empire and Others: British Encounters with Indigenous Peoples, 1600-1850*, ed. M.J. Daunton and Rick Halpern, 303-24. Philadelphia: University of Pennsylvania Press, 1999.
Halle, Louis J. *The Cold War as History*. New York: Harper and Row, 1967.
Halliday, Fred. *The Making of the Second Cold War*. London: Verso, 1983.
—. *Two Days That Shook the World*. London: Saqi Books, 2001.
Halper, Stefan, and Jonathan Clarke. *America Alone: The Neo-Conservatives and the Global Order*. Cambridge: Cambridge University Press, 2004.
Hamilton, Nora, Lucie Cheng, and Edna Bonacich, eds. *Global Production: The Apparel Industry in the Pacific Rim*. Philadelphia, PA: Temple University Press, 1994.
Harcourt, Wendy. "Rethinking Difference and Equality: Women and the Politics of Place." In *Places and Politics in an Age of Globalization*, ed. Roxann Prazniak and Arif Dirlik, 299-322. New York: Rowman and Littlefield, 2001.
Hardin, Garret. "The Tragedy of the Commons." *Science* 162 (1968): 1243-48.
Harding, Walter, ed. *The Cape of Good Hope Government Proclamations from 1806 to 1825, as Now in Force and Unrepealed and Ordinances Passed in Council from 1825 to 1838*. Cape Town: A.S. Robertson, 1838.
Hardt, Michael, and Antonio Negri. *Empire*. Cambridge, MA: Harvard University Press, 2000.
Hartung, William, and Michelle Ciarrocca. "The Military-Industrial-Think Tank Complex: Corporate Think Tanks and the Doctrine of Aggressive Militarism." *International Monitor* 24, 1 and 2 (2003), http://multinationalmonitor.org.
Harvey, David. *The New Imperialism*. Oxford: Oxford University Press, 2003.
Hathaway, Dale. "Mexico's Frente Autentico del Trabajo and the Problem of Unionizing Maquiladoras." *Labor History* 43, 4 (2002): 427-38.
Hay, Douglas, and Paul Craven, eds. *Masters, Servants, and Magistrates in the British Empire, 1562-1955*. Chapel Hill: University of North Carolina Press, 2004.
Headrick, Daniel R. *The Tentacles of Progress: Technology Transfer in the Age of Imperialism, 1850-1940*. Oxford: Oxford University Press, 1988.
—. *The Invisible Weapon: Telecommunications and International Politics, 1851-1945*. Oxford: Oxford University Press, 1991.
Hearden, Patrick J. *Architects of Globalism: Building a New World Order during World War II*. Fayetteville: University of Arkansas Press, 2002.
Heater, Derek. *What is Citizenship?* Cambridge: Polity Press, 1999.
—. *World Citizenship: Cosmopolitan Thinking and Its Opponents*. London: Continuum, 2002.
Hedetoft, Ulf. "Contemporary Cinema: Between Cultural Globalization and National Interpretation." In *Cinema and Nation*, ed. Mette Hjort and Scott MacKenzie, 278-97. London: Routledge, 2000.
—. *The Global Turn: National Encounters with the World*. Aalborg: Aalborg University Press, 2003.
—. "The Forces Driving Globalization: Modalities, Actors and Processes." In *Jorden runt igen – Nya bidrag till en gammal globalhistoria* [Around the world again – New contributions to an

old global history], ed. Arne Jarrick and Alf Johansson, 124-46. Stockholm: Almqvist and Wiksell, 2004.

———. "Sovereignty Revisited: European Reconfigurations, Global Challenges, and Implications for Small States." In *Global Ordering: Institutions and Autonomy in a Changing World*, ed. Louis W. Pauly and William D. Coleman, 214-33. Vancouver: UBC Press, 2008.

Hedin, Sven. *Southern Tibet, 1906-1908*. 9 vols. Stockholm: Lithographic Institute of the General Staff of the Swedish Army, 1917.

Hegel, G.W.F. *Science of Logic*. 1812-16. Vol. 1. Trans. A.V. Miller. New York: Prometheus Books, 1989.

Held, David. *Democracy and the Global Order: From the Modern State to Cosmopolitan Governance*. Stanford, CA: Stanford University Press, 1995.

———. "From Executive to Cosmopolitan Democracy." In *Taming Globalization: Frontiers of Governance*, ed. David Held and Mathias Koenig-Archibugi, 160-86. Cambridge, UK: Polity, 2003.

Held, David, Anthony McGrew, David Goldblatt, and Jonathan Perraton. *Global Transformations: Politics, Economics and Culture*. Stanford, CA: Stanford University Press, 1999.

Helpman, Elhanan. *The Mystery of Economic Growth*. Cambridge, MA: Belknap Press of Harvard University Press, 2004.

Hess, David. *Spirits and Scientists: Ideology, Spiritism, and Brazilian Culture*. Philadelphia: University of Pennsylvania Press, 1991.

Hiatt, L.R. *Arguments about Aborigines: Australia and the Evolution of Social Anthropology*. Cambridge: Cambridge University Press, 1996.

Hickey, Gerald Cannon. *Window on a War: An Anthropologist in the Vietnam Conflict*. Lubbock: Texas Tech University Press, 2002.

Hirschman, Samuel, Samuel Preston, and Vu Manh Loi. "Vietnamese Casualties During the American War: A New Estimate." *Population and Development Review* 21 (December 1995): 783-812.

Hirst, Paul Q., and Grahame Thompson. *Globalization in Question: The International Economy and the Possibilities of Governance*. Cambridge: Polity Press, 1996.

History Central. "World History 1986-87," 2000. http://www.multied.com/dates/1986.html.

Hitchcock, Robert K. "Human Rights and Indigenous Peoples in Africa and Asia." In *Human Rights and Diversity: Area Studies Revisited*, ed. David P. Forsythe and Patrice C. McMahon, 205-23. Lincoln: University of Nebraska Press, 2003.

Hobsbawm, Eric. *On History*. New York: The New Press, 1997.

Hodge, Gerald. "The Roots of Canadian Planning." *American Planning Association Journal* 51, 1 (1985): 8-22.

Hoffmann, Stanley. *Primacy or World Order: American Foreign Policy since the Cold War*. New York: McGraw-Hill, 1978.

———. "America Alone in the World." *The American Prospect*, 22 September 2002, http://www.prospect.org/cs/articles?article=america_alone_in_the_world.

Hogan, Michael J. *The Marshall Plan: America, Britain, and the Reconstruction of Western Europe, 1947-1952*. Cambridge: Cambridge University Press, 1987.

Holton, Sandra Stanley. "'To Educate Women into Rebellion': Elizabeth Cady Stanton and the Creation of a Transatlantic Network of Radical Suffragists." *American Historical Review* 99, 4 (1994): 1112-36.

Hoon Lee, Seung, and Ho Keun Song. "The Korean Garment Industry: From Authoritarian Patriarchism to Industrial Paternalism." In *Global Production: The Apparel Industry in the*

Pacific Rim, ed. Nora Hamilton, Lucie Cheng, and Edna Bonacich, 147-61. Philadelphia, PA: Temple University Press, 1994.

Hoopes, Townsend. *The Limits of Intervention: An Inside Account of How the Johnson Policy of Escalation in Vietnam Was Reversed.* New York: David McKay Co., 1969.

Hopkins, A.G. "Globalization — An Agenda for Historians." In *Globalization in World History,* ed. A.G. Hopkins, 1-10. New York: Norton, 2002.

—, ed. *Globalization in World History.* London: Pimlico, 2002.

—. "The History of Globalization — and the Globalization of History?" In *Globalization in World History,* ed. A.G. Hopkins, 11-36. London: Pimlico, 2002.

Horne, Alistair. *Macmillan: 1894-1956.* London: Macmillan, 1988.

Hosking, Geoffrey, and Robert Service, eds. *Reinterpreting Russia.* New York: Oxford University Press, 1999.

Hough, Richard, John Kelley, Stephen Miller, Fred L. Mann, Russell DeRossier, and Mitchell A. Seligson. *Land and Labor in Guatemala: An Assessment.* Washington, DC: US Agency for International Development, 1982.

Howard, Rhoda. *Human Rights and the Search for Community.* Boulder, CO: Westview Press, 1995.

Howe, Stephen. "American Empire: The History and Future of an Idea." openDemocracy, 2003. http://www.opendemocracy.net.

Hunt, David. "Images of the Viet Cong." In *The United States and Viet Nam from War to Peace: Papers from an Interdisciplinary Conference on Reconciliation,* ed. Robert M. Slabey, 51-63. Jefferson, NC: McFarland and Co., 1996.

—. "The My Tho Grapevine and the Sino-Soviet Split." In *A Companion to the Vietnam War,* ed. Marilyn Blatt Young and Robert Buzzanco, 79-92. Malden, MA: Blackwell, 2002.

—. "Revolution in the Delta." *Critical Asian Studies* 35, 4 (2003): 599-620.

Hunt, Michael. *Ideology and US Foreign Policy.* New Haven, CT: Yale University Press, 1988.

Hunt, Richard A. *Pacification: The American Struggle for Vietnam's Hearts and Minds.* Boulder, CO: Westview Press, 1995.

Huntington, Samuel. *The Clash of Civilizations and the Remaking of World Order.* New York: Simon and Schuster, 1996.

Ignatieff, Michael. *Blood and Belonging.* London: Chatto and Windus, 1993.

—. *The Warrior's Honour: Ethnic War and the Modern Conscience.* Toronto: Penguin Books, 1999.

—. *The Rights Revolution.* Toronto: Anansi Press, 2000.

—. *Empire Lite: Nation-Building in Bosnia, Kosovo and Afghanistan.* London: Vintage, 2003.

Imlah, Albert Henry. *Economic Elements in the Pax Britannica.* Cambridge, MA: Harvard University Press, 1958.

International Commission on Intervention and State Sovereignty. *The Responsibility to Protect.* Ottawa: International Development Research Centre, 2001. http://www.iciss.ca/menu-en.asp.

International Criminal Court. Assembly of States Parties. "The States Parties to the Rome Statute," http://www.icc-cpi.int/statesparties.html.

International Law Commission. Principles of International Law Recognized in the Charter of the Nuremberg Tribunal and in the Judgment of the Tribunal. English text published in *Report of the International Law Commission,* 5 June–29 July 1950, Document A/1316, 11-14.

"International Military Tribunal (Nuremberg), Judgment and Sentences, 1946, October 1." Reprinted in *American Journal of International Law* 41, 1 (1947): 172-333.

International Monetary Fund (IMF). *Annual Report, 1967.* Washington, DC: IMF, 1967.

—. *Annual Report, 1984.* Washington, DC: IMF, 1984.
—. *Report on the Measurement of International Capital Flows.* Washington, DC: IMF, 1992.
Iriye, Akira. *Global Community: The Role of International Organizations in the Making of the Contemporary World.* Berkeley: University of California Press, 2002
Isbister, John. *Promises Not Kept: Poverty and the Betrayal of Third World Development.* 6th ed. Bloomfield, CT: Kumarian Press, 2003.
Israel, Jonathan. *Empires and Entrepots: The Dutch, the Spanish Monarchy, and the Jews, 1585-1713.* London: The Hambledon Press, 1990.
—. *The Dutch Republic: Its Rise, Greatness, and Fall, 1477-1806.* Oxford: Clarendon Press, 1998.
Jackson, Michael. *At Home in the World.* Durham, NC: Duke University Press, 1995.
Jackson, Robert. "Sovereignty in World Politics: A Glance at the Conceptual Landscape." In *Sovereignty at the Millennium,* ed. Robert Jackson, 9-34. Oxford: Blackwell, 1999.
Jalée, Pierre. *Le pillage du tiers monde.* Paris: Maspero, 1966.
James, Harold. *International Monetary Cooperation since Bretton Woods.* Oxford: Oxford University Press, 1996.
James, Paul, and Jonathan Friedman. "Globalizing War: A Critical Introduction." In *Globalization and Violence.* Vol. 3, *Globalizing War and Intervention,* ed. Paul James and Tom Nairn, ix-xxxii. London: Sage, 2006.
Joes, Anthony James. *The War for South Viet Nam, 1954-1975.* 2nd ed. Westport, CT: Praeger, 2001.
Jonas, Susanne, and David Tobis. *Guatemala.* New York: North American Congress on Latin America, 1974.
Jones, Kent. *Who's Afraid of the WTO?* Oxford: Oxford University Press, 2004.
Kaapse Argiefstukke, Kaapse Plakkaatboek, Deel III (1754-1786). Kaapstad: Cape Times, 1949.
Kagan, Robert. *Paradise and Power: America and Europe in the New World Order.* London: Atlantic Books, 2003.
Kalman, Harold. *A History of Canadian Architecture.* Toronto: Oxford University Press, 1994.
Kangxi manwen zhupi zouzhe quanyi [Complete translation of Kangxi's vermilion rescripts in Manchu]. Beijing: Zhongguo shehui kexue chubanshe, 1996.
Kant, Immanuel. *Zum Ewigen Frieden* [Perpetual peace]. 1795; Reprint, Stuttgart: Reclam, 1984.
Kanunnâme-yi asâkir-i mansure-yi Muhammadiye. Istanbul: n.p., 1829.
Kardec, Allan. *The Book on Mediums, or, Guide for Mediums and Invocators.* Trans. Emma A. Wood. 1861; Reprint, York Beach, ME: Samuel Weiser, 1970.
Karpat, Kemal. "The *Hijra* from Russia and the Balkans: The Process of Self-Definition in the Late Ottoman State." In *Muslim Travellers: Pilgrimage, Migration and the Religious Imagination,* ed. Dale F. Eickelman and James Piscatori, 131-52. Berkeley: University of California Press, 1990.
Kaufman, Bruce E. "The Case for the Company Union." *Labor History* 41, 3 (2000): 321-50.
Keen, Ian. *Aboriginal Economy and Society: Australia at the Threshold of Colonisation.* South Melbourne, Victoria: Oxford University Press, 2004.
Kellen, Konrad. *Conversations with Enemy Soldiers in Late 1968/Early 1969: A Study of Motivation and Morale.* Santa Monica, CA: RAND, 1970.
Kenen, Peter B. *Capital Mobility and Financial Integration: A Survey.* Princeton, NJ: International Finance Section, Princeton University, 1976.
Kennan, George. "The Sources of Soviet Conduct." *Foreign Affairs* 25 (July 1947): 566-82.
Kennedy, David. *Freedom from Fear: The American People in Depression and War, 1929-1945.* New York: Oxford University Press, 1999.

参考文献

Kennedy, John F. "Special Message to the Congress on Foreign Aid," 22 March 1961. *Public Papers of the President: John F. Kennedy*, http://www.presidency.ucsb.edu/ws/index.php?pid=8545&st=&st1=.
Kennedy, Paul, 1989. *The Rise and Fall of the Great Powers*. New York: Random House/Vintage Books, 1989.
Keohane, Robert O. "The Theory of Hegemonic Stability and Changes in International Economic Regimes, 1967-1977." In *Change in the International System*, ed. Ole R. Holsti, Randolph M. Siverson, and Alexander L. George, 131-62. Boulder, CO: Westview, 1980.
——. *After Hegemony*. Princeton, NJ: Princeton University Press, 1984.
Keohane, Robert O., and Helen Milner, eds. *Internationalization and Domestic Politics*. Cambridge: Cambridge University Press, 1996.
Keohane, Robert O., and Joseph S. Nye. *Power and Interdependence*. Boston: Little and Brown, 1977.
Kessler, Clive S. "Globalization: Another False Universalism?" *Third World Quarterly* 21, 6 (2000): 931-42.
Kimball, Warren F. *The Juggler: Franklin Roosevelt as Wartime Statesman*. Princeton, NJ: Princeton University Press, 1991.
Kirkman, Noreen. *Mount Isa: Oasis of the Outback*. Townsville, QLD: James Cook University, 1998.
Kırlı, Cengiz. "The Struggle Over Space: The Coffeehouses of Istanbul, 1700-1845." PhD diss., SUNY Binghamton, 2000.
Kissinger, Henry. *Diplomacy*. New York: Simon and Schuster, 1994.
Kittichaisaree, Kriangsak. *International Criminal Law*. New York: Oxford University Press, 2001.
Klein, Naomi. *No Logo: Taking Aim at the Brand Bullies*. Toronto: Vintage, 2000.
Kodmani-Darwish, Bassma, "Mahgreb/Machrek Histoire d'une relation complexe." In *Maghreb, les années de transition*, ed. Bassma Kodmani-Darwich and May Chartouni-Dubarry, 269-90. Paris: Masson, 1990.
Kolko, Gabriel. *Anatomy of a War: Vietnam, the United States, and the Modern Historical Experience*. New York: Pantheon Books, 1985.
——. *Vietnam: Anatomy of a Peace*. New York: Routledge, 1997.
Kondos, Vivienne, and Gillian Cowlishaw. "Introduction: Conditions of Possibility." *TAJA (The Australian Journal of Anthropology)* 6, 1 (1995): 1-14.
Kopinak, Kathryn. "Living the Gospel through Service to the Poor: The Convergence of Political and Religious Motivations in Organizing *Maquiladora* Workers in Juarez, Mexico." In *Race, Class, Gender: Bonds and Barriers*, ed. Jesse Vorst et al., 217-44. Winnipeg: Between the Lines, 1989.
Krasner, Stephen. "Global Communications and National Power." *World Politics* 43, 3 (1991): 336-66.
Krepinevich, Andrew F., Jr. *The Army and Vietnam*. Baltimore, MD: Johns Hopkins University Press, 1986.
Kristol, William, and Robert Kagan. "National Interest and Global Responsibility." In *The Neocon Reader*, ed. Irwin Stelzer, 57-74. New York: Grove Press, 2004.
Kselman, Thomas. *Death and the Afterlife in Nineteenth-Century France*. Princeton, NJ: Princeton University Press, 1993.
Kupchan, Charles A. *The End of the American Era*. New York: Alfred A. Knopf, 2003.
Lacoste, Camille and Yves, eds. *Maghreb, peuples et civilisations*. 1995; Reprint, Paris: La Découverte, 2004.

LaFeber, Walter. "Roosevelt, Churchill and Indochina, 1942-1945." *American Historical Review* 80, 5 (1975): 1277-95.
—. *The American Age.* New York: Norton, 1989.
—. *America, Russia and the Cold War, 1945-1996.* 9th ed. New York: McGraw-Hill, 2001.
Lake, Marilyn. *Faith: Faith Bandler, Gentle Activist.* Crows Nest, NSW: Allen and Unwin, 2002.
Lambert, Robert. "Labour Movement Renewal in the Era of Globalization: Union Responses in the South." In *Global Unions? Theory and Strategies of Organized Labour in the Global Political Economy,* ed. Jeffrey Harrod and Robert O'Brien, 185-203. London: Routledge, 2002.
Lane, Philip A., and Gian Maria Milesi-Ferretti. "International Financial Integration," *IMF Working Paper* no. 03/86, April 2003.
Latham, Michael E. *Modernization as Ideology: American Social Science and "Nation-Building" in the Kennedy Era.* Chapel Hill: University of North Carolina Press, 2000.
—. "Redirecting the Revolution? The USA and the Failure of Nation-Building in South Vietnam." *Third World Quarterly* 27, 1 (2006): 27-41.
Latham, Robert, and Saskia Sassen, "Digital Formations: Constructing an Object of Study." In *Digital Formations: IT and New Architectures in the Global Realm,* ed. Latham and Sassen, 1-33. Princeton, NJ: Princeton University Press, 2005
Leites, Nathan. *The Viet Cong Style of Politics.* Santa Monica, CA: RAND, 1969.
Leive, David M. *International Telecommunications and International Law: The Regulation of the Radio Spectrum.* Dobbs Ferry, NY: Oceana Publications, 1970.
Lensink, Robert, and Howard White. "Does the Revival of International Private Capital Flows Mean the End of Aid? An Analysis of Developing Countries' Access to Private Capital." *World Development* 26, 7 (1998): 1221-34.
Levesque, Christian, and Gregor Murray. "Local versus Global: Activating Local Union Power in the Global Economy." *Labor Studies Journal* 27, 3 (2002): 39-65.
Levey, David H., and Stuart S. Brown. "U.S. Hegemony has a Strong Foundation." *International Herald Tribune,* 19-20 February 2005.
Levin, N. Gordon, Jr. *Woodrow Wilson and World Politics: America's Response to War and Revolution.* New York: Oxford University Press, 1968.
Levy, Avigdor. "The Military Policy of Sultan Mahmud II, 1808-1839." PhD diss., Harvard University, 1968.
Lewis, Bernard. *The Emergence of Modern Turkey.* Oxford: Oxford University Press, 1968.
Lewis, Cleona. *America's Stake in International Investments.* Washington, DC: The Brookings Institute, 1938.
Lindsey, Brink. *Against the Dead Hand: The Uncertain Struggle for Global Capitalism.* New York: John Wiley and Sons, 2002.
London Agreement and Charter of the International Military Tribunal: Annex, 8 August 1945. http://www.yale.edu/lawweb/avalon/imt/proc/imtchart.htm.
Louis, William Roger. *Imperialism at Bay: The United States and the Decolonization of the British Empire, 1941-1945.* New York: Oxford University Press, 1978.
Lubrano, Annteresa. *The Telegraph: How Technological Innovation Caused Social Change.* New York: Garland Publishing, 1997.
Lucas, Rex A. *Minetown, Milltown, Railtown: Life in Canadian Communities of Single Industry.* Toronto: University of Toronto Press, 1974.
Lundestad, Geir. *"Empire" by Integration: The United States and European Integration, 1945-1997.* Oxford: Oxford University Press, 1998.

参考文献

Lutz, Nancy Melissa. "Images of Docility: Asian Women and the World-Economy." In *Racism, Sexism, and the World System*, ed. Joan Smith, 57-74. New York: Greenwood Press, 1988.
Lynch, Cecilia. "Political Activism and International Law." In *Law and Moral Action in World Politics*, ed. Cecilia Lynch and Michael Loriaux, 140-74. Minneapolis: University of Minnesota Press, 2000.
Macías, Julio César. *La guerrilla fue mi camino: Epitafio para César Montes*. Guatemala: Editorial Piedra Santa Arandi, 1999.
Maciel, Laura Antunes. "Cultura e tecnologia: A constituição do serviço telegráfico no Brasil." *Revista Brasileira de História* 21, 41 (2001): 127-44.
Maddison, Angus. *The World Economy: A Millennial Perspective*. Paris: Development Centre of the Organisation for Economic Co-operation and Development, 2001.
Makdisi, Ussama. *The Culture of Sectarianism: Community, History, and Violence in Nineteenth-Century Ottoman Lebanon*. Berkeley: University of California Press, 2000.
Mandelbaum, Michael. *The Ideas that Conquered the World*. New York: Public Affairs, 2002.
—. *The Case for Goliath: How America Acts as the World's Government in the Twenty-First Century*. New York: Public Affairs, 2005.
Mandelbaum, Michael, and Strobe Talbott. *Reagan and Gorbachev*. New York: Vintage Books, 1987.
Mann, Michael. "Has Globalization Ended the Rise and Rise of the Nation-State?" *Review of International Political Economy* 4, 3 (1997): 472-96.
—. *Incoherent Empire*. London: Verso, 2003.
Manning, Jason. "Reykjavik." *The Eighties Club: The Politics and Pop Culture of the 1980s*, 2000. http://eightiesclub.tripod.com/id322.htm.
Maogoto, Jackson Nyamuya. *War Crimes and Realpolitik: International Justice from World War I to the 21st Century*. Boulder, CO: Lynne Rienner Publishers, 2004.
Margold, Jane. "Reformulating the Compliant Image: Filipina Activists in the Global Factory." *Urban Anthropology* 28, 1 (1999): 1-28.
Marin, Patricia, and Cecilia Rodriguez. "Working on Racism: Centro Obrero, El Paso." In *Of Common Cloth: Women in the Global Textile Industry*, ed. Wendy Chapkis and Cynthia Enloe, 81-85. Amsterdam: Transnational Institute, 1983.
Marks, Sally. *The Ebbing of European Ascendancy: An International History of the World*. London: Hodder Arnold, 2002.
Markus, Andrew. "After the Outward Appearance: Scientists, Administrators and Politicians." In *All That Dirt, Aborigines 1938: An Australia 1938 Monograph*, ed. Bill Gammage and Andrew Markus, 83-106. Canberra: History Project Incorporated Australian National University, 1982.
—. "William Cooper and the 1937 Petition to the King." *Aboriginal History* 7, 1 (1983): 46-60.
—. *Governing Savages*. Sydney: Allen and Unwin, 1990.
Markus, Andrew, and Monash University, Department of History. *Blood from a Stone: William Cooper and the Australian Aborigines' League*. Monash Publications in History 2. Clayton, Victoria: Dept. of History, Monash University, 1986.
Marx, Karl, and Friedrich Engels. "Manifesto of the Communist Party." In *The Marx-Engels Reader*, 2nd ed., ed. Robert Tucker, 469-500. New York: W.W. Norton, 1978.
Mathews, Freya. *The Ecological Self*. London: Routledge, 1991.
Matlock, Jann. "Ghostly Politics." *Diacritics* 30, 3 (2000): 53-71.
Matory, J. Lorand. *Black Atlantic Religion: Tradition, Transnationalism, and Matriarchy in the Afro-Brazilian Candomble*. Princeton, NJ: Princeton University Press, 2005.

Mayer-Schönberger, Viktor, and Deborah Hurley. "Globalization of Communication." In *Governance and a Globalizing World,* ed. Joseph Nye and John Donahue, 135-51. Washington, DC: Brookings Institution Press, 2000.

McCarthy, Justin. *Death and Exile: The Ethnic Cleansing of Ottoman Muslims, 1821-1922.* Princeton, NJ: Darwin, 1995.

McCulloch, Rachel, and Peter A. Petri. "Equity Financing of East Asian Development." In *Capital Flows and Financial Crises,* ed. Miles Kahler, 158-85. New York: Cornell University Press, 1998.

McFadden, Margaret H. *Golden Cables of Sympathy: The Transatlantic Sources of Nineteenth-Century Feminism.* Lexington: University of Kentucky Press, 1999.

McGarry, Molly. *Ghosts of Futures Past: Spiritualism and the Cultural Politics of Nineteenth-Century America.* Berkeley: University of California Press, 2008.

McGoldrick, Dominic. "Criminal Trials Before International Tribunals: Legality and Legitimacy." In *The Permanent International Criminal Court: Legal and Policy Issues,* eds. Dominic McGoldrick, P.J. Rowe, and Eric Donnelly, 9-46. Oxford: Hart Publishing, 2004.

McGuinness, Bruce. "Going International — Handle with Care!" *Identity* 3, 11 (1979): n.p.

McKay, Steven. *Satanic Mills or Silicon Islands? The Politics of High-Tech Production in the Phillipines.* Ithaca, NY: Cornell University Press, 2006.

McLeon, Mark W. "Indigenous Peoples and the Vietnamese Revolution, 1930-1975." *Journal of World History* 10, 2 (1999): 353-89.

McLoone, Martin. "Music Hall Dope and British Propaganda? Cultural Identity and Early Radio Broadcasting in Ireland." *Historical Journal of Film, Radio and Television* 20, 3 (2000): 301-15.

McMahon, Robert J. "The Republic as Empire: American Foreign Policy in the Twentieth Century." In *Perspectives on Modern America: Making Sense of the Twentieth Century,* ed. Harvard Sitkoff, 80-100. New York: Oxford University Press, 2001.

McMullin, Stan. *Anatomy of a Seance: A History of Spirit Communication in Central Canada.* Montreal and Kingston: McGill-Queen's University Press, 2004.

McNamara, Robert. "United States Policy in Vietnam." *Department of State Bulletin* 50 (13 April 1964): 562-70.

—. *The Essence of Security.* New York: Harper and Row, 1968.

McNeill, J.R. "The End of the Old Atlantic World: America, Africa, Europe, 1770-1888." In *Atlantic American Societies from Columbus through Abolition, 1492-1888,* ed. Alan L. Karras and J.R. McNeill, 245-68. London: Routedge, 1992.

Mead, Walter Russell. *Special Providence: American Foreign Policy and How It Changed the World.* New York: Knopf, 2001.

Mecklin, John. *Mission in Torment: An Intimate Account of the US Role in Vietnam.* Garden City, NY: Doubleday, 1965.

Melville, Thomas, and Marjorie Melville. *Guatemala — Another Vietnam?* Harmondsworth: Penguin, 1971.

Merrill, Dennis. "Conceptualizing the Third World: Language, Theory, and Method." *Diplomatic History* 26, 2 (2002): 317-24.

Meyer, Brigit, and Peter Geschiere, eds. *Globalization and Identity: Dialectics of Flow and Closure.* Oxford: Oxford University Press, 1999.

Michalet, Charles-Albert. "Transnational Corporations and the Changing International Economic System." *Transnational Corporations* 3, 1 (1994): 9-21.

Middlebrook, Kevin J. "The Politics of Industrial Restructuring: Transnational Firms' Search for Flexible Production in the Mexican Automobile Industry." *Comparative Politics* 23, 3 (1991): 275-97.
Milbank, John. "Sovereignty, Empire, Capital and Terror." *South Atlantic Quarterly* 101, 2 (2002): 305-23.
Miller, J.R. *Skyscrapers Hide the Heavens: A History of Indian-White Relations in Canada.* 3rd ed. Toronto: University of Toronto Press, 2000.
Mills, Mary Beth. *Thai Women in the Global Labor Force: Consuming Desires, Contested Selves.* New Brunswick, NJ: Rutgers University Press, 1999.
Milward, Alan S. "Les placements français à l'étranger et les deux guerres mondiales." In *La position internationale de la France: Aspects économiques et financiers, XIXe-XXe Siècles,* ed. Maurice Lévy-Leboyer, 299-311. Paris: Éditions de l'école des hautes études en sciences sociales (EHESS), 1977.
Mittelman, James. *The Globalization Syndrome.* Princeton, NJ: Princeton University Press, 2000.
Mody, Ashoka, and Antu Panini Murshid. "Growing Up with Capital Flows" *IMF Working Paper* no. 02/75, April 2002.
Monroe, John Warne. Laboratories of Faith: Mesmerism, Spiritism, and Occultism in Modern France. Ithaca, NY: Cornell University Press, 2007.
Montejo, Victor. *Maya Intellectual Renaissance: Identity, Representation, and Leadership.* Austin: University of Texas Press, 2005.
Moon, Bruce E. "The United States and Globalization." In *Political Economy and the Changing Global Order,* ed. Richard Stubbs and Geoffrey R.D. Underhill, 342-51. Oxford: Oxford University Press, 2000.
Morán, Rolando. *Entrevistas al comandante en jefe del Ejército Guerrillero de los Pobres, Rolando Morán.* Guatemala: El Ejército, 1982.
Moreira, Manuel Belo. "Local Consequences and Responses to Global Integration: The Role of the State in the Less Favoured Zones." In *Globalization, Localization, and Sustainable Livelihoods,* ed. Reider Almas and Geoffrey Lawrence, 189-203. Burlington, VT: Ashgate, 2003.
Morus, Iwan Rhys. "Currents from the Underworld: Electricity and the Technology of Display in Early Victorian England." *Isis* 84, 1 (1993): 50-89.
———. "The Electric Ariel: Telegraphy and Commercial Culture in Early Victorian England." *Victorian Studies* 39, 3 (1996): 339-78.
Moscow Conference. "Joint Four-Nation Declaration: Statement on Atrocities," October 1943. http://www.yale.edu/lawweb/avalon/wwii/moscow.htm (accessed 20 December 2006).
Motyl, Alexander J. "Why Empires Reemerge: Imperial Collapse and Imperial Revival in Comparative Perspective." *Comparative Politics* 31, 2 (1999): 127-45.
Munck, Ronaldo. "Globalization, Labor and the 'Polanyi Problem.'" *Labor History* 45, 3 (2004): 251-69.
Murphy, Robert D. *Diplomat Among Warriors.* Garden City, NY: Doubleday, 1964.
Mussa, Michael, Barry J. Eichengreen, Enrica Detragiache, and Giovanni Dell'Ariccia. "Capital Account Liberalization: Theoretical and Practical Aspects." *IMF Occasional Paper* 172, 30 September 1998.
Muthu, Sankar. *Enlightenment against Empire.* Princeton, NJ: Princeton University Press, 2003.

Myers, Fred R. *Pintupi Country, Pintupi Self: Sentiment, Place, and Politics among Western Desert Aborigines*. Smithsonian Series in Ethnographic Inquiry. Washington/Canberra: Smithsonian Institution Press/Australian Institute of Aboriginal Studies, 1986.
Nahavandi, F. "Développement et globalisation." In *Globalisation et néolibéralisme dans le tiers-monde*, ed. F. Nahavandi, 9-27. Paris: L'Harmattan, 2000.
Nairn, Tom. "America vs. Globalization." openDemocracy, 2003. http://www.opendemocracy.net.
Naples, Nancy A. "The Challenges and Possibilities of Transnational Feminist Praxis." In *Women's Activism and Globalization: Linking Local Struggles and Transnational Politics*, ed. Nancy Naples and Marisha Desai, 267-81. New York: Routledge, 2002.
Nash, June C. *Mayan Visions: The Quest for Autonomy in an Age of Globalization*. New York: Routledge, 2001.
Nearing, Scott, and Joseph Freeman. *Dollar Diplomacy: A Study in American Imperialism*. New York: B.W. Huebsch and Viking Press, 1925.
New, Chester W. *The Life of Henry Brougham to 1830*. Oxford: Clarendon Press, 1961.
Nickles, David Paull. *Under the Wire: How the Telegraph Changed Diplomacy*. Cambridge, MA: Harvard University Press, 2003.
Noakes, Richard J. "Telegraphy is an Occult Art: Cromwell Fleetwood Varley and the Diffusion of Electricity to the Other World." *British Journal for the History of Science* 32, 4 (1999): 421-59.
—. "'Instruments to Lay Hold of Spirits': Technologizing the Bodies of Victorian Spiritualism." In *Bodies/Machines*, ed. Iwan Rhys Morus, 125-63. Oxford: Berg, 2002.
Norel, Philippe. *L'invention du marché: Une histoire économique de la mondialisation*. Paris: Les Editions du Seuil, 2004.
Novais, Fernando, ed. *História da Vida Privada No Brasil*. Vol. 3. São Paulo: Companhia das Letras, 1998.
Nunez, Huberto Juarez. "Maquila Workers in Mexico: The Prospects for Organization and International Solidarity." *Labor History* 43, 4 (2002): 439-50.
Nussbaum, Martha. "Human Functioning and Social Justice: In Defense of Aristotelian Essentialism." *Political Theory* 20 (May 1992): 202-42.
Nye, Joseph S. *Bound to Lead: The Changing Nature of American Power*. New York: Basic Books, 1990.
—. *The Paradox of American Power: Why the World's Only Superpower Can't Go It Alone*. Oxford: Oxford University Press, 2002.
—. *Soft Power: The Means to Success in World Politics*. New York: Public Affairs, 2004.
O'Brien, Robert. "Labour and IPE: Rediscovering Human Agency." In *Global Political Economy: Contemporary Theories*, ed. Ronen Palan, 89-99. London: Routledge, 2000.
Obstfeld, Maurice, and Alan M. Taylor. *Global Capital Markets: Integration, Crisis, and Growth*. Cambridge: Cambridge University Press, 2004.
Odom, William E., and Robert Dujarric. *America's Inadvertent Empire*. New Haven, CT: Yale University Press, 2004.
O'Donnell, John, and Harvey C. Neese, eds. *Prelude to Tragedy: Vietnam, 1960-1965*. Annapolis, MD: Naval Institute Press, 2001.
Ofreneo, Rosalinda Pineda. "The Philippine Garment Industry." In *Global Production: The Apparel Industry in the Pacific Rim*, ed. Nora Hamilton, Lucie Cheng, and Edna Bonacich, 162-79. Philadelphia, PA: Temple University Press, 1994.
Olsen, Mari. *Soviet-Vietnam Relations and the Role of China, 1949-64: Changing Alliances*. New York: Routledge, 2006.

Olson, Gary L. *US Foreign Policy and the Third World Peasant: Land Reform in Asia and Latin America*. New York: Praeger, 1974.
Ong, Aihwa. *Spirits of Resistance and Capitalist Discipline: Factory Women in Malaysia*. Albany: State University of New York Press, 1987.
—. *Neoliberalism as Exception: Mutations in Citizenship and Sovereignty*. Durham, NC: Duke University Press, 2006.
Oppenheim, Janet. *The Other World: Spiritualism and Psychical Research in England, 1850-1914*. Cambridge: Cambridge University Press, 1985.
Organisation for Economic Co-operation and Development. *Endettement extérieur des pays en développement*. Paris: OECD, 1983.
—. *Financement et dette extérieure des pays en développement*. Paris: OECD, 1986-88.
Osgood, Robert E. *Ideals and Self-Interest in America's Foreign Relations: The Great Transformation of the Twentieth Century*. Chicago: University of Chicago Press, 1953.
Oslin, George P. *The Story of Telecommunications*. Macon, GA: Mercer University Press, 1992.
Osterhammel, Jürgen. *Colonialism: A Theoretical Overview*. Princeton, NJ: Markus Wiener, 1997.
Østerud, Øyvind. *Globaliseringen og nasjonalstaten* [Globalization and the nation state]. Oslo: Universitetsforlaget, 1999.
Otis, Laura. *Networking: Communicating with Bodies and Machines in the Nineteenth Century*. Ann Arbor: University of Michigan Press, 2001.
Overy, Richard. "The Nuremberg Trials: International Law in the Making." In *From Nuremberg to The Hague: The Future of International Criminal Justice*, ed. Philippe Sands, 1-29. Cambridge: Cambridge University Press, 2003.
Owen, Alex. *The Darkened Room: Women, Power and Spiritualism in Late Victorian England*. Philadelphia: University of Pennsylvania Press, 1989.
Padmore, George Arthur. *The Memoirs of a Liberian Ambassador*. Lewiston, NY: E. Mellen Press, 1996.
Paige, Jeffrey. "Social Theory and Peasant Revolution in Vietnam and Guatemala." *Theory and Society* 12, 6 (1983): 699-737.
Paish, George. "The Export of Capital and the Cost of Living." *The Statist*, 14 February 1914, Si-Sviii.
Pal, Leslie. "Governing the Electronic Commons: Globalization, Autonomy, Legitimacy and the Internet." In *Unsettled Legitimacy: Political Community, Power, and Authority in a Global Era*, ed. Steven Bernstein and William D. Coleman. Vancouver: UBC Press, forthcoming.
Palan, Ronen. *The Offshore World: Sovereign Markets, Virtual Places, and Nomad Millionaires*. Ithaca, NY: Cornell University Press, 2003.
Palmié, Stephan. *Wizards and Scientists: Explorations in Afro-Cuban Modernity and Tradition*. Durham, NC: Duke University Press, 2002.
Panaite, Viorel. "The *Re'ayas* of the Tributary-Protected Principalities: The Sixteenth through the Eighteenth Centuries." *International Journal of Turkish Studies* 9, 1-2 (2003): 79-104.
Panitch, Leo, and Ralph Miliband. "The New World Order and the Socialist Agenda." In *Socialist Register 1992*, ed. Ralph Miliband and Leo Panitch, 1-25. London: The Merlin Press, 1992.
Papers Relating to the Manumission of Steyntje and Her Children with an Appendix. Cape Town: George Greig, 1827.

Partant, François. *La fin du développement: Naissance d'une alternative*. Paris: Les Editions F. Maspero, Cahiers libres no. 373, 1982.
Pearce, Robert Michael. *The Insurgent Environment*. Santa Monica, CA: RAND, 1969.
Pels, Peter. "Spirits and Modernity: Alfred Wallace, Edward Tylor and the Visual Politics of Facts." In *Magic and Modernity: Interfaces of Revelation and Concealment*, ed. Birgit Meyer and Peter Pels, 241-71. Stanford, CA: Stanford University Press, 2003.
Pendar, Kenneth W. *Adventure in Diplomacy: The Emergence of General de Gaulle in North Africa*. New York: Dodd, Mead, 1945.
Perdue, Peter. *China Marches West: The Qing Conquest of Central Eurasia*. Cambridge, MA: Harvard University Press, 2005.
Perera, Victor. "Guatemala: Always La Violencia." *New York Times Magazine*, 13 June 1971.
Petech, Luciano. *China and Tibet in the Early 18th Century*. Leiden: Brill, 1950.
—. *Selected Papers on Asian History*. Rome: Istituto Italiano per il Medio ed Estremo Oriente, 1988.
Peters, John Durham. *Speaking into the Air: A History of the Idea of Communication*. Chicago: University of Chicago Press, 1999.
Peyrefitte, Alain. *La société de confiance*. Paris: Editions Odile Jacob, 1995.
Pierce, Richard A. *Russian Central Asia, 1867-1917: A Study in Colonial Rule*. Berkeley: University of California Press, 1960.
Pike, Douglas. *Viet Cong: The Organization and Techniques of the National Liberation Front of South Vietnam*. Cambridge, MA: MIT Press, 1966.
Pilger, John. *The New Rulers of the World*. London: Verso, 2002.
Piñeiro Losada, Manuel, ed. *Che Guevara and the Latin American Revolutionary Movements*. 2nd ed. Melbourne: Ocean Press, 2006.
Pipes, Richard. "How to Cope with the Soviet Threat: A Long-Term Strategy for the West." *Commentary* 78, 2 (1984): 13-14.
Pocock, Rowland F. "'No Other Possible Market': The Royal Navy as Sponsor of Radio Telegraphy." In *From Semaphore to Short Waves*, ed. Frank A.J.L. James, 136-45. London: Royal Society of Arts, 1998.
Polk, Judd. "The New World Economy." *Columbia Journal of World Business* 3, 1 (1968): 7-16.
—. "The New International Production." *World Development* 1, 5 (1973): 15-20.
Poole, William. "A Perspective on US International Capital Flows." *Federal Reserve Bank of St. Louis Review* 87, 1 (2004): 1-8.
Porter, Jennifer. "The Spirit(s) of Science: Paradoxical Positivism as Religious Discourse among Spiritualists." *Science as Culture* 14, 1 (2005): 1-21.
Power, Samantha. *"A Problem From Hell": America and the Age of Genocide*. New York: Perennial, 2002.
Pratt, Geraldine, and Brenda Yeoh. "Transnational (Counter) Topographies." *Gender, Place and Culture* 10, 2 (2003): 159-66.
Prosterman, Roy L., and Jeffrey M. Riedinger. *Land Reform and Democratic Development*. Baltimore, MD: Johns Hopkins University Press, 1987.
Putzel, James. "The 'New' Imperialism and Possibilities for Coexistence." Discussion Paper 2, Crisis States Programme, LSE, Development Studies Institute, London, 2004.
Quintero-Ramirez, Cirila. "Unions, Collaboration, and Labour Conditions in Mexican Maquiladoras." *International Studies Association*, 2001, http://www.isanet.org/archive/ramirez.html (accessed 11 January 2005).
Rabe, Stephen G. *The Most Dangerous Area in the World: John F. Kennedy Confronts Communist Revolution in Latin America*. Chapel Hill: University of North Carolina Press, 1999.

RAND Corporation, "Viet Cong Motivation and Morale in 1964: A Preliminary Report," 1964. Texas Tech Virtual Vietnam Archive, item 2311701004. http://star.vietnam.ttu.edu/virtualarchive/.
Ratner, Steven R., and Jason S. Abrams. *Accountability for Human Rights Atrocities in International Law: Beyond the Nuremberg Legacy*. 2nd ed. New York: Oxford University Press, 2001.
Read, Donald. *The Power of News: The History of Reuters*. Oxford: Oxford University Press, 1999.
"Reagan Proposes US Seek New Way to Block Missiles." *New York Times*, 24 March 1983: A20.
Reed, Howard. "The Destruction of the Janissaries by Mahmud II in June, 1826." PhD diss., Princeton University, 1951.
Report to the Minister of Marine and Fisheries by the Canadian Delegation to the International Radiotelegraph Conference, Washington, October and November, 1927. Ottawa: Department of Marine and Fisheries, 1928.
Revel, Jean François. *Ni Marx ni Jésus: De la seconde révolution américaine à la seconde révolution mondiale*. Paris: Laffont, 1970.
—. *La tentation totalitaire*. Paris: Laffont, 1976.
Rey, Pierre Philippe. *Colonialisme, néo-colonialisme et transition vers le capitalisme*. Paris: Maspero, 1971.
Reynolds, Henry. *Dispossession: Black Australians and White Invaders*. Sydney: Allen and Unwin, 1989.
Reynolds, Laura T. "Institutionalizing Flexibility: A Comparative Analysis of Fordist and Post-Fordist Models of Third World Agro-Export Production." In *Commodity Chains and Global Capitalism*, ed. Gary Gereffi and Miguel Korzeniewicz, 143-61. Westport, CT: Praeger, 1994.
Risse, Thomas, and Kathryn Sikkink. "The Socialization of International Human Rights Norms into Domestic Practices: Introduction." In *The Power of Human Rights: International Norms and Domestic Change*, ed. Thomas Risse, Steven C. Ropp, and Kathryn Sikkink, 1-38. Cambridge: Cambridge University Press, 1999.
Rist, Gilbert. *The History of Development: From Western Origins to Global Faith*. Atlantic Highlands, NJ: Zed Books, 1997.
Ritzer, George. *The McDonaldization of Society*. Thousand Oaks, CA: Pine Forge Press, 1993.
Roach, Joseph. *Cities of the Dead: Circum-Atlantic Performance*. New York: Columbia University Press, 1996.
Robertson, Robbie. *The Three Waves of Globalization: A History of a Developing Global Consciousness*. London: Zed, 2002.
Robertson, Roland. *Globalization: Social Theory and Global Culture*. London: Sage, 1992.
Robin, Ron. *The Making of the Cold War Enemy: Culture and Politics in the Military-Intellectual Complex*. Princeton, NJ: Princeton University Press, 2001.
Robinson, Scott. "The Aboriginal Embassy, 1972." Master's thesis, Australian National University, 1993.
—. "The Aboriginal Embassy: An Account of the Protests of 1972." *Aboriginal History* 18, 1 (1994): 49-63.
Rodgers, Daniel T. *Atlantic Crossings: Social Politics in a Progressive Age*. Cambridge, MA: Belknap Press of Harvard University Press, 1998.
Rogan, Eugene. *Frontiers of the State in the Late Ottoman Empire: Transjordan, 1850-1921*. Cambridge: Cambridge University Press, 1999.
Roosevelt, Elliott. *As He Saw It*. New York: Duell, 1946.

—, ed. *F.D.R.: His Personal Letters*. New York: Duell, Sloan, and Pearce, 1950.
Rose, Deborah Bird. *Dingo Makes Us Human: Life and Land in an Aboriginal Australian Culture*. Cambridge: Cambridge University Press, 1992.
Rosenau, James N. *Distant Proximities: Dynamics beyond Globalization*. Princeton, NJ: Princeton University Press, 2003.
Rosenau, William. *US Internal Security Assistance to South Vietnam: Insurgency, Subversion, and Public Order*. New York: Routledge, 2005.
Rosenberg, Emily S. *Spreading the American Dream: American Economic and Cultural Expansion, 1890-1945*. New York: Hill and Wang, 1982.
Rostow, Walt W. *The Stages of Economic Growth: A Non-Communist Manifesto*. Cambridge: Cambridge University Press, 1960.
—. "Guerrilla Warfare in the Underdeveloped Areas." *Department of State Bulletin* 45 (7 August 1961): 233-38.
Rozwadowski, Helen M. "Technology and Ocean-Scape: Defining the Deep Sea in the Mid-Nineteenth Century." *History and Technology* 17, 33 (2001): 217-47.
Ruggie, John Gerard. "International Responses to Technology: Concepts and Trends." *International Organization* 29, 3 (1975): 557-83.
—. *Constructing the World Polity: Essays on International Institutionalization*. London: Routledge, 1998.
Russbach, Olivier. "The Citizen's Right to International Law." In *Law and Moral Action in World Politics*, ed. Cecilia Lynch and Michael Loriaux, 253-69. Minneapolis: University of Minnesota Press, 2000.
Ryan, David. "By Way of Introduction: The United States, Decolonization and the World System." In *The United States and Decolonization: Power and Freedom*, ed. David Ryan and Victor Pungong, 1-23. New York: St. Martin's Press, 2000.
Saarinen, Oiva. "Single-Sector Communities in Northern Ontario: The Creation and Planning of Dependent Towns." In *Power and Place*, ed. Gilbert Stelter and Alan Artibise, 219-64. Vancouver: UBC Press, 1986.
Sachs, Jeffrey. "International Economics: Unlocking the Mysteries of Globalization." *Foreign Policy* 110 (Spring 1998): 97-109.
Sadat, Leila Nadya. "The Evolution of the ICC: From The Hague to Rome and Back Again." In *The United States and the International Criminal Court: National Security and International Law*, ed. Sarah B. Sewall and Carl Kaysen. Oxford: Rowman and Littlefield, 2000.
Safrastjan, Ruben. "Ottomanism in Turkey in the Epoch of Reforms in XIXC: Ideology and Policy I." *Etudes Balkaniques* 24 (1988): 72-86.
Sahlins, Marshall. *Stone Age Economics*. Paris: Aldine de Gruyter, 1972.
—. *Âge de pierre, âge d'abondance: L'économie des sociétés primitives*. Preface by P. Clastres. 1972; Reprint, Paris: Gallimard, 1976.
Saldaña-Portillo, María Josefina. *The Revolutionary Imagination in the Americas and the Age of Development*. Durham, NC: Duke University Press, 2003.
Salzinger, Leslie. *Genders in Production: Making Workers in Mexico's Global Factories*. Berkeley: University of California Press, 2003.
Sassen, Saskia. "Spatialities and Temporalities of the Global: Elements for a Theorization." *Public Culture* 12, 1 (2000): 215-32.
—. *Territory, Authority, Rights: From Medieval to Global Assemblages*. Princeton, NJ: Princeton University Press, 2006.

Saul, Samir. "Has Financial Internationalization Turned into Financial Globalization?" *Globalization and Autonomy Compendium,* http://www.globalautonomy.ca/global1/article.jsp?index=RA_Saul_FinancialIntl.xml.

Savage, James G. *The Politics of International Telecommunications Regulation.* London: Westview Press, 1989.

Schaebler, Birgit. "Civilizing Others: Global Modernity and the Local Boundaries (French/German, Ottoman and Arab) of Savagery." In *Globalization and the Muslim World: Culture, Religion and Modernity,* ed. Birgit Schaebler and Leif Stenberg, 3-9. Syracuse: Syracuse University Press, 2004.

Schild, Georg. *Bretton Woods and Dumbarton Oaks: American Economic and Political Postwar Planning in the Summer of 1944.* New York: St. Martin's Press, 1995.

Schlesinger, Stephen C. *Act of Creation: The Founding of the United Nations.* Boulder, CO: Westview Press, 2003.

Schmitt, Carl. *The Concept of the Political.* Trans. George Schwab. 1932; Reprint, Chicago: University of Chicago Press, 1996.

Schmukler, Sergio L. "Financial Globalization: Gain and Pain for Developing Countries." *Federal Reserve Bank of Atlanta Economic Review* 89, 2 (2004): 39-66.

Scholte, Jan Aart. *Globalization: A Critical Introduction.* New York: St. Martin's Press, 2000.

—. "What Is Globalization? The Definitional Issue – Again." In *Working Paper Series,* Centre for the Study of Globalisation and Regionalisation, 109/02, University of Warwick, 2002.

—. "What is Globalization? The Definition Issue – Again." Working Paper Series, Institute on Globalization and the Human Condition, McMaster University, Hamilton, Ontario, 2003.

—. *Globalization: A Critical Introduction.* 2nd ed. New York: Palgrave Macmillan, 2005.

Schultz, George P. *Turmoil and Triumph: My Years as Secretary of State.* New York: Charles Scribner's Sons, 1993.

Sconce, Jeffrey. *Haunted Media: Electronic Presence from Telegraphy to Television.* Durham, NC: Duke University Press, 2000.

Searle, John R. *The Construction of Social Reality.* New York: Free Press, 1995.

Seidman, Gay. *Manufacturing Militance: Workers' Movements in Brazil and South Africa, 1970-1985.* Berkeley: University of California Press, 1994.

Sevcenko, Nicolau. "A capital irradiante: Técnica, ritmos, e ritos do Rio." In *História da Vida Privada No Brasil.* Vol. 3, ed. Fernando Novais, 513-619. São Paulo: Companhia das Letras, 1998.

Shaiken, Harley. *Mexico in the Global Economy: High Technology and Work Organization in Export Industries.* San Diego, CA: Center for US-Mexican Studies, 1990.

Sharma, Sohan, and Surinder Kumar. "The Military Backbone of Globalisation." *Race and Class* 44, 3 (2003): 23-39.

Sharp, Lynn L. *Secular Spirituality: Reincarnation and Spiritism in Nineteenth-Century France.* Lanham, MD: Lexington Books, 2006.

Shell, Robert Carl-Heinz. *Children of Bondage: A Social History of the Slave Society at the Cape of Good Hope, 1652-1838.* Hanover/Lebanon: Wesleyan University Press/University Press of New England, 1994.

Sherwood, Robert E. *Roosevelt and Hopkins: An Intimate History.* New York: Harper, 1950.

Shoesmith, Dennis. *Export Processing Zones in Five Countries.* Hong Kong: Asia Partnership for Human Development, 1986.

Simon, Matthew. "The Pattern of New British Portfolio Foreign Investment, 1865-1914." In *The Export of Capital from Britain, 1870-1914*, ed. Alan R. Hall, 15-44. London: Methuen, 1968.

Simpson, Gerry. "Politics, Sovereignty, and Remembrance." In *The Permanent International Criminal Court: Legal and Policy Issues*, ed. Dominic McGoldrick, P.J. Rowe, and Eric Donnelly, 47-61. Oxford: Hart Publishing, 2004.

Simpson, Michael. *Thomas Adams and the Modern Planning Movement*. London: Alexandrine Press, 1985.

Slaughter, Anne-Marie. *A New World Order*. Princeton, NJ: Princeton University Press, 2004.

Smith, Jackie. "Democratizing Globalization? Impacts and Limitations of Transnational Social Movements." Working Paper Series, Institute on Globalization and the Human Condition, McMaster University, Hamilton, Ontario, 2004.

Smith, Jackie, and Hank Johnston. "Introduction." In *Globalization and Resistance: Transnational Dimensions of Social Movements*, ed. Jackie Smith and Hank Johnston, 1-10. New York: Rowman and Littlefield, 2002.

Smith, Warren W., Jr. *Tibetan Nation: A History of Tibetan Nationalism and Sino-Tibetan Relations*. Boulder, CO: Westview Press, 1996.

Smuts, Michael Andrianus. *Specimen Iuridicum Inaugurale Specimen*. Lugduni Batavorum, 1807.

Sohmer, Sara. "The Melanesian Mission and Victorian Anthropology." In *Darwin's Laboratory: Evolutionary Theory and Natural History in the Pacific*, ed. Roy M. MacLeod and Philip F. Rehbock, 317-38. Honolulu: University of Hawaii Press, 1994.

Sollors, Werner. "Dr. Benjamin Franklin's Celestial Telegraph, or Indian Blessings to Gas-Lit American Drawing Rooms." *Social Science Information* 22, 6 (1983): 983-1004.

Soroos, Marvin S. "The International Commons: A Historical Perspective." *Environmental Review* 12, 1 (1988): 1-22.

Standage, Tom. *The Victorian Internet: The Remarkable Story of the Telegraph and the Nineteenth Century's On-line Pioneers*. New York: Berkley Books, 1998.

Stavrianos, L.S. *Global Rift: The Third World Comes of Age*. New York: William Morrow and Company, 1981.

Steans, Jill. *Gender and International Relations: An Introduction*. Cambridge: Polity Press, 1998.

Stelzer, Irwin, ed. *The Neocon Reader*. New York: Grove Press, 2004.

Stent, Angela A. "Russia: Farewell to Empire?" *World Policy Journal* 19 (Fall 2002): 83-89.

Stephan, Alexander, ed. *The Americanization of Europe: Culture, Diplomacy, and Anti-Americanism after 1945*. Oxford: Berghahn, 2005.

Stinchcombe, Arthur. *Sugar Island Slavery in the Age of Enlightenment: The Political Economy of the Caribbean World*. Princeton, NJ: Princeton University Press, 1995.

Stocking, George. "Animism in Theory and Practice: E.B. Tylor's Unpublished 'Notes on Spiritualism.'" *Man* 6, 1 (1971): 88-104.

Stockton, Hans, ed. *The Future of Development in Vietnam and the Challenges of Globalization: Interdisciplinary Essays*. Lewiston, NY: Edwin Mellen Press, 2006.

Stoecker, Randy. "Cyberspace vs. Face-to-Face: Community Organizing in the New Millennium." *Perspectives on Global Development and Technology* 1, 2 (2002): 143-64.

Stoll, David. *Between Two Armies in the Ixil Towns of Guatemala*. New York: Columbia University Press, 1993.

Stolow, Jeremy. "Salvation by Electricity." In *Religion: Beyond a Concept*, ed. Hent de Vries, 669-86. New York: Fordham University Press, 2007.

Strange, Susan. *The Retreat of the State: The Diffusion of Power in the World Economy*. Cambridge: Cambridge University Press, 1996.

Simon, Matthew. "The Pattern of New British Portfolio Foreign Investment, 1865-1914." In *The Export of Capital from Britain, 1870-1914*, ed. Alan R. Hall, 15-44. London: Methuen, 1968.

Simpson, Gerry. "Politics, Sovereignty, and Remembrance." In *The Permanent International Criminal Court: Legal and Policy Issues*, ed. Dominic McGoldrick, P.J. Rowe, and Eric Donnelly, 47-61. Oxford: Hart Publishing, 2004.

Simpson, Michael. *Thomas Adams and the Modern Planning Movement*. London: Alexandrine Press, 1985.

Slaughter, Anne-Marie. *A New World Order*. Princeton, NJ: Princeton University Press, 2004.

Smith, Jackie. "Democratizing Globalization? Impacts and Limitations of Transnational Social Movements." Working Paper Series, Institute on Globalization and the Human Condition, McMaster University, Hamilton, Ontario, 2004.

Smith, Jackie, and Hank Johnston. "Introduction." In *Globalization and Resistance: Transnational Dimensions of Social Movements*, ed. Jackie Smith and Hank Johnston, 1-10. New York: Rowman and Littlefield, 2002.

Smith, Warren W., Jr. *Tibetan Nation: A History of Tibetan Nationalism and Sino-Tibetan Relations*. Boulder, CO: Westview Press, 1996.

Smuts, Michael Andrianus. *Specimen Iuridicum Inaugurale Specimen*. Lugduni Batavorum, 1807.

Sohmer, Sara. "The Melanesian Mission and Victorian Anthropology." In *Darwin's Laboratory: Evolutionary Theory and Natural History in the Pacific*, ed. Roy M. MacLeod and Philip F. Rehbock, 317-38. Honolulu: University of Hawaii Press, 1994.

Sollors, Werner. "Dr. Benjamin Franklin's Celestial Telegraph, or Indian Blessings to Gas-Lit American Drawing Rooms." *Social Science Information* 22, 6 (1983): 983-1004.

Soroos, Marvin S. "The International Commons: A Historical Perspective." *Environmental Review* 12, 1 (1988): 1-22.

Standage, Tom. *The Victorian Internet: The Remarkable Story of the Telegraph and the Nineteenth Century's On-line Pioneers*. New York: Berkley Books, 1998.

Stavrianos, L.S. *Global Rift: The Third World Comes of Age*. New York: William Morrow and Company, 1981.

Steans, Jill. *Gender and International Relations: An Introduction*. Cambridge: Polity Press, 1998.

Stelzer, Irwin, ed. *The Neocon Reader*. New York: Grove Press, 2004.

Stent, Angela A. "Russia: Farewell to Empire?" *World Policy Journal* 19 (Fall 2002): 83-89.

Stephan, Alexander, ed. *The Americanization of Europe: Culture, Diplomacy, and Anti-Americanism after 1945*. Oxford: Berghahn, 2005.

Stinchcombe, Arthur. *Sugar Island Slavery in the Age of Enlightenment: The Political Economy of the Caribbean World*. Princeton, NJ: Princeton University Press, 1995.

Stocking, George. "Animism in Theory and Practice: E.B. Tylor's Unpublished 'Notes on Spiritualism.'" *Man* 6, 1 (1971): 88-104.

Stockton, Hans, ed. *The Future of Development in Vietnam and the Challenges of Globalization: Interdisciplinary Essays*. Lewiston, NY: Edwin Mellen Press, 2006.

Stoecker, Randy. "Cyberspace vs. Face-to-Face: Community Organizing in the New Millennium." *Perspectives on Global Development and Technology* 1, 2 (2002): 143-64.

Stoll, David. *Between Two Armies in the Ixil Towns of Guatemala*. New York: Columbia University Press, 1993.

Stolow, Jeremy. "Salvation by Electricity." In *Religion: Beyond a Concept*, ed. Hent de Vries, 669-86. New York: Fordham University Press, 2007.

Strange, Susan. *The Retreat of the State: The Diffusion of Power in the World Economy*. Cambridge: Cambridge University Press, 1996.

Tsing, Anna Lowenhaupt. *Friction: An Ethnography of Global Connection*. Princeton, NJ: Princeton University Press, 2005.

Turner, Philip. "Capital Flows in the 1980s: A Survey of Major Trends." Bank of International Settlements, Economic Papers, no. 30, April 1991, http://www.bis.org/publ/econ30.htm.

UNCTAD (United Nations Conference on Trade and Development). *L'investissement étranger direct en Afrique*. New York and Geneva: United Nations, 1995.

—. *World Investment Report 1996: Investment, Trade and International Policy Agreements*. New York and Geneva: United Nations, 1996.

—. *World Investment Report 1997: Transnational Corporations, Market Structure and Competition Policy*. New York and Geneva: United Nations, 1997.

—. *World Investment Report 2000: Cross-Border Mergers and Acquisitions and Development*. New York and Geneva: United Nations, 2000.

—. *World Investment Report 2001: Promoting Linkages*. New York and Geneva: United Nations, 2001.

—. *World Investment Report 2002: Transnational Corporations and Export Competitiveness*. New York and Geneva: United Nations, 2002.

—. *World Investment Report 2003: FDI Policies for Development: National and International Perspectives*. New York and Geneva: United Nations, 2003.

United Nations. *Le courant international des capitaux à long terme et les donations publiques, 1951-1959*. New York: United Nations, 1961.

—. *Le courant international des capitaux à long terme et les donations publiques, 1959-1961*. New York: United Nations, 1963.

—. Rome Statute of the International Criminal Court, 17 July 1998. UN Doc. A/CONF.183./9.

—. *A More Secure World: Our Shared Responsibility*. Report of the Secretary-General's High Level Panel on Threats, Challenges and Change, 2004. http://www.un.org/secureworld/report3.pdf.

—. *Les mouvements internationaux de capitaux entre les deux guerres*. New York: United Nations, 1949.

UN General Assembly. Resolution 95(I), Affirmation of the Principles of Law Recognized by the Charter of the Nuremberg Tribunal, 11 December 1946. In *Report of the International Law Commission*, 5 June–29 July 1950, Doc. A/1316, 11-14.

—. Resolution 55/2, Millennium Declaration, 18 September 2000. UN Doc. A/55/L.2.

US Department of the Army. *Area Handbook for Vietnam*. Washington, DC: Government Printing Office, 1962.

US Department of Defense. *Joint Vision 2020*. Washington, DC: US Government Printing Office, 2000.

US Department of State. *Foreign Relations of the United States, 1941*. Vol. 1. Washington, DC: US Government Printing Office, 1958.

—. *Foreign Relations of the United States, 1943*. Vol. 5, *The American Republics*. Washington, DC: US Government Printing Office, 1965.

—. *Foreign Relations of the United States, 1943*. Vol. 4, *The Near East and Africa*. Washington, DC: US Government Printing Office, 1965.

—. *Foreign Relations of the United States: The Conferences at Washington, 1941-1942, and Casablanca, 1943*. Washington, DC: US Government Printing Office, 1968.

—. *Foreign Relations of the United States, 1961-1963*. 3 vols. Washington, DC: US Government Printing Office, 1988-91.

——. *Foreign Relations of the United States, 1964-1968.* Vol. 1. Washington, DC: US Government Printing Office, 1992.

——. "United States Economic Assistance to South Vietnam, 1954-1975: An Overview," 14 October 1975. Texas Tech Virtual Vietnam Archive, item 2390111001. http://star.vietnam.ttu.edu/virtualarchive/.

Uthoff, Andras, and Daniel Titelman. "La relation entre l'épargne étrangère et l'épargne nationale dans le cadre de la libéralisation financière." In *Mouvements des capitaux et performances des investissements: Les leçons de l'Amérique latine,* ed. Ricardo Ffrench-Davis and Helmut Reisen, 27-47. Paris: Organisation for Economic Co-operation and Development, 1998.

Uzunçarşılı, İ. *Osmanlı Devleti Teşkilatından Kapukulu Ocakları.* Ankara: Türk Tarih Kurumu, 1943.

van der Veer, Peter. *Imperial Encounters: Religion and Modernity in India and Britain.* Princeton, NJ: Princeton University Press, 2001.

Vasconcelos, João. "Espíritos clandestinos: Espiritismo, pesquisa psíquica e antropologia da religião entre 1850 e 1920." *Religião e Sociedade* 23, 2 (2003): 92-126.

Versailles Treaty. 28 June 1919. http://www.yale.edu/lawweb/avalon/imt/menu.htm.

Viswanathan, Gauri. "The Ordinary Business of Occultism." *Critical Inquiry* 27, 1 (2000): 1-20.

von Moltke, Baron Heinrich. *The Russians in Bulgaria and Rumelia in 1828-1829, During the Campaigns of the Danube, the Sieges of Brailow, Varna, Silistria, Shumla, and the Passage of the Balkans.* Trans. Marshal Diebitch. London: John Murray, 1854.

——. *Lettres d'Maréchal de Moltke sur l'Orient.* Trans. Alfred Marchand. Paris: Librairie Fischbacher, 1872.

Waddams, S.M. *Law, Politics and the Church of England: The Career of Stephen Lushington, 1782-1873.* Cambridge: Cambridge University Press, 1992.

Wade, Robert Hunter. "The Rising Inequality of World Income Distribution." *Finance and Development* 38, 4 (2001), http://www.imf.org/external/pubs/ft/fandd/2001/12/wade.htm.

——. "The Invisible Hand of the American Empire," openDemocracy, 2003. http://www.opendemocracy.net.

——. "What Strategies Are Viable for Developing Countries Today? The World Trade Organization and the Shrinking of 'Development Space.'" Working Paper no. 31, Crisis States Programme, LSE, Development Studies Institute, London, 2003.

Wadge, Elisabeth. "The Scientific Spirit and the Spiritualist Scientist: Moving in the Right Circles." *Victorian Review* 26, 1 (2000): 24-42.

Wallerstein, Immanuel. *The Decline of American Power: The US in a Chaotic World.* New York: W.W. Norton, 2003.

——. *World-Systems Analysis: An Introduction.* Durham, NC: Duke University Press, 2004.

Waltz, Kenneth. "The Nuclear Future." Public lecture, delivered to the Danish Institute for International Studies, Copenhagen, 17 May 2005.

Warren, Kay B. *Indigenous Movements and Their Critics: Pan-Maya Activism in Guatemala.* Princeton, NJ: Princeton University Press, 1999.

Wasburn, Philo C. "International Radio Broadcasting: Some Considerations for Political Sociology." *Journal of Political and Military Sociology* 13, 2 (1985): 37-41.

Watson, Irene. *Looking at You Looking at Me: An Aboriginal History of the South-East of South Australia.* Nairne, SA: I. Watson, 2002.

Watson, R.L. *The Slave Question: Liberty and Property in South Africa.* 1990; Reprint, Johannesburg: Witwatersrand University Press, 1991.

—. *The Great Land Rush and the Making of the Modern World, 1650-1900*. Montreal and Kingston: McGill-Queen's University Press, 2003.
Weiss, Marc A. "Developing and Financing the 'Garden Metropolis': Urban Planning and Housing Policy in Twentieth-Century America." *Planning Perspectives* 5 (1990): 307-19.
Westad, Odd Arne. *The Global Cold War: Third World Interventions and the Making of Our Times*. New York: Cambridge University Press, 2005.
White, Neil. "Creating Community: Industrial Paternalism and Town Planning in Corner Brook, Newfoundland, 1923-1955." *Urban History Review* 32, 2 (2004): 45-58.
White House. *National Security Strategy of the United States of America*, 25 September 2002. http://www.whitehouse.gov/nsc/nss.html (accessed 3 November 2003).
Whitlam, Edward Gough. *The Whitlam Government, 1972-1975*. Ringwood, Victoria: Viking, 1985.
Wickham-Crowley, Timothy. *Exploring Revolution: Essays on Latin American Insurgency and Revolutionary Theory*. Armonk, NY: M.E. Sharpe, 1991.
Williams, William Appleman. *The Tragedy of American Diplomacy*. New York: W.W. Norton, 1988.
Williamson, Jeffrey. "Globalization, Convergence, and History." *Journal of Economic History* 56, 2 (1996): 1-30.
Williamson, John. "What Washington Means by Policy Reform." In *Latin American Adjustment: How Much Has Happened?* ed. John Williamson, 54-84. Washington, DC: Institute for International Economics, 1990.
—. "What Should the World Bank Think about the Washington Consensus?" *The World Bank Research Observer* 15, 2 (2000): 251-64.
Winichakul, Thongchai. *Siam Mapped: A History of the Geo-Body of a Nation*. Honolulu: University of Hawaii Press, 1994.
Wippman, David. "The International Criminal Court." In *The Politics of International Law*, ed. Christian Reus-Smit, 151-88. Cambridge: Cambridge University Press, 2004.
Wolf, Charles, and Brian Rosen. "Public Diplomacy: How to Think about and Improve It." RAND occasional paper, Santa Monica, California, 6 October 2004.
Wolf, Diane Lauren. *Factory Daughters: Gender, Household Dynamics, and Rural Industrialization in Java*. Berkeley: University of California Press, 1992.
Wolf, Eric R. *Peasant Wars of the Twentieth Century*. 2nd ed. New York: Harper and Row, 1999.
Wong, Yu Ching, and Charles Adams. "Trends in Global and Regional Foreign Direct Investment Flows." Paper presented at "Conference on Foreign Direct Investment: Opportunities and Challenges for Cambodia, Laos, and Vietnam," organized by the IMF and the State Bank of Vietnam, Hanoi, 16-17 August 2002.
Wood, Marcus. *Slavery, Empathy, and Pornography*. Oxford: Oxford University Press, 2002.
Woods, Ngaire. *The Globalizers: The IMF, the World Bank, and their Borrowers*. Ithaca, NY: Cornell University Press, 2006.
Woodward, David. *The Next Crisis? Direct and Equity Investment in Developing Countries*. London: Zed Books, 2001.
Worden, Nigel. *Slavery in Dutch South Africa*. Cambridge: Cambridge University Press, 1985.
World Bank. *Private Capital Flows to Developing Countries: The Road to Financial Integration*. New York: Oxford University Press, 1997.
—. *06 World Development Indicators*. World Bank Group. http://devdata.worldbank.org/wdi2006/contents/cover.htm.

World Council of Churches. *Justice for Aboriginal Australians: Report of the World Council of Churches Team Visit to the Aborigines, 15 June to 3 July*. Sydney: Australian Council of Churches, 1981.

Wright, Melissa W. "Crossing the Factory Frontier: Gender, Place, and Power in the Mexican Maquiladora." *Antipode* 29, 3 (1997): 278-302.

Wu, Shu-hui. "How the Qing Army Entered Tibet in 1728 after the Tibetan Civil War." *Zentrale-Asiatische Studien* 26 (1996): 122-38.

Zboiński, H. *Armée ottomane: Son organisation actuelle telle qu'elle résulte de l'exécution de la loi de 1869*. Paris: Librairie militaire de J. Dumaine, 1877.

Ze'evi, Dror. "*Kul* and Getting Cooler: The Dissolution of Elite Collective Identity and the Formation of Official Nationalism in the Ottoman Empire." *Mediterranean Historical Review* 11, 2 (1996): 177-95.

Zeiler, Thomas W. *Free Trade, Free World: America and the Advent of GATT*. Chapel Hill: University of North Carolina Press, 1999.

Zhang, Yuxin, ed. *Qing zhengfu yu lamajiao* [The Qing government and lamaism]. Xuchang: Xizang renmin chubanshe, 1988.

Zucheng, Gu, ed. *Ming-Qing zhi Zang shiyao* [Historical outline of Ming and Qing policies to control Tibet]. Lhasa: Xizang renmin chubanshe, 1999.

Zürcher, Erik J. "The Ottoman Conscription System in Theory and Practice." In *Arming the State: Military Conscription in the Middle East and Central Asia, 1775-1925*, ed. Erik J. Zürcher, 79-94. London: I.B. Tauris, 1999.

作者简介

威廉·科尔曼（William D. Coleman）：加拿大"全球治理与公共政策研究"（Global Governance and Public Policy）首席专家，全球化与人类状况研究所（the Institute on Globalization and the Human Condition）创始人和所长，加拿大麦克马斯特大学（McMaster University）政治学教授。他的研究兴趣包括全球化理论、公共政策的全球维度、农业和食品的政治学。

斯蒂芬·斯特里特（Stephen M. Streeter）：加拿大麦克马斯特大学历史系副教授，全球化与人类状况研究所成员。他的研究领域包括美国外交史、拉丁美洲研究，以及越南战争。

约翰·韦弗（John C. Weaver）：加拿大麦克马斯特大学的杰出教授。他的最新著作《新大陆与现代世界的形成：1659~1900》（*The Great Land Rush and the Making of the Modern World, 1650 - 1900*）荣获加拿大历史学会"华莱士光弗格森奖"（the Wallace Ferguson Prize），以及北美英国研究图书奖。最近，他刚刚完成关于自杀与人类状况的新作。

萨米尔·索尔（Samir Saul）：加拿大蒙特利尔大学历史学教授。他的研究领域包括现代国际经济史与帝国主义，尤其关注现代法国及其帝国历史，以及亚洲世界。

作者简介

尼尔·怀特（Neil White）：加拿大麦克马斯特大学历史学博士。目前，他在哥伦比亚大学的历史和公共卫生伦理研究中心从事博士后研究工作，研究主题是美国和加拿大铅化工厂的污染管制与政治。

丹尼尔·格尔曼（Daniel Gorman）：加拿大滑铁卢大学历史和政治学系助理教授。同时，他还教授国际事务。他的研究领域包括大英帝国史、全球治理的史前史，以及知识产权。

阿德里安·琼斯（Adrian L. Jones）：加拿大麦克马斯特大学政治学系国际关系专业博士生。他的研究和教学领域包括国际法和全球治理，尤其关注国际人权状况和国际刑事司法。

亚辛·埃斯德（Yassine Essid）：突尼斯大学中世纪史教授。他的研究领域包括伊斯兰经济思想史、全球化的伊斯兰，以及地中海地区的人类学。

莱韦·科斯塔（Ravi de Costa）：加拿大多伦多地区约克大学的环境学助理教授。他的研究领域包括全球化与本土化、澳大利亚和加拿大的土著居民间的关系。

乌尔夫·赫德托夫特（Ulf Hedetoft）：教授，主要研究民族性和移民问题，并担任丹麦哥本哈根大学（University of Copenhagen）盛宝研究所（SAXO Institute）所长，以及丹麦移民问题研究学会（Academy for Migration Studies in Denmark，AMID）会长。

图书在版编目（CIP）数据

帝国与自主性：全球化进程中的重大时刻／（加）斯特里特（Streeter, S. M.），（加）韦弗（Weaver, J. C.），（加）科尔曼（Coleman, W. D.）主编；陈家刚等译．—北京：社会科学文献出版社，2010.12
（全球化译丛．全球化与自主性）
ISBN 978‐7‐5097‐1727‐1

Ⅰ.①帝… Ⅱ.①斯… ②韦… ③科… ④陈… Ⅲ.①国际化‐研究 Ⅳ.①D81

中国版本图书馆 CIP 数据核字（2010）第 173675 号

·全球化译丛·全球化与自主性·

帝国与自主性
——全球化进程中的重大时刻

主　　编／	〔加拿大〕斯蒂芬·斯特里特 〔加拿大〕约翰·韦弗 〔加拿大〕威廉·科尔曼
译　　者／	陈家刚 等

出 版 人／	谢寿光
总 编 辑／	邹东涛
出 版 者／	社会科学文献出版社
地　　址／	北京市西城区北三环中路甲 29 号院 3 号楼华龙大厦
邮政编码／	100029　网址／http://www.ssap.com.cn
网站支持／	（010）59367077
责任部门／	编译中心（010）59367139
电子信箱／	bianyibu@ssap.cn
项目负责人／	祝得彬
责任编辑／	刘　娟
责任校对／	王静连
责任印制／	蔡　静　董　然　米　扬

总 经 销／	社会科学文献出版社发行部 （010）59367081　59367089
经　　销／	各地书店
读者服务／	读者服务中心（010）59367028
排　　版／	北京中文天地文化艺术有限公司
印　　刷／	北京季蜂印刷有限公司

开　　本／	787mm×1092mm　1/20
印　　张／	13.4　字数／201 千字
版　　次／	2010 年 12 月第 1 版　印次／2010 年 12 月第 1 次印刷
书　　号／	ISBN 978‐7‐5097‐1727‐1
著作权合同 登 记 号／	图字 01‐2010‐6931 号
定　　价／	39.00 元

本书如有破损、缺页、装订错误，
请与本社读者服务中心联系更换

版权所有　翻印必究